발칸, 시간이 멈춘 곳

발칸, 시간이 멈춘 곳

이재규 지음

21세기북스
www.book21.com

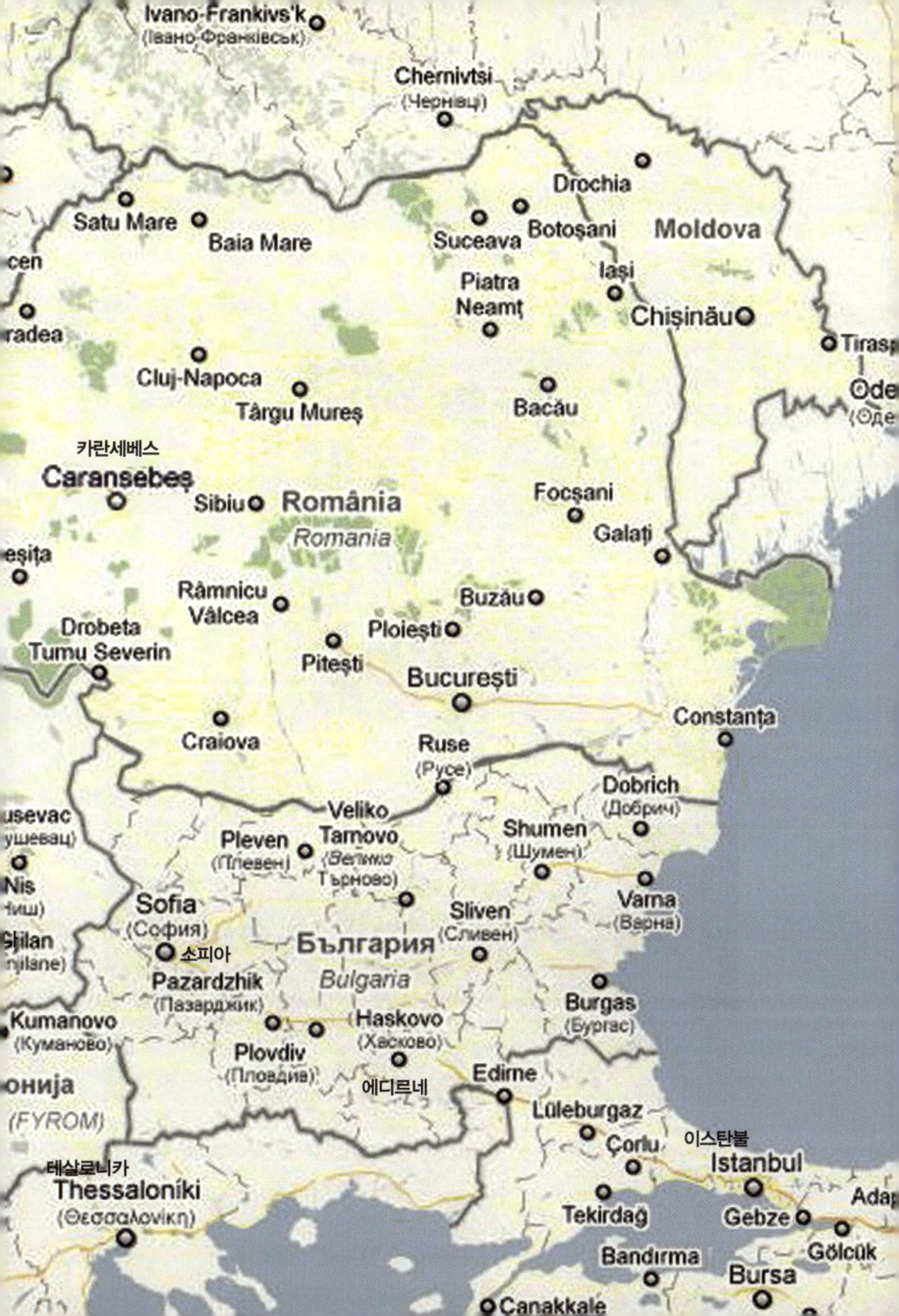

발칸의 모든 시간을 만나다

내가 발칸반도에 대해 갖고 있는 지식은 일차적으로 1960년대 중고
교 시절 역사책에 등장하는 몇 개의 지명과 인명, 예컨대 제1차 세계대
전이 사라예보에서 들려온 두 발의 총성에서 촉발되었고, 유고슬라비
아의 대통령 티토가 비동맹국 대표자(그 뜻도 제대로 몰랐지만)라는 것, 그
리고 그 무렵 읽은 루마니아 트란실바니아 지방을 배경으로 한 브람 스
토커의 소설 『드라큘라』와 그 소설을 바탕으로 크리스토퍼 리와 피터
쿠싱이 주연한 영화 「드라큘라」를 본 것이 전부였다.

많은 세월이 흘러 1989년 베를린 장벽이 무너지고 민주화 여파로
루마니아의 독재자 차우세스쿠 대통령이 민중에게 사살되었다. 그리
고 1991년 소련이 붕괴되고 다음해 유고슬라비아 연방에서 슬로베니
아, 크로아티아, 마케도니아, 보스니아-헤르체고비나가 독립했다.
수많은 매스미디어는 다른 인종과 종교 사이에 벌어진 내전소식을
연달아 전했고, 또 인종청소와 인권유린을 주제로 하는 영화도 많이
개봉되었다.

1992년 나는 피터 드러커의 『자본주의 이후의 사회』를 번역하고 있
었는데, 제7장 "글로벌리즘, 지역주의, 종족주의"는 종족주의의 귀환
을 집중적으로 다루었고 발칸 지역의 분쟁에 대해서도 약간 언급하고

있었다. 그리고 나는 몇몇 교수들과 동유럽을 여행하는 일정에 끼여 루마니아의 부카레스트와 불가리아의 소피아를 주마간산 식으로 둘러보았다. 발칸반도에 관한 이해와 관심은 그 정도였다.

또 10년이 흘러, 2002년 나는 고대 그리스와 발칸반도의 지정학에 대해 깊이 다룬 『승자학(The Warrior Politics)』을 번역했다. 저자 로버트 카플란은 발칸과 타타르 지역 등 세계의 분쟁 지역을 직접 둘러보며 여러 권의 저술을 펴냈는데, 책의 많은 부분이 레이건과 부시 정부의 외교정책에 반영되었다. 2007년 나는 피터 드러커의 1939년도 저서 『경제인의 종말』을 그것이 출판된 지 거의 70년이나 지난 뒤에 번역했는데, 드러커는 오히려 『자본주의 이후의 사회』에서보다 이 책에서 발칸 문제를 더 깊이 언급하고 있었다.

2009년 봄, 어릴 때부터 관심을 갖고 자료를 모아왔던 모차르트에 대해 『모차르트 읽는 CEO』라는 제목으로 책을 펴내면서, 나는 모차르트가 말년에 경제적으로 난관에 부딪힌 이유 가운데 하나를 신성로마제국의 황제이자 합스부르크제국의 황제 요제프 2세가 오스만제국과 자주 전쟁을 했고 그 결과 빈의 음악시장이 위축된 것으로 분석했다. 요제프 2세가 벌인 주요 전쟁 중 하나가 루마니아 카란세베스 지역에서 벌어졌다. 그리하여 나는 발칸 지역에 대해 좀 더 깊이 공부하면 재미가 있겠다고 생각했다.

그러던 중, 지난여름 나는 한미파슨스 김종훈 회장의 초청으로 동사 임직원을 대상으로 '역사에서 배우는 경영'이라는 제목의 세미나를 했는데, 세미나가 끝난 후 김 회장은 느닷없이 발칸 지역 여행이야기를 꺼내면서 동행을 제안했다. 정말이지 나는 얼떨결에 동의를 하고 말았다.

앞서 말한 대로 나는 발칸 지역에 대해 관심은 있었지만, 사실 미리 잡힌 스케줄 때문에 장기간의 여행은 곤란했다. 집으로 돌아와서 거절의 명분을 찾기 위해 동행 예정자 명단을 보내달라고 요청했는데, 그 명단에는 내가 존경하는 정준명 전 삼성재팬 사장, 대학 친구들인 신필렬 전 대한육상연맹 회장, 이노창 충정회계법인 회장, 손근홍 전 팬아시아페이퍼 코리아 부사장이 포함되어 있었고 또 친구들은 부부동반 예정이었다. 그리고 권오춘 국어고전문화원 이사장도 포함되어 있었다. 거절하기 힘든 구성원이었다. 그렇게 해서 느닷없이 발칸반도 일부 지역을 다녀왔다.

발칸이란 지명은 19세기 초부터 사용된 것으로, 터키어로 '산맥'이라는 뜻이다. 지형학적으로 보면 북쪽으로 도나우 강 하류, 동쪽으로 흑해, 남동쪽으로 에게 해, 남쪽으로 지중해, 남서쪽으로 이오니아 해, 서쪽으로 아드리아 해 등에 의해 경계가 이루어지는 반도 지역이다. 정치적으로는 그리스, 알바니아, 불가리아, 루마니아, 이스탄불 주변의 터키 영토, 그리고 구유고슬라비아 국가 등으로 이루어진다. 필자가 여행한 곳은 고대 그리스 지역, 이스탄불 근처, 루마니아와 불가리아를 제외한 구유고슬라비아 지역이 중심이고, 발칸반도와 이탈리아 경계지역인 트리에스테를 포함하고 있다.

발칸반도가 '유럽의 화약고'로 불리게 된 데는 역사적인 이유가 있다. 발칸반도는 지리적으로 아시아와 유럽이 충돌하는 곳이었고, 기독교와 이슬람 국가가 패권을 다툰 곳일 뿐만 아니라, 같은 기독교인 가톨릭과 동방정교회가 갈등을 빚은 곳이고, 다양한 민족들이 한 뼘이라도 땅을 더 차지하기 위해 싸운 곳이다. 그야말로 일촉즉발의 위기감이 팽배한 곳이다.

이 책은 필자의 이런 야트막한 지식과 60줄이 넘어 친구들과 느긋하게 즐긴 여행에서 보고 듣고 주워들은 이야기를 묶은 것이다. 따라서 이 책은 함께 여행한 김종훈, 정준명, 권오춘, 신필렬, 이노창, 손근홍의 공저이기도 하다.

아무튼 "여행이란 새로운 풍경을 보는 것이 아니라, 보는 방법을 새롭게 하는 것이다"라는 마르셀 프루스트의 말처럼, 이 책은 필자의 눈으로 본 '과거와 현재 그리고 미래의 발칸' 모습이다. 전 일정을 동행하며 좋은 이야기를 들려준 김효태 목사, 무거운 사진기를 들고 곳곳에서 사진을 찍어준 집사람, 그리고 독자를 만나기 어려운 이런 종류의 책을 펴내준 21세기북스 김영곤 사장에게 고마움을 표시한다.

2010년 1월
이재규

01
....

벨그라드, 유고 수도에서
세르비아 수도로

마르셀 프루스트는, 지명(地名)은 '이 지구상의 특정한 지점'에 대해 우
리가 갖고 있는 복잡한 사념을 하나로 또렷하게 결정(結晶)하는 데 도움
을 준다고 했다. 예컨대 '피렌체'라는 말은 '봄날의 향기'를, 지중해의
'산토리니'는 '파란 바다에 떠 있는 흰색 집'을 떠올리게 한다. 나에게
'벨그라드'는 '언젠가 한번 가보고 싶은 곳'이었다.

첫날 아침

뮌헨에서 출발한 루프트한자는 우리를 밤늦게 벨그라드에 내려다주
었다. 우리가 묵은 베오그라드 호텔(Zira Hotel Beograd)은 구도시 주택가
에 쇼핑센터와 연결해서 지은 객실 124개의 최신 호텔인데, 같은 규모
의 우리나라 호텔에 비해 입구가 좁았다. 그러나 벽이 주로 유리로 되
어 있는데다 현대적 감각을 살린 디자인 가구와 프론트의 배치가 좋아
서 실제 넓이보다는 공간감이 있었고, 직원들도 친절해서 얼마 전까지

전쟁을 치른 도시의 호텔 같지 않았다.

하지만 밤늦게 돌아다녀도 좋은 도시는 아닌 것 같았고 또 피곤해서 나는 객실에 올라가 곧 잠을 청했다. 덕분에 다음날 아침 일찍 잠이 깼다. 아직 해 뜰 시간은 아니었지만 커튼을 열자 도시가 한눈에 들어왔다. 잠든 도시에는 칠흑 같은 어둠이 있을 뿐이었다.

붉은 기와에 누른색이나 회색조의 집들은 낡았고 간혹 부서진 것들이 있었다. 그것이 전쟁의 흉터인지는 알 수 없었다. 호텔 맞은편에 입구와 담장이 동방정교회 식으로 건축된 오래된 공동묘지가 보였다.

아침식사 전에 호텔 주위를 한 바퀴 돌아보기로 했다. 날이 조금 더 밝자 거의 가을비 같은 이슬비가 내리기 시작해서 우산을 준비하고 나섰

다. 묘지 입구에는 이른 시간인데도 꽃집 주인들이 싱싱한 꽃들로 조화를 꾸미고 있었다. 묘지는 꽤 넓었다. 오래된 비석은 물론이고 최근에 세운 검정색 대리석 비석들이 촘촘히 세워져 있었다. 입구 가까이에 조그만 성당이 하나 있었다. 대여섯 명의 아주머니와 할머니가 기도를 드리고 있었다. 나중에 호텔로 돌아와 종업원에게 물었더니 묘지 이름은 '신공동묘지'라는 뜻의 노보 그로비예(Novo Grovije)이고, 성당은 성 니콜라오 성당인데, 니콜라오 성인은 이곳에서는 어부의 수호성인이라고 했다.

노보 그로비예 맞은편은 제2차 세계대전 중 전사한 무명용사를 위한 기념공원이었다. 나무와 숲이 울창한 공원을 가로지르자 공원 끝부분에는 아이들 놀이터가 나왔고 이어서 주택가와 접하는 도로에 닿았다.

집들은 평범했으나 나름대로 멋을 낸 것들도 있었고 집 앞과 골목에는 승용차들이 빽빽이 주차되어 있었다. 큰길로 나오자 길가에 우리나라에서는 볼 수 없는 스타일의 주유소(큰길에서 조금 뒤로 물러나자 지붕도 없이 주유기 한 대에다 옆에는 음료수 자판기가 서 있는 주유소)가 있었다.

큰길을 따라 길 양편으로는 8층 규모의 아파트들이 늘어서 있었는데, 창문은 깨진 것들이 더러 있었고 회색조 외벽은 언제 마지막으로 페인트를 했는지 짐작이 가지 않을 정도로 퇴색해 있었다. 아파트 입구에 승용차가 여럿 있는 것으로 미루어 사람이 사는 것만은 분명했다.

호텔로 돌아가기 위해 길 모서리를 돌아서자 채소가게와 빵가게와 조그만 슈퍼마켓이 벌써 손님을 맞고 있었다. 빵과 우유 종류도 많았고 햄과 치즈도 많았다. 진열된 과자와 초콜릿은 모두 눈에 익숙한 외국 브랜드였지만, 과일은 이곳에서 생산된 것 같아 보였다.

칼레메그단으로 가는 길

호텔에 되돌아 온 것은 7시 조금 넘어서였다. 식당은 좌석이 50석 정도이고 테이블 세팅과 식기는 깨끗했다. 아침식사로는 여러 종류의 빵, 치즈, 햄, 베이컨, 계란 등이 나왔는데, 요구르트, 잼, 우유는 낯익은 브랜드였다. 디저트로 나온 과일은 신선했다.

아침식사를 마친 우리는 구도시에서 가장 번화한 거리로 나갔다. 아침 날씨는 흐렸으나 비를 몰고 올 것 같지는 않았다. 토요일인데다 아직은 이른 시간이어서인지 상점도 문을 열지 않았고 사람들도 별로 없었다.

영어권에서는 'Old Town', 독일어권에서는 'Alt Stadt'에 해당하는 말을 발칸반도에서는 스타리 그라드(Stari grad)라고 한다. 데스포타 스테

판 거리의 서쪽 끝에 있는 공화국 광장 주변과 그 건너편으로 주말이면 젊은이들로 넘치는 트라지예 광장, 칼레메그단 공원으로 이어지는 여러 갈래 골목길, 그리고 공화국 광장 북쪽 스카다르스카 거리에 있는 스카다리야는 스타리 그라드에서 가장 번화한 거리다.

이곳이 주로 슬라브인이 사는 곳이고, 사회주의 국가였으며, 10년 전에 전쟁을 치렀고, 또 오랫동안 오스만제국(Ottoman Empire, 오스만 투르크, 오토만 투르크, 오토만제국 등 여러 이름으로 부르지만 오스만제국으로 통일 표기)의 지배를 받은 도시라는 점에서 같은 규모의 유럽 도시들과는 다른 독특한 분위기를 풍길 것이라는 나의 짐작은 빗나갔다. 도로를 향한 바로크식 건물 1층은 모두가 고급 상점이었고, 간혹 키릴 알파벳으로 쓴

것을 제외하면 가게 간판도, 낯익은 모델을 이용한 상업광고도, 그리고 마돈나의 공연을 알리는 포스터도 친숙했다.

공화국 광장에서 칼레메그단으로 가는 길은 완만한 오르막길이다. 창문에 제라늄화분을 내다 걸은 붉은 기와 주택은 주변 숲과 어울려 아름답고 풍요로웠다. 아침에 둘러본 구도시의 아파트와는 전혀 분위기가 달랐다. 코소보 사태 끝 무렵인 1999년 3월 나토군이 벨그라드에 포격을 가할 때 이 지역은 제외되어서 그런지도 모르겠다.

막다른 골목에 이르면 오른편 왼편 모두 내리막길인 넓은 도로가 나오는데, 우리가 갔을 때는 도로에 전철 공사가 한창이었다. 터파기 작업 도중에 로마시대 주거지 유적이 나와서 전철 공사는 잠시 중단된 상태였다. 안내인 말로는 로마 유적을 다시 묻고 공사를 계속하기로 했다고 한다.

길 건너 오래된 나무들이 울창한 공원이 바로 사바 강과 도나우 강이 만나는 곳으로, 125.5미터 높이 언덕에 지어진 칼레메그단이다. 칼레메그단 성벽에서 내려다보이는 숲으로 뒤덮인 그레이트 워 아일랜드(Great War Ireland)와, 사바 강과 도나우 강이 만나는 넓은 물길은 거칠고도 아름다웠다. 이곳에서 서양 역사에 한 페이지를 장식하는 그 유명한 벨그라드 공방전(Siege of Belgrade)이 벌어졌다.

벨그라드 공방전

벨그라드 공방전은 1456년 7월 4일에서 22일까지 계속되었다. 1453년 5월 29일 콘스탄티노플을 함락시킨 술탄 메메트 2세는 그 여세를 몰아 북으로 벨그라드까지 거침없이 밀어붙였다. 물론 최종 목표지점은 헝가리의 넓은 평야를 차지하고 또 유럽의 동쪽 방어선인 오스트리아의 빈을 치는 것이었는데, 북상하던 중 이곳에서 발이 묶였던 것이다.

벨그라드 공방전이 펼쳐질 무렵 이곳은 헝가리 영토였고, 이곳을 지키던 존 후니야디 장군은 그전에도 오스만제국 군대와 여러 차례 싸우면서 이 요새를 잘 방어하고 있었기 때문에 이번에도 오스만제국 군대의 전략을 간파하고 있었다. 지루한 공방전이 이어질 때 후니야디 장군은 기습전을 벌였고 부상을 입은 메메트 2세는 결국 퇴각하고 말았다. 이 공방전은 중세 말기 기독교 왕국의 운명을 결정한 전쟁으로 기록된다.

공방전이 진행되는 동안 교황 칼릭스투스 3세는 신자들이 승리를 비는 기도를 드리도록 유럽의 모든 가톨릭교회에서 매일 정오에 종을 치

게 했다. 그러나 이 공방전은 20일이 채 걸리지 않았기 때문에 교황의
지시가 전 유럽에 전달되기 직전에 전쟁은 승리로 끝났고, 전쟁이 승리
로 끝났다는 소식을 먼저 들은 일부 국가에서는 종소리가 기도 시간을
알리는 것이 아니라 승리를 알리는 메시지가 되었다. 그런데 교황은
그 후로도 종치기 지시를 철회하지 않았기 때문에 지금도 이곳의 가톨
릭교회는 매일 정오에 종을 계속 치고 있다.

　당시 헝가리 귀족들은 후니야디 세력이 강해지는 것을 경계해 전쟁
준비에 소극적이었다. 할 수 없이 후니야디 장군은 모든 전비를 혼자
조달하지 않을 수 없었는데, 결국 자비를 들여 미리 요새를 보강했고
또 보급품도 축적했다. 다만 프란체스코 수도사 조반니 다 카피스트라

노가 주민과 농부들을 선동해 의용군을 모아왔다. 그들이 든 무기는 낫과 돌팔매, 새총이 고작이었지만 사기는 충천했다. 그러자 몇몇 귀족들도 소수의 병력을 보냈고, 훈련이 잘된 용병도 고용해서 이곳으로 보내왔다. 후니야디는 장남 라스즐로와 사위 미할리 스질라지를 지휘관으로 임명하고 자신도 200명가량의 기병을 직접 지휘했다.

후니야디 병력은 3만 명가량 되었지만 전력이 제대로 갖춰지기도 전인 1456년 6월 29일, 메메트 2세는 7만 명 가량의 군사를 이끌고 벨그라드를 포격하기 시작했다. 1456년 7월 4일 공방전이 본격적으로 벌어졌을 때 스질라지 휘하에는 겨우 7,000명뿐이었다. 7월 14일 후니야디는 도나우 강에 정박 중이던 투르크의 갤리선을 침수시키고 전함을 포획

했고, 술탄의 배도 파괴하고는 성 안으로 병력과 보급품을 들여보냈다.

7월 21일, 메메트 2세는 대규모 공세를 취했다. 그러나 이중벽으로 된 성채는 투르크군의 선봉부대 예니체리와 본대를 분리시켰다. 농민 군들의 공격을 받은 투르크 본대가 괴멸되고, 성 안까지 진격한 예니 체리도 스질라지가 이끄는 정예부대에게 패했다. 메메트 2세는 허벅 지에 화살을 맞고 실신했다. 패배에 충격을 받은 메메트 2세는 독약을 마시고 자살을 시도했으나 간신히 제지당해 살아남았다. 그러고는 퇴 각했다.

그러나 존 후니야디 장군도 전염병에 감염되어 승리를 맛본 지 3주 후인 8월 11일 허무하게 사망했다. 하지만 영광은 사라지지 않았다. 후 니야디의 둘째아들 마티아스 코르비누스가 1458년 1월 20일 헝가리의 왕으로 추대되었다. 이것은 중세 헝가리 역사에서 왕가 출신이 아닌 귀 족이 왕관을 차지한 최초의 사건이었다.

그러나 오스만제국은 1459년 세르비아 왕국을 다시 공략해 임시 수 도 스메데레보를 함락시켰고, 1521년 메메트 2세의 증손자 슐레이만 1 세는 드디어 벨그라드를 완전히 손에 넣었다. 세르비아 전역이 오스만 제국의 노예가 된 것이다. 이어서 세르비아 전역에 이슬람의 모스크가 들어섰다. 오늘날 이 지방에서 보는 크고 작은 모스크들 중에는 당시 지은 것들도 있다.

이반 메슈트로비치의 「프랑스 사람에 대한 감사」

칼레메그단은 요새라는 뜻의 칼레(kale)와 전쟁터라는 뜻의 메그단 (megdan)을 합한 글자다. 칼레메그단은 동로마제국 유스티니아누스 1세

시절인 535년경 건축된 로마시대의 요새였다.

칼레메그단 공원 입구에서 곧장 안으로 걸어가면 오른쪽으로 예술가들의 흉상이 늘어서 있다. 조금 더 걸어가면 날개를 단 매우 힘차고 풍만한 여인이, 가슴은 앞으로 내밀고 두 손은 뒤로 뻗은 자세를 취한 조각이 높은 받침대 위에 있다. 첫눈에 보기에도 무엇인가를 말하려는 듯하다. 안내인 말에 따르면 프랑스가 제1차 세계대전 당시 세르비아를 지원했는데, 특히 세르비아의 전쟁고아들을 프랑스 여인들이 많이 돌봐준 것에 대한 감사의 표시로 세르비아 정부가 1930년 이 기념 동상 「프랑스 사람에 대한 감사(The Monument of Gratitude to France)를 세웠다는 것이다. 조각 받침대 뒷부분에는 "1914~1918년 사이 프랑스가 우리를 사랑한 것처럼 우리는 프랑스를 사랑합니다"라는 글이 새겨져 있다. 조각 주위의 화단은 프랑스식 정원을 모델로 해서 만든 것이다.

이 동상을 조각한 사람은 '발칸의 로댕' 혹은 '크로아티아의 미켈란젤로'라고 불리는 유고슬라비아의 대표적인 조각가 이반 메슈트로비치다. 1883년 크로아티아 자그레브 동쪽 작은 마을에서 태어난 그는 열다섯 살이 되던 해에 석공의 도제가 되었고 그의 뛰어난 재주를 본 한 부유한 오스트리아인이 그에게 학비를 대주어 빈으로 가서 미술 공부를 했다. 그는 빈에서 구스타프 클림트가 주도한 신예술운동인 분리파 운동, 즉 빈의 유겐트스틸(Jugendstil)에 동참했고, 또 로댕을 알게 되었으며 로댕의 주선으로 파리로 옮긴 후 1908년 몽파르나스에서 작업을 했다. 제1차 세계대전이 끝나고 합스부르크제국이 무너진 자리에 세르비아-크로아티아-슬로베니아 왕국이 탄생하자 메슈트로비치는 고국으로 돌아왔다. 그러나 제2차 세계대전이 발발해 크로아티아에 나치 정권이 들어서자 고국에서 추방되었다.

자신의 출신 지역 때문에, 그리고 그가 살았던 시대 탓으로, 메슈트로비치에게는 로댕이 누렸던 여러 가지 탐닉이라는 사치가 없었다. 그러나 이 정원에서 우리는 시대와 지역의 경계를 허물어뜨리는 그의 인본주의적 이상을 볼 수 있다.

군사박물관

더 안으로 성벽을 따라 가면 왕의 문(Kraljeva Kapija)이 나오고, 문을 지나면 로마의 우물(Rimskibunar) 입구에 닿고, 다음은 시계탑이고, 그 아래 농구장과 테니스장이 있다. 시계탑을 지나 제2스탐볼 문(Druga

Stambol Kapija)을 통과하면 4만여 점의 각종 무기와 총기들을 전시하고 있는 군사박물관이 나온다.

군사박물관 건물 자체는 규모가 크지 않은 평범한 건물로, 건물 유래를 물어보지는 못했지만 추측건대 과거 성곽 내부에서 살았던 장교들의 숙소였던 듯하다. 내부에는 고대 로마시대 이래 이곳에서 출토된 무기들, 중세시대 투르크 군대가 두고 간 무기들, 합스부르크제국 군대의 군복과 장비들, 제1차 세계대전 발발과 관련된 오래된 사진들, 제2차 세계대전 중 티토가 이끈 파르티잔 게릴라 모습, 그리고 코소보 사태(1998년 3월~1999년 6월)에 관한 각종 데이터와 당시 미군과 나토군에게서 포획한 최첨단 무기들을 전시하고 있었다.

특히 코소보 사태와 관련해서는, 당시 세르비아 군대의 병력과 무기는 미군 및 나토군의 그것에 비해 10분의 1에도 못 미쳤음을 보여주는 비교도표를 흔히 박물관에서 보는 세련된 인쇄물이 아닌 조잡한 글씨로 쓴 도표 형식으로 붙여두었고, 전투 상황을 볼 수 있는 대형지도도 그 옆에 걸어두었다. 한마디로 매우 억울하다는 것을 알리려는 것 같았다.

공원 끝에는 젊은 남자가 나체로 서 있는 승리 기념탑이 우뚝 서 있고, 그 반대편에는 동물원과 야크시치 탑, 루지짜 교회, 그리고 아래쪽에는 '기적의 샘물'이 솟아난다는 성 페트카 교회가 있다.

흰색 도시 벨그라드

도나우 강과 사바 강 사이 넓은 평원에 자리 잡은 벨그라드에는 BC 3세기경 켈트 스코르디시(Celtic Scordisci)족이 처음으로 들어와 살았고, BC 146년 로마인들이 그리스인들을 정복한 후 도시 이름을 싱기두눔(Singidunum)이라고 명명했다.

630년경에 세르비아족이 들어와 살기 시작했고, 남부 슬라브족에 속하는 세르비아 종족이 발칸반도에 처음 발을 디뎠다. 다른 종족들과 마찬가지로 그들은 처음에는 여러 씨족들끼리 집단을 형성해 살았고, 878년 도시 이름을 세르비아식으로 벨리그라드(Beligrad)로 바꿨다. 879년경 그리스 정교회를 받아들였으며, 이 무렵 세르비아 공국이 성립되었다.

세르비아는 14세기 중반 스테판 두샨이라는 지도자가 나타나 1346년 세르비아인과 그리스인들로부터 황제라는 칭호를 받고 그 주변 지역을 다스리면서 번영을 누렸다. 1402년 스테판 라자레비치가 벨그라드를 세르비아의 수도로 정했다. 그러나 오스만제국이 세력을 북쪽으로 넓히면서 세르비아 지역은 내내 전쟁터가 되었다. 세르비아 왕국이라는 명칭은 1882년부터 1918년까지 통용되었다.

필자가 어릴 때는 유고슬라비아의 수도를 베오그라드(Beograd)라고 배웠다. 지금 이 도시는 세르비아의 수도가 되었고, 벨그라드(Belgrad)로 표기한다. 원래 이 도시를 방어하기 위해 성벽을 쌓을 때 사용한 돌의 색깔이 흰색(beli)이어서 멀리서 하얗게 잘 보였기 때문에 '도시를 의미하는 'grad'를 합해 '흰색 도시(Belgrad)'라고 이름을 지었다고 한다. 물론 지금은 세월의 흔적으로 성벽의 돌은 거뭇거뭇하게 변했다. 지금 벨그라드 인구는 대략 160만 명이다.

유고슬라비아와 세르비아

유고슬라비아 역사를 간단히 살펴보자. 1918년 12월 1일 세르비아, 몬테네그로, 슬로베니아, 크로아티아 등 네 개 지역 국가가 세르비아-크로아티아-슬로베니아 왕국을 세우고, 1929년 7월 6일 국가 명칭을 유고슬라비아 왕국으로 바꾸었다. 유고슬라비아(Yugoslavia)라는 말은 현지어로 '남쪽(yugo)'과 '슬라브 민족의 나라(slavia)'라는 말이 결합된 것이다.

유고슬라비아 왕국은 1941년 4월 독일과 이탈리아 군대에게 점령되었으며 세르비아, 몬테네그로, 슬로베니아, 크로아티아에 각각 괴뢰 정부가 세워졌다. 그 중에서 크로아티아는 유고슬라비아 왕국에서 독립하고 싶었고 또한 가톨릭 중심 국가였으므로 나치 정책에 순응했고 유대인을 학살했다.

1943년 11월 29일 유고슬라비아 왕국은 소련군 지원 아래 영토를 수복해서 '유고슬라비아 사회주의공화국'을 세웠고, 1963년 '유고슬라비아 사회주의 연방공화국'으로 명칭을 바꾸었다. 세르비아는 유고슬라비아 연방의 중심 국가였지만 지금은 정식 명칭이 세르비아공화국(Republic of Serbia)이다.

세르비아는 발칸반도 중앙부에 위치하고 있으며 북쪽으로는 헝가리, 동쪽으로는 루마니아, 남동쪽으로는 불가리아, 남쪽으로는 알바니아와 마케도니아, 서쪽으로는 크로아티아와 보스니아-헤르체고비나, 그리고 몬테네그로 등과 국경을 접하고 있다. 동쪽으로는 흑해, 서쪽으로는 아드리아 해가 있기 때문에 대륙성 기후와 해양성 기후가 혼합되어 있다. 언어는 주로 세르비아어를 사용하고 있으며, 종교는

세르비아정교회가 압도적으로 다수이고, 그다음 이슬람교와 로마가 톨릭 순이다.

벨그라드 시내에서

스카다르스카 거리에 있는, 이곳 사람들은 '벨그라드의 몽마르트르'라고 부르는 스카다리야(Skadarija)는 벨그라드의 보헤미안들이 모이는 곳으로 근처에 식당과 술집과 카페들이 많이 있다. 19세기 중반에는 세르비아의 작가, 화가, 음악가 등 예술가들의 활동무대였고 지금도 시화전, 드라마, 음악이 공연되고 있어 주민과 관광객이 붐비는 명소다. 그곳에서 가까운 한 교회에서 결혼식 광경을 볼 수 있었는데, 와자지껄하지만 품위 있었고, 하객은 많지 않았으나 진정으로 축하하는 분위기였다. 그런 행복한 모습을 한동안 지켜보는 것도 즐거웠다.

스카다리야에서 이곳 사람들이 즐겨 마시는 커피를 한 잔하고 우리는 디미트리아 투코비챠 광장 뒤편 성 사바 교회(Crkva Svetog Sava)로 갔다. 성 사바 교회는 세계 최대의 그리스정교회 건물로서, 이스탄불의 성 소피아 사원을 모델로 1935년 5월 기공식을 가졌으나 여러 차례 중단과 재시공을 거쳐, 아직도 건축 중에 있다. 이 교회는, 세르비아의 지배자 스테판 네마냐의 아들로서 세르비아정교회 초대 대주교였고 세르비아의 문화, 문학, 법률, 외교에 큰 업적을 남겼으며 여러 개의 수도원을 지은 성 사바에게 봉헌된 교회다.

얼핏 러시아 상트페테르부르크의 성 이삭 성당을 연상시키는 성 사바 교회는 오직 신도들 헌금에 의해 건축 중인데, 외부는 거의 완성되었지만 내부는 여전히 시멘트 가루가 풀풀 날리고 벽은 치장을 기다리

고 있었다. 중앙 제단을 보면서 왼쪽 부분에는 기도를 드릴 수 있도록 작은 제단을 꾸며두었는데, 많은 신도들이 촛불을 밝히거나 무릎을 꿇고 기도를 드리고 있었다.

나는 성당 내부 입구의 기념품 가게에서 남성 아카펠라 성가 CD 한 장을 샀다. 점원은 덤으로 정교회 달력을 주었지만, 온통 세르비아 말로 되어 있어 전혀 쓸 수 없는 것이었다. 성당 안을 둘러보는 사람들은 신자가 아니라 대부분 관광객인 것 같았는데, 건축에 필요한 헌금이 필요한 상황인데도 성당 관리자들은 관광이라는 차원에서는 접근하지 않는 것 같았다. 아름다운 성당을 보고 또 좋은 음악을 들을 기회를 만나게 된 것만 해도 고마워하라는 의도인지는 모르겠다.

벨그라드에서 남쪽으로 15킬로미터 정도 떨어진 알라바(Alava) 산에는 제1차 세계대전 때 독일군과 싸웠던 무명용사를 기리기 위해 이반 메슈트로비치가 만든 '무명용사 기념비(Spomenik Nezanaom Junaku)'가 있다. 공화국 광장에서 버스로 1시간 정도면 갈 수 있는데, 시간이 없어 그것을 보지 못한 것이 아쉬웠다. 대신에 우리는 옥토바르스케 혁명 거리에 있는 티토 기념관을 구경했다.

티토 기념관은 원래 티토 대통령의 관저였다. 기념관은 거창하지는 않았지만 숲과 꽃이 어우러진 비교적 넓은 정원으로 도서관, 사진 도서관, 필름 도서관, 그리고 티토가 재직 중 받은 각종 선물을 전시한 박물관 등이 있다. 한쪽 벽에는 티토의 장례식에 조문 온 사람들에 관한 통계자료를 조그만 명패에 기록해 붙여두었다. 나는 재미 삼아 그것을 노트에 메모했다.

128개국에서 209명의 대표가 참석, 31명의 대통령, 4명의 왕, 6명의 왕자, 22명의 총리, 11명의 국회의장…….

티토는 1943년부터 유고슬라비아를 이끌었으며, 1948년 공산주의 지도자로서는 최초로 민족주의적 공산주의, 즉 '티토주의'를 창시해 소련에 도전했다. 1953년 선거로 대통령에 선출되어 1980년 5월 4일 슬로베니아 수도인 류블랴나에서 사망할 때까지 티토는 종신 대통령으로 재직했다. 티토는 많은 시간을 이곳에 있는 온실에서 보냈다고 한다. 지금 티토는 거대한 대리석 아래 잠들어 있다.

기념관 잔디밭에는 조각들이 많이 있는데, 특히 실물 크기의 「티토」, 「부상자의 아우성」 등은 사실적으로 묘사되어 있어서 오랫동안 그 앞에서 감상했다. 작품은 대부분 안툰 아우구스틴치츠의 것이었다.

안툰 아우구스틴치츠

뉴욕 UN 본부 입구에는 「평화」혹은 「말을 탄 여인」이라는 제목의 거대한 조각이 1954년부터 서 있는데, 이 작품을 만든 사람이 바로 크로아티아 조각가 안툰 아우구스틴치츠다. 아우구스틴치츠는 1900년 5월 4일 크로아티아 북부 슬로베니아 국경에서 가까운 인구 500명의 조그만 마을 클란예츠(Klanjec)에서 태어나 1918년 자그레브 미술대학에 입학했다. 1922년 자그레브 미술대학이 왕립 예술공예아카데미(Royal Academy of Arts and Crafts)로 이름이 바뀌고 이반 메슈트로비치가 그곳 교수로 부임하게 되어 메슈트로비치의 지도를 받았다. 그는 1924년 프랑스 정부 장학금을 받고 파리의 예술대학으로 유학 갔다.

1926년 자그레브로 돌아온 아우구스틴치츠는 도나텔로, 미켈란젤로, 그리고 부르델을 정신적 아버지로 삼아 작품활동을 했고, 1979년 5월 자그레브에서 죽었다. 1970년 그는 자신의 모든 작품을 고향 클란예츠 시에 기증했으며, 클란예츠 시는 1976년 아우구스틴치츠 생가를 갤러리로 만들어 작품을 전시하고 있다.

클란예츠는 티토의 생가가 있는 쿰로베츠(Kumrovec)에서 가까운데, 티토의 생가 정원 앞에도 아우구스틴치츠가 만든 실물 크기의 티토 입상 조각이 있다.

티토 혹은 요시프 브로즈

발칸반도의 정치인으로서 티토에 대해서 좀 더 이야기하자. 본명이 요시프 브로즈인 티토는 1892년 크로아티아공화국의 수도 자그레브(Zagreb) 북쪽 크로아티아와 슬로베니아 국경 근처, 주민이 300명도 채

안 되는 작은 마을 쿰로베츠에서 태어났다. 당시 이 지역은 오스트리아─헝가리 이중제국의 영토였다. 그의 생가는 기념관으로 소박하지만 잘 보존되어 있다.

티토는 크로아티아인 아버지와 슬로베니아인 어머니 사이에서 15명의 자식 중 7번째로 태어났는데, 공식적인 출생일은 5월 25일로 되어 있다. 티토의 부모는 가난한 농부였지만 독실한 가톨릭 신자였다. 1905년 13세 때 티토는 자그레브에서 남으로 60킬로미터쯤 떨어진 시사크(Sisak)로 가서 자물쇠 제조기술자의 도제가 되었다. 그때 배운 기술을 바탕으로 티토는 지금은 이탈리아로 편입된 트리에스테를 거쳐 보헤미아 지방과 독일 등지를 전전하며 금속주물 제작자로 일하면서 일찍 노동운동에 눈을 떴다.

1910년 18세가 된 티토는 금속 노동조합에 가입하고 또 크로아티아─슬라보니아 사회민주당에 입당했다. 여기서 말하는 슬라보니아는 크로아티아의 동부 지역 명칭으로, 슬로베니아와는 전혀 다르다.

1911년에서 1913년 사이 티토는 독일과 오스트리아의 여러 지역을 전전하며 벤츠와 다임러 자동차 공장에서 직공 노릇을 했다. 1913년 오스트리아─헝가리 이중제국 군대로부터 징집을 당해 하사관 학교에서 교육을 받고 하사가 되어 1914년 5월 크로아티아 25연대에 배속되었다. 그러나 제1차 세계대전이 발발하자 티토는 반전운동을 주도했고 그런 죄목으로 체포되어 페트로바라딘 요새에 감금되었다가 1915년 1월 무죄판결을 받고 러시아 군과 싸우기 위해 동부전선 갈리시아 지역으로 배치되었다. 이 전쟁에서 티토는 훈장을 받았고 최연소 특무상사로 승진했다. 하지만 전선으로 이동할 때 중상을 입고 러시아 군대에 생포되었다.

병사, 비밀첩자, 파르티잔

티토는 장기간 병상에서 포로생활과 포로들의 지도자 역할을 했으며, 1917년부터 탈출과 체포를 거듭하다가 시베리아 옴스크로 도망가던 중 첫 번째 부인이 된 펠라기야 베루소바의 도움으로 몸을 은신했다.

1917년 러시아의 10월 혁명(2월 혁명에 이은 두 번째 러시아 혁명) 뒤에 티토는 옴스크의 적군파에 가담했고, 1918년 러시아 공산당 유고슬라비아 지부에 입당했다. 1920년 1월 티토 부부는 유고슬라비아로 떠나 같은 해 9월 유고 지역에 도착했다. 그때 그의 나이 28세였다. 티토는 곧 유고슬라비아 공산당(Communist Party of Yugoslavia)에 입당했다. 유고공산당은 점차 세력을 넓혀갔고 유고슬라비아 왕국의 제3당이 되어 자그레브 시정부를 장악했으나 정부는 유고공산당의 활동을 불법으로 규정했다. 그 사이 티토는 다시 금속기술자로 일하다가 1925년부터는 조선공이 되었고, 노조 지도자가 되어 곧 파업을 주도했다. 그 결과 체포되고 해고되어 벨그라드로 가서 철도공장에서 일했다.

1928년 다시 자그레브로 돌아온 티토는 유고공산당 지국장이 되었으나 또 체포되어 수감되었다. 5년간의 수감생활 중 그는 칼 마르크스의 『자본론』을 세르비아−크로아티아어로 번역한 모사 피예데에게서 큰 영향을 받았다. 그 후 두 사람은 평생 동지가 되었다.

1935년 티토는 코민테른 발칸지부에서 일했으며 소련공산당원 및 비밀경찰이 되었는데, 그런 사실을 숨기고 코민테른의 유고슬라비아 대표단에 섞여 모스크바에서 열린 회의에 참가해 각국의 공산주의자들과 접촉했다. 코민테른(Comintern)이란 'Communist International'의 준말로서, 제3국제공산당 혹은 제3인터내셔널을 말하는데, 레닌의 발기로 1919년 3월 창설되어 1943년 5월 15일 해체된 국제 공산당 조직이다. 코민테른의 목적은 각국 공산당들 사이의 연계를 강화하고 그들의 활동을 통일적으로 지도함으로써 자본주의 제국을 전복하고 프롤레타리아 독재를 세우는 것이었다.

소련 체재 중 티토는 펠라기야와 이혼하고 오스트리아 출신 공산주의자인 루치아 바우어와 재혼했으며, 펠라기야는 비밀경찰에 의해 유고슬라비아 스파이 혐의로 수용소에 수감되었다. 스탈린의 대숙청으로 많은 동료 공산주의자들이 죽임을 당하거나 행방불명이 되는 와중에도 티토는 냉정함과 기지를 발휘해 목숨을 부지했다. 1936년 코민테른의 지시로 티토는 유고슬라비아에 되돌아왔다.

1941년 4월 6일 독일, 이탈리아, 헝가리 등 추축국 군대가 유고슬라비아를 공격했다. 그러자 4월 17일 유고슬라비아의 국왕 피터 2세 카라도르데비츠와 내각의 일부 각료들은 망명길에 올랐다. 피터 2세는 1970년 미국 콜로라도에서 사망했는데, 그는 미국 땅에 묻힌 유일한 유럽인 왕이 되었다.

독일군과 유고슬라비아의 일부 정부 관료들은 곧 휴전협정을 맺었고, 독일은 슬로베니아 북부를 직접 지배하고 유고슬라비아의 나머지 지역에는 괴뢰정권을 세웠다. 이탈리아는 슬로베니아 남부와 코소보 지역, 그리고 아드리아 해안을 낀 달마치아 지역을 점령하고 또 몬테네그로에 괴뢰정권을 세웠다. 헝가리는 북부 세르비아 지역을, 그리고 불가리아는 마케도니아 지역을 획득했다.

독일 침공에 대해 티토는 첫 대응으로, 1941년 4월 10일 유고공산당 내에 군사위원회를 조직하고 곧 이어 독일에 대한 봉기를 선동하는 팸플릿을 뿌렸다. 7월 4일 독일이 일명 '바바로사 작전'을 개시하고 소련을 침공하자 티토는 자신이 군사령관이 되어 군대를 소집하고는 반독일 레지스탕스 활동, 즉 파르티잔(Partisan) 게릴라 활동에 들어갔다.

티토는 유고슬라비아 왕국 산하 모든 인민의 형제애와 단결을 호소하면서, 독립 후에는 평등이 보장될 것이라고 약속했다. 하지만 다민족 왕국인 유고슬라비아의 사정은 복잡했다. 독일 침공 당시, 많은 크로아티아인들은 유고슬라비아 왕국으로부터 독립하고자 했으므로 테러 조직 우스타세(Ustase, Ustasa)를 조직해 오히려 독일을 지지했다.

그러나 독일에 저항하는 봉기는 신속하게 확산되었고, 같은 해 늦여름 유고슬라비아 절반 지역이 파르티잔에 의해 해방되었다. 세르비아와 몬테네그로에 있는 해방지역은 영국의 지원을 받는 드라자 미하일로비치가 주도하는 체트니크(Chetnik)가 장악하고 있었다. 티토의 파르티잔과 미하일로비치의 체트니크 두 파는 주도권 다툼에 돌입했다. 체트니크가 독일이나 이탈리아 등 추축국 군대와 항전을 벌이기보다는 파르티잔 토벌에 치중했으므로 체트니크를 지원하던 영국은 이런 상황에 실망해 점차 파르티잔 쪽으로 기울었다.

티토는 세르비아의 서부 도시 우지체(Uzice)에 파르티잔 총본부를 설치했다. 독일은 그해 11월 러시아 전선과 그리스에서 차출한 병력을 이용해서 파르티잔을 색출하기 위해 우지체 지역을 집중 공격했다. 그럼에도 파르티잔 운동은 유고슬라비아 전역으로 확산되었으며, 파르티잔의 활동이 성과를 거두게 되자 1943년 초 독일군대는 파르티잔의 중심 부대와 사령부를 집중 공격했다. 이로써 6만 명이 넘는 파르티잔이 사망했고, 티토를 포함한 많은 사람들이 부상당했다. 이 전투는 유고슬라비아 혁명에서 매우 중요한 전투였다.

티토의 별명

요시프 브로즈는 '티토' 외에도 다양한 별명을 사용했는데, 예컨대 국내용으로 '루디(Rudi)', 국제용으로 '발터(Walter)' 등을 사용했다. 티토라는 별명의 유래에 대해서는 다양한 설이 있다.

첫째, 관찰설이다. 파르티잔 전투 시절 작전을 수행할 때 빠른 판단과 신속한 명령이 필요했기 때문에 요시프 브로즈는 한 병사를 'ti(you에 해당하는 세르비아 크로아티아어)'라고 지명하고, 저 임무를 맡으라고 'to(that을 의미하는 세르비아 크로아티아어)'라고 지시했는데, 그가 종종 했던 말 'Ti, To'가 곧 별명이 되었다는 것이다. 이 관찰설은 1949년 영국의 외교관이자 군인이었던 피츠로이 맥린의 저서 『동방으로 가는 길』에 등장한다.

둘째, 차명설이다. 크로아티아 지방의 오래된 이름 가운데 하나가 티투스(Titus)인데다 18세기 크로아티아의 인기작가 티투스 브레조바츠키처럼 티토가 메모를 즐겨 사용했기 때문에 그런 별명이 붙었다는 것이다. 이 설은 티토의 전기를 쓴 블라디미르 데디예르의 주장이다.

셋째, 음모설로서 이는 최근에 제기된 주장이다. 크로아티아의 기자 데니스 쿨예이스에 따르면 티토는 1930년대 러시아의 스파이들로부터 정보를 제공받았고 그때 사용한 코드명이 TT였으며, 그 발음이 세르비아 크로아티아어로 'te te'였는데, 차츰 'Tito'로 통용되었다는 것이다.

1, 2, 3, 4, 5, 6, 7의 나라

제2차 세계대전의 대세가 연합국 측으로 기울기 시작하는 1943년 11월 28일에서 12월 1일 사이, 이란의 수도 테헤란 소재 소련 대사관에서 개최된 '테헤란 회의'에서 처칠, 스탈린, 루스벨트, 그리고 유고슬라비아 왕 피터 2세는 티토를 유고슬라비아 파르티잔의 지도자로 공식 인정했다. 티토는 그 와중에 정치력을 발휘해 1943년 12월 4일 '유고슬라비아 민주 임시정부'를 선포했다.

1944년 5월 25일 독일군은 보스니아의 파르티잔 사령부에 낙하산 부대와 탱크 공격을 기습적으로 감행했고, 티토는 생포 직전에 간신히 피했다. 같은 해 6월 17일 달마티아 반도 비스(Vis) 섬에서 티토 임시정부와 피터 2세 왕정이 연합하는 협정을 맺었다. 그러나 티토는 교활했다. 윈스턴 처칠과 회합한 자리에서는 영국군의 지원을 확보하기 위해 과도정부 수립에 동의했으나, 영국군의 눈을 피해 소련으로 갔을 때는 스탈린과도 협상하면서 지원군을 요청했다.

티토는 영국군과 소련군의 군사 작전을 거절하고, 교묘하게 양국 군대의 주장을 무력화시키면서 유고공산당의 단일 집권을 꾀했다. 1945년 3월 7일 유고슬라비아 임시정부가 벨그라드에서 소집되어, 정치체제를 공화국으로 할지 또는 왕정으로 할지 결정되지 않은 상태에서 티토는 수상이 되었고, 11월 29일 피터 2세는 공식적으로 퇴위했다. 그리고 파르티잔 활동 시절 휘하 참모들이 내각의 요직을 차지하게 되었다.

제2차 세계대전은 당연히 유고슬라비아를 황폐화시켰고, 유고슬라비아 전체 인구의 10분의 1 이상이 죽었다. 게다가 유고는 경제적으로 지원해주던 서방측과의 관계도 불편해졌는데, 이는 종전 무렵 티토가 이탈리아의 트리에스테 점령을 시도했고, 그리스 내전에서 공산주의자들을 지원했으며, 슬로베니아 상공에서 미군 비행기 2대를 격추시켰고, 유고슬라비아에서 순수한 공산정권을 수립하려고 했기 때문이다.

다른 한편으로 티토는 스탈린과도 갈등을 빚었다. 이것은 스탈린이 유고슬라비아를 고립시켜 소련에 유리하게 이용하려고 했고, 티토는 유고슬라비아의 독립을 유지하려는 태도에서 비롯되었다. 1948년 6월 28일 스탈린은 코민포름에서 유고슬라비아 공산당을 축출하고 티토를 공격했다. 코민포름(Cominform)은 'Communist Information Bureau(공산주의자 정보기구)'의 약칭으로서, 1947년 9월 소련 공산당 주도로 폴란드 수도 바르샤바에서 유럽 9개국(체코, 불가리아, 헝가리, 루마니아, 폴란드, 유고슬라비아, 이탈리아, 프랑스, 소련)의 공산당이 참가해 창설한 공산주의 국가 정보국이다. 코민포름의 목적은 서구 반공 체제에 대한 투쟁으로서, 마셜 플랜을 미국 확장 정책의 일환이라 비난했고, 티토를 민족주의적이라고 축출했다. 코민포름은 1956년 4월에 해산되었다.

하지만 스탈린의 조치는 오히려 유고슬로비아 국민을 단결시켰다. 1953년 스탈린은 사망했고 그의 후임 흐루시초프는 스탈린 격하운동을 벌였다. 1955년 흐루시초프는 벨그라드를 방문하고 스탈린이 주장한 유고슬라비아에 대한 소련의 종주권을 부정하고, 티토가 주장한 공산주의 국가 간 평등을 인정했다.

1953년 1월 13일 티토는 유고슬라비아 연방의 초대 대통령으로 선출되었고 새로운 헌법을 제정했다. 유고슬라비아 연방과 연방 산하의 5개 민족별 공화국 사이의 관계는 본질적으로 평등하고 상호 의존적이라는 점을 명시했다. 그러나 유고슬라비아의 현실은 그리 녹록지 않았다. 유고슬라비아는 '1234567의 나라'라고 한다.

1개의 국가명칭(유고슬라비아)

2개의 문자(키릴문자와 러시아문자)

3개의 종교(동방정교, 가톨릭, 이슬람교)

4개의 언어(세르비아어, 크로아티아어, 슬로베니아어, 마케도니아어)와 4개의 인종(슬라브족, 세르비아족, 이슬람족, 게르만족)

5개의 민족(세르비아인, 크로아티아인, 슬로베니아인, 마케도니아인, 몬테네그로인)

6개의 공화국(세르비아공화국, 몬테네그로공화국, 크로아티아공화국, 슬로베니아공화국, 보스니아-헤르체고비나공화국, 마케도니아공화국)

7개의 주변국가(이탈리아, 오스트리아, 헝가리, 루마니아, 불가리아, 그리스, 터키)

티토 대통령의 지도력은 본격적으로 시험대에 올랐다. 티토는 유고슬라비아 연방을 통치하면서 국정의 제1순위를 '민족 간 화합'에 두었다. 그러나 티토가 '민족 간 화합'을 강조했지만, 연방의 지배적 인구는 세르비아 민족이었다. 따라서 티토는 세르비아계 주민이 다른 민족을 지배하는 일이 없도록 관용과 양보를 촉구하는 정책을 폈다.

유고슬라비아와 교역하는 국가들의 50퍼센트 이상이 동구권 국가들이었기 때문에 티토는 이 난국을 타개하기 위해 서구 경제체제를 도입하고, '노동자 자주관리(Self-Management, Radnicko Samoupravljanje)'와 '비동맹정책(non aligned movement)'을 축으로 한 독자적인 사회주의 건설을 추진했다. '노동자 자주관리제'는 한때 경영학에서도 성공사례로 등장한 기업경영 모델이다.

티토는 부르주아 자본주의의 횡포도 싫었지만 소련의 만행에도 눈을 감을 수가 없었다. 티토는 처칠을 훌륭한 정치 파트너라고 높이 평가했지만, 처칠은 어디까지나 공산주의의 적이었다. 따라서 티토는 미소 양대 세력에 대항할 제3세계라는 비동맹 가치관을 추구했으며, 1961년 인도의 네루, 이집트의 나세르와 협력해 25개국이 참여한 비동맹회의를 소집했다. 그리고 1968년 8월 소련이 체코슬로바키아를 침공하자 티토는 다음과 같이 강력하게 비난했다.

"소련의 행위는 사회주의 국가의 주권을 침해하는 것으로, 전 세계의 사회주의적 진보 세력에 심각한 충격을 주었다."

1970년 9월, 78세가 된 티토는 지도력의 한계를 느끼고 집단지도체제 수립계획을 발표한다.

...

가톨릭과 동방정교회, 형제인가 적인가

1808년 영국을 떠나 1811년까지 포르투갈, 스페인, 그리스 등을 여행하고 1812년 『차일드 해럴드의 순례기(Childe Harold's Pilgrimage)』를 쓴 바이런은 서양문화에서 비잔틴제국의 유산이 그리스와 로마제국 유산보다도 더 중요하다는 것을 주장하기 위해 여행기라는 장르를 이용했다.

유고슬라비아와 발칸에 대한 이야기를 더 진전시키기 전에 이 지역에 중요한 영향을 끼친 동로마제국(비잔틴제국)의 역사와 동방정교회에 대해서 알아보자.

콘스탄티노플, 하느님의 역사하심으로

4세기 초, 기독교식으로 표현해 하느님께서 역사(役事)하신 일 하나가 콘스탄티누스 황제로 하여금 디오클레티아누스 황제로부터 박해받던 기독교를 공인하고 종교의 자유를 허락하게 한 것이다. 313년 밀라노 칙령(Edict of Milano)에 따라 기독교 수난의 시대는 종지부를 찍었다.

330년 5월 11일, 콘스탄티누스 황제는 확장되어가는 로마제국을 효율적으로 통치하기 위해 로마제국 수도를 비잔티움으로 옮겼다. 비잔티움은 이미 1000년의 오랜 역사를 갖고 있는 도시였다. 콘스탄티누스 황제는 비잔티움을 완전히 로마식 대도시로 개조하고 도시 이름을 '신로마'라고 명명했지만, 주민들은 도시를 '신로마'로 부르기보다는 황제 이름을 따서 '콘스탄티누스의 도읍'이라는 의미로 '콘스탄티노폴리스(Constantinopolis)'라고 불렀다. 이는 중세 이탈리아어로는 콘스탄티노폴리(Constantinopoli)고, 영어식 발음이 콘스탄티노플(Constantinople)이다. 그 후 이곳을 '동로마'로 부르게 된다.

콘스탄티누스 황제의 천도는 당대의 통치에는 유리했으나 결과적으로 로마제국을 영구적으로 동과 서로 분리시키고 또한 로마가톨릭과 동방정교회를 분열시키는 결과를 가져왔다. 395년 테오도시우스 1세 황제는 로마제국을 양분해 큰아들 아르카디우스에게는 동로마를, 작은아들 호노리우스에게는 서로마를 다스리게 했다. 이로써 동서 로마의 분리가 결정되었다.

콘스탄티노플이 동로마 수도가 되자, 서쪽으로는 아드리아 해와 동쪽으로는 안티오키아에 이르는 그리스어 사용 지역의 지명도가 한층 더 높아졌다. 457년경 콘스탄티노플은 인구가 대략 20만 명쯤 되었고, 세력 면에서 로마, 안티오크, 알렉산드리아 등 오래된 기독교 대도시들을 능가했다.

476년 용병대장 오도아케르는 서로마제국의 최후황제 로물루스 아우구스툴루스를 폐위시키고 그 해 8월 23일 스스로 황제가 된다. BC 753년 로물루스와 레무스 형제가 세운 팍스 로마나(Pax Romana)는 정확하게

1129년간의 역사를 마감했다.

　콘스탄티노플을 중심으로 한 동로마제국은 서로마제국이 몰락한 후로도 1000년가량 더 존속했고, 1453년 오스만제국의 메메트 2세에 의해 종말을 맞게 된다.

비잔틴제국

　동로마제국, 즉 비잔틴제국은 395년 테오도시우스 1세가 동서 로마를 분리하고 큰아들 아르카디우스로 하여금 동로마를 다스리게 한 후부터 팔라이올로구스 왕조의 마지막 황제 콘스탄티누스 11세가 오스만제국에 의해 살해되고 콘스탄티노플이 함락된 1453년까지에 이르는 중세 그리스의 동로마 문화권을 말한다.

　비잔틴제국은 처음부터 당연히 그리스 문화가 농후했다. 그러나 동로마제국의 그리스인들은 자신들의 영역이 신의 은총과 영원한 로마의 위대한 유산을 물려받은 기독교국가라는 자부심을 지니고 있어서 스스로를 계속해서 '로마인'이라 불렀다. 뿐만 아니라 그리스인들은 로마가 동서로 분열된 이후에도 자신들을, 고대 그리스인들이 자신들을 부른 전통 용어인 헬레네스(Hellenes)라 부르지 않고 로마인이라는 뜻의 로마이오이(Romaioi)로 불렀다.

　일반 그리스인들은 그리스어를 사용했지만 비잔틴제국의 공용어는 라틴어였다. 하지만 점차 라틴 출신 황제를 대신해 그리스인이 황제가 되었고, 따라서 공용어도 차츰 라틴어에서 그리스어로 바뀌어갔다. 7세기에 이르면 동로마제국은 형식과 내용 모두에서 그리스 색채를 띤 동방의 제국이 되었다.

비잔틴제국은 야만족이 기독교의 세례만 받으면 그들을 기독교도로 인정했고, 비잔틴 문화는 여러 다른 문화들, 즉 슬라브, 아랍, 셈, 투르크 문화와 끊임없이 접촉했다. 그러므로 비잔틴 사회는 초기부터 사회적 문화적으로 수용력이 큰 제국이었다.

비잔틴제국이 그리스 지역을 중심으로 소아시아와 아드리아 해의 여러 섬들을 포함해 강력한 중앙집권 국가이자 또한 유럽 가톨릭문화와 동방의 이교문화가 혼합된 군주국가로 완성되는 것은 유스티니아누스 1세 황제 시대에서부터 헤라클리우스 황제에 이르는 시대까지였다.

비잔틴제국 초기 황금시대를 연 유스티니아누스 1세는 527년부터 40년 가까이 제국을 통치하면서 북아프리카의 반달족, 이탈리아반도의 동고트족, 이베리아반도의 서고트족, 그리고 동쪽으로는 페르시아를 물리치고, 지중해를 다시 로마제국의 호수로 만들고 기독교를 통합했다. 유스티니아누스 1세는 로마법을 편찬하고 문화적으로 '유스티니아누스 르네상스' 시대를 열었다.

비잔틴제국이 점차 그리스화되면서, 그리스어에 대한 지식이 트라키아(이스탄불과 에디르네를 포함하는 발칸반도 동남부), '해가 돋아나는'이라는 뜻을 지닌 아나톨리아(지금의 터키 영토 대부분을 이루는 고원지대) 내륙 깊숙한 곳, 발칸반도 서부 지역으로 오늘날 알바니아의 드린 강에서부터 세르비아의 사바 강까지 이르는 일리리아, 소아시아의 시리아, 그리고 이집트 해안지방까지 널리 전파되었다.

12세기 비잔틴제국은 지중해의 경제, 신앙, 학문, 문화의 중심지였다. 그러나 지나치게 광범위한 지배영토가 오히려 새로운 문제를 불러일으켰다. 여러 종족 간의 갈등, 종교적 분열, 변방국가의 침입, 끊임

없는 정복전쟁 등은 제국의 재정과 인력조달에 부담이 되었다. 비잔틴 제국의 행정능력이 정복지에서 통제력을 확보하지 못하게 되자 제국은 마침내 쇠퇴의 길로 접어들고 붕괴 위기를 맞게 되었다.

일리리아와 달마티아

라틴어로 일리리쿰(Illyricum)으로 불리는 일리리아 왕국은 로마 속주로서, 알바니아의 드린 강에서부터 북쪽으로 이스트라 반도(아드리아 해의 반도로 슬로베니아, 크로아티아, 이탈리아에 걸쳐 있다), 동쪽으로 사바 강 사이에 위치해 있었다. 수도는 오늘날 크로아티아의 스플리트 근처의 살로나였다.

로마제국의 해군은 BC 229년 아드리아 해를 처음으로 건너 일리리아 지역을 공략했고, BC 168년 로마제국은 일리리아를 속국으로 만들었다. 로마제국이 이 지역의 패권을 완전히 확립한 것은 BC 11년 판노니아(Pannonia)를 완전히 점령하면서부터였다. 판노니아 지역은 도나우 강 동쪽을 포함해 도나우 강 남쪽 오늘날 오스트리아 중부 지역과 독일 바이에른을 포함하는 노리쿰(Noricum) 왕국, 그리고 오늘날 헝가리, 오스트리아 남부, 크로아티아, 세르비아, 슬로베니아, 보스니아-헤르체고비나를 지칭하는 달마티아까지 포함하는 넓은 지역이다.

판노니아의 반란이 진압된 뒤 일리리아는 북쪽의 판노니아와 남쪽의 달마티아로 분할되었다. 그러나 일리리아라는 이름 자체는 그 후로도 일상적으로 쓰였으며, 디오클레티아누스 황제가 로마제국을 사분통치하게 되면서 발칸반도에서 판노니아, 노리쿰, 크레타, 그리고 트라키아를 제외한 나머지 부분을 일리리아(달마티아는 일리리아의 일부다)로 통칭하게 되었다.

일리리아 지역 사람들은 특히 군사적으로 용맹을 떨쳤는데, 그들 가운데 로마 황제가 된 사람이 네 명이나 된다. 클로디우스 2세, 아우렐리우스, 디오클레티아누스, 그리고 콘스탄티누스 1세가 그들이다. 또한 비잔틴제국의 황제 아나스타시우스 1세와 유스티니아누스 1세도 이곳 출신이다.

『물질문명과 자본주의』, 『펠리페 2세 시대의 지중해와 지중해 세계』 등을 쓴 프랑스의 역사학자 페르낭 브로델에 따르면, 달마티아의 가톨릭교는 내륙 산악 지방의 위협적인 동방정교회 세계와 오스만제국의 엄청난 위험과 맞서는 전투적 종교였다. 1571년 그리스의 서부 근해에서 벌어진 레판토 전투는 역사상 가장 큰 해전 중 하나로서, 오스만제국과 기독교 동맹군 사이에 벌어진 것이다. 이 전투에서 달마티아의 갤리선은 베네치아군을 도와 오스만제국 함대를 무찔렀다. 그 직후에 스플리트는 발칸 지역과의 교역을 위한 베네치아의 으뜸 항구가 되었고, 디오클레티아누스의 궁전 인근에 창고 및 상인들 숙소가 건립되었다.

1797년 베네치아가 나폴레옹에게 함락되자 이 지역의 세력 균형도 바뀌었다. 합스부르크제국이 나폴레옹의 승인을 얻어 이 지역의 정치적 공백을 메웠다. 1808년부터 1813년까지는 프랑스 사람들이 달마티아를 직접 통치했고, 나폴레옹 실각 때까지 계속된 근대화 계획의 일환으로 새 도로들이 건설되었다. 그 후 1차 세계대전의 패배로 1918년 합스부르크제국이 붕괴되고 슬라브계와 이탈리아계가 섞인 달마티아 주민들은 새로 창건된 유고슬라비아라는 다민족 국가에 합류했다.

동방정교회의 기원

동방정교회라는 용어는 7개의 고대 에큐메니칼(Ecumenical) 공의회에서 정의된 신조와 예배의식을 지켜오는 기독교회를 지칭하는 말이다. 에큐메니칼이란 헬라어로 '사람이 사는 모든 세상'을 의미하는 'oikoumene'에서 유래했다. 에큐메니칼 공의회는 로마제국의 모든 교회 지도자들이 모여 개최한 회의이므로 여기서 결정된 사항은 오류가 없는 에큐메니칼 신조로 인정되었다. 7개 고대 에큐메니칼 공의회는 325년 제1차 니케아 공의회, 381년 제1차 콘스탄티노플 공의회, 431년 에베소 공의회, 451년 칼케돈 공의회, 553년 제2차 콘스탄티노플 공의회, 681년 제3차 콘스탄티노플 공의회, 787년 제2차 니케아 공의회를 말한다.

가톨릭교회와 동방정교회가 정식으로 분리된 후 동방정교회는 787년 제2차 니케아 공의회 이후의 교회회의는 에큐메니칼 공의회로 인정하지 않는 반면, 로마가톨릭교회는 그 후로도 공의회의 결정을 무오류로 받아들이고 있다(오늘날 에큐메니칼 운동은 그 뜻이 변해서 모든 기독교의 연합운동을 뜻한다. 이 운동의 초점은 신앙과 질서인데, 전자는 기독교 교리를, 후자는 교회의 조직과 정책에 관한 것이다).

381년 제1차 콘스탄티노플 공의회는 당시 지중해 연안을 중심으로 존재하던 기독교 세계를 로마, 콘스탄티노플, 알렉산드리아, 안티오크, 그리고 예루살렘 대관구로 관할권을 정했다. 그리고 기독교교회 전체에 관련된 중요한 문제가 있을 경우 이 다섯 개 대관구의 지도자들이 함께 모여 교회공의회를 개최해서 해결하기로 결정했다. 그러나 590년 그레고리 1세가 교황으로 등극한 후 로마 대관구는 일취월장해 다른 4

개 대관구를 훨씬 능가하는 교세와 영향력을 갖게 되었다. 콘스탄티노플 대관구는 고대 에큐메니칼 공의회가 정한 교리를 그대로 유지하면서 차츰 로마 대관구와는 달라져갔다.

그레고리 1세 대교황

그레고리 1세는 성 제롬, 성 암브로시아, 성 아우구스티누스와 더불어 네 명의 라틴박사(Doctors of the Church)로 손꼽힌다. "가톨릭교회의 주요원칙은 그레고리 1세로부터 나왔다"는 말이 있을 정도다. 그레고리 1세는 젊은 시절 행정능력도 뛰어나서 573년 동로마황제로부터 로마 시의 치안장관으로 임명받았다. 그 후 로마가톨릭 대표로 콘스탄티노플에 머물렀으며, 다시 로마로 돌아온 후에는 수도원에서 기도생활을 하다가 590년 로마에 전염병이 돌자 자신이 원치 않는 상황에서 교황이 되었다.

그레고리 1세는 사제 독신제도를 확립하고, 종교회의의 권위를 성경과 동등하게 인정했으며, 지은 죄의 사면을 받지 못한 자들이 연옥에서 정결케 되는 제2의 회개 기회를 제시했다. 그레고리 1세에게는 다음과 같은 일화가 전한다.

교황이 되기 전, 그레고리 1세는 영국의 색슨족 왕이 기독교 공주와 결혼했다는 소식을 듣고 영국에 대한 선교활동을 추진했다. 그러던 중 어느 날 로마의 저잣거리를 걷다가 노예로 팔려나온 예쁜 소년을 보았다. 그레고리 1세가 그 소년을 보고 물었다.

"어느 종족인가?"

소년은 대답했다.

"앵글로(Anglo)족입니다."

"너야말로 천사(Angel)를 닮았구나!"

그레고리 1세는 앵글로족이 사는 영국에 대한 관심이 더욱더 높아졌으나 곧 교황이 되는 터에 영국 포교는 단념했다. 그레고리 1세 이후 로마 대관구는 영토적으로 1517년 루터의 종교개혁 시대 직전까지는 유럽 전체와 북아프리카까지 확장되었고, 교회의 정치와 행정적으로는 로마 주교, 즉 교황을 정점으로 하는 단일체제의 기독교 국가교회(Christemdom)로 발전했다.

그 반면 로마 동방의 4개 대관구는 사도시대부터 내내 집단 지도체제(the collegiality) 중심으로 교회체제를 운영했다. 동방정교회는 사도권 계승, 즉 주교의 사역(使役)은 예수 제자들의 사역과 직접적인 연계성을 가지면서 이루어져야 한다는 교리를 유지했다. 여러 나라의 정교회는 중앙집중화된 기구가 아니라 민족 교회들의 친목단체로 발전해왔다. 동방정교회 지역은 7~8세기에는 이슬람교도들의 침략을 받았고, 뒤이어 오스만제국 군대의 위협을 받게 되자 신학적, 문화적으로 신비주의적인 성향을 띠는 경우도 있었다.

제3의 로마, 모스크바

1453년 동방정교회 중심지였던 콘스탄티노플이 함락되고 불가리아와 세르비아도 오스만제국에게 정복당하자 동방정교회 세계에서 가장 강력한 지도력을 가진 나라는 러시아였다. 모스크바를 중심으로 한 러시아정교회는 1480년, 오랫동안 지속되어온 몽골제국의 통치를 이반 3세가 종식시킨 후 러시아 전역으로 확대되었고, 이반 3세에 뒤이어 그의 손자 이반 4세 바실리예비치 시대에 더욱 번창했다.

좀 더 설명하면, 이반 3세 혹은 이반 대제(Ivan the Great)는 러시아 모스크바 공국의 대공으로서 노브고로트를 비롯한 여러 공국을 병합해 영토를 확장했고, 몽골제국의 한 지파인 킵차크한국(金帳汗國, Kipchak Khanate)의 지배를 250년 만에 종식시켰으며, 북동 러시아를 통일해 러시아제국의 기초를 닦았다. 하지만 1467년 어린시절에 맞아들인 부인이 아들 하나만 남겨놓고 세상을 떠나자 후사가 끊어지는 것을 막기 위해 또 다른 부인을 찾아야 했다.

한편 동로마제국 최후의 황제 콘스탄틴 11세 팔레이올로고스의 동생 토마스 팔레이올로고스는 1428년부터 동로마제국의 자치도시 모레아(Morea) 공국의 수장이었다. 1453년 콘스탄티노플이 투르크에게 함락되고 1460년 모레아도 공격당하자 토마스 팔레이올로고스는 그의 딸 조에 팔레이올로지나를 비롯해 가족을 데리고 로마로 피신했다. 로마에서 조에는 이름을 소피아로 바꾸고 가톨릭으로 개종했다.

1469년 교황 바울로 2세는 모스크바의 이반 3세가 홀아비가 되었고 또 신붓감을 구한다는 소식을 듣고 이반 3세와 소피아의 결혼을 주선하도록 베사리온 추기경을 모스크바로 보냈다. 물론 숨은 의도는 로마가톨릭과 동방정교회의 통합이었다. 혼담은 쉽게 추진되지는 않았으나 3년 후 1472년 11월 12일 러시아의 이반 3세와 비잔틴제국의 마지막 황제 콘스탄틴 11세의 조카딸은 모스크바의 성모승천 대성당(Dormition Cathedral)에서 결혼식을 올렸다. 이반 3세는 이 결혼을 계기로 비잔틴제국의 후계자 및 동방정교회의 수호자를 자처하며, 로마 황제의 상징인 쌍두 독수리를 러시아의 문장(紋章)으로 사용하고는 모스크바를 '제3의

로마' 겸 러시아정교회의 총본산으로 삼았다.

소피아는 나이는 어렸으나 현명했다. 크렘린 궁정에 비잔틴식 의식과 까다로운 예법을 도입했고, 차츰 이반 3세의 의사결정에도 영향력을 미쳤다. 드디어 소피아는 이반 3세를 설득해 기존의 황태자인 맏손자 드미트리 대신 자신의 아들 바실리 3세를 왕좌에 올리는 데 성공했다.

바실리 3세의 아들 이반 4세 바실리예비치는 러시아에서 차르(tsar, czar)라는 호칭을 처음 사용한 통치자였다. 이반 4세는 유능했으나 자란 환경 탓인지 사람을 믿지 못하고 잔인했으며, 결국 노년에는 정신 이상으로 며느리를 유산하게 하고 아들을 때려죽였다. 하여 이반 4세는 '잔혹한 이반(Ivan the Terrible)'이라는 별명을 들었는데, 이는 러시아어 '그로즈니(grozny)'를 영역(英譯)한 것으로 일본과 우리나라에서는 '이반 뇌제(雷帝)'로 번역한다. 그로즈니는 '무적' 혹은 '공포심을 유발하는 자'에 더 가깝다. 이반 4세는 3세에 즉위해 어머니의 섭정을 받았으나, 어머니가 독살된 뒤 17세부터 직접 통치했다. 이반 4세는 러시아 최초의 법전을 편찬했으며, 영국과 통상 및 외교 관계를 맺었다. 1582년 시베리아를 정복해 동방으로의 길을 열었고, 1588년 발트 해 연안까지 진출을 시도했으나 실패했다. 그 과업은 100년 후 표트르 1세가 등장할 때까지 미루어졌다.

1589년 모스크바 대주교(Archbishop)가 콘스탄티노플 총대주교(Patriarch)의 승인을 받아 총대주교 지위로 승격하자, 러시아정교회와 러시아 국민들은 모스크바를 '제3의 로마'라고 불렀다. '제3의 로마'라는 말은 모스크바가 라틴계 이단들에게 굴복한 제1로마와 무슬림에게 희생된 제2로마 콘스탄티노플을 승계했다는 뜻이었다.

동방정교회를 정통으로 부르는 이유

동방교회는 사도들과 초대교회의 신학적 전통들을 수호하는 일을 강조하기 때문에 서로 자신들을 정통(Orthodox)이라고 부르면서, 자신들의 것과 다른 전통을 가진 다른 교파들을 차별한다. 예컨대 러시아가 독립교구로 인정받은 후에도 콘스탄티노플과 대립을 보이면서 어느 쪽이 더 초대교회 전통에 충실한 정통인가를 두고 논쟁을 벌였다.

동서로마제국의 분리는 교회사 측면에서 기독교 발전에 중대한 영향을 미쳤다. 로마를 중심으로 해서 가톨릭교회가 발전되었고, 콘스탄티노플을 중심으로 동방정교회(Eastern Orthodox Church)가 발전되었다. 오늘날 동방정교회는 지역에 따라 그리스정교회, 세르비아정교회, 불가리아정교회, 러시아정교회 등으로 부른다. 발칸 지역의 정교회 신자수는 루마니아 500만 명, 불가리아 350만 명, 세르비아 250만 명, 그리스 200만 명, 몬테네그로 15만 명 등으로 분포되어 있다.

로마가톨릭교회와 동방정교회가 공식적으로 완전히 결별된 것은 11세기였다. 그때까지 로마가톨릭교회 교황들은 '교황권'의 우위를 주장하며 동방정교회도 교황권 통제 아래 두려고 했다. 물론 동방정교회는 이를 받아들이지 않았었다. 두 교회 사이에 관할권 경쟁까지 겹쳐 두 교회 사이의 갈등은 점점 더 악화되었다. 로마 교황이 '교황권' 우위를 주장한 한 가지 근거는 다음에 설명하는 '콘스탄티누스의 기증 문서' 때문이다.

제152대 로마교황 레오 9세는 두 교회의 관계 개선을 위해 교황 특사를 콘스탄티노플로 보냈다. 그러나 교황 특사는 화해에 실패했고, 교황의 이름으로 동방정교회 대주교를 파문했다. 그 결과 1054년 두 교회는 쉽게 화해할 수 없는 지경에 이르렀다. 이후 12~13세기 십자군들에 의해 가톨릭과 동방정교회의 대립과 적대감은 일반 신도들에게까지 퍼졌다.

파문

파문(破門)은 하느님의 지상 대리인인 교황이 갖고 있는 최고의 무기였다. 기독교도는 파문당한 지도자를 따를 의무가 없다. 권력자란 그 사람을 따르는 부하가 있을 때 존재할 수 있으며, 왕은 따라주는 국민이 있기 때문에 지위와 권력을 유지할 수 있다.

따라서 교황의 파문은 서유럽 군주들에게는 무서운 무기였다. 그러나 파문은 비잔틴제국의 왕이나 국민들에게는 효력이 없었다. 콘스탄티노플에 총대주교가 있는데 로마 주교인 교황이 건방지게 월권을 한 것이었다. 그 상위에 있는 것처럼 행동하는 것은 용서할 수 없다는 감정 때문이다. 로마와 콘스탄티노플은 점점 더 사이가 나빠졌다.

가톨릭과 정교회가 분리된 데는 신학적인 원인도 있었다. 두 교회 사이에 가장 중요한 신학적 논쟁은 성령에 관한 문제였다. 로마가톨릭교회는 "성령은 성부뿐만 아니라 성자로부터도 나온다"고 주장한 반면 동방정교회는 "성령은 오직 성부에게서만 나온다"는 입장이었다. 그 외에도 동방정교회는 성직자들의 독신제도를 주장하지 않았고, 수도원의 수도사들 외에 일반 성직자들은 결혼을 했다. 그러나 재혼할 수는 없었다. 동방정교회는 영적 수련을 강조해 수도원이 크게 발전했다. 동방정교회 수도원의 중심지는 그리스 북부지역에 있는 아토스 산(Mt. Athos)인데, 이 산에는 19개에 달하는 역사적인 수도원들이 밀집되어 있다.

위조로 드러난 콘스탄티누스의 기증 문서

'콘스탄티누스의 기증 문서(Constitutum Donatio Constantini)'는 중세 유럽의 유명한 사기 문서다. 대략 750년에서 850년 사이 조작된 것으로 보이는 이 칙령문서는 중세시대 로마 교황이 세속 황제에 대한 우위권을 주장하는 근거가 되었다. 문서의 주요 내용은 다음과 같다.

"로마 황제 콘스탄티누스 1세는 로마제국의 수도를 콘스탄티노폴리스로 옮기면서 자신은 동방제국의 황제권만 보유하고, 로마와 서방제국을 교황 실베스테르 1세와 그 후계자들에게 넘긴다. 이 조치는 하느님이 실베스테르 교황의 나병을 낫게 하시는 기적을 베푸시고 또 황제 자신에게도 세례를 베풀어준 것에 대한 감사의 표시로 선물하는 것이다."

따라서 이 문서에 따르면 교황은 유럽 황제보다 더 우위에 있으며 교황이 세속의 황제를 결정하고 심지어 교체할 수도 있다고 해석된다. 이 문서가 세상에 처음 나온 것은 8세기 중엽으로 교황 스테파누스 2세와 프랑크 왕국의 피핀 3세 사이의 협상과정에서 나왔다. 스테파누스 2세는 753년 11월 험한 산길을 지나 프랑크 왕국으로 왔고, 754년 여름까지 프랑스 파리에 있는 생 드니 대수도원에 머무르면서 피핀과 그의 아들 샤를마뉴를 각각 왕과 후계자로서 축성해주었다. 그 결과 피핀은 메로빙거 왕조를 대신해 카롤링거 왕조를 세웠고, 피핀은 롬바르드족이 점령한 이탈리아 영토를 되찾아 교황에게 주었다. 그 영토는 이후 교황령의 기초가 되었다.

'콘스탄티누스의 기증 문서'는 그 후로도 교황의 우위권을 주장하는 근거로 사용되었을 뿐만 아니라, 콘스탄티노플 총대주교 등 성직자들은 교회와 황제가 충돌할 때마다 이 문서를 꺼냈다. 심지어 로마 교황의 적들까지도 이 문서의 진위를 의심하지 않았다. 예컨대 교황 하드리아누스 4세가, 교황의 권위에 도전하고 또 유럽에서 독일의 우위를 확립하려 한 신성로마제국의 프리드리히 1세에게 보낸 편지에서 "황제의 왕관 소유자는 교황이며, 단지 그것을 황제에게 사용토록 위임한 것에 불과할 뿐이다"라고 주장한 것은 이 문서를 바탕으로 한 것이었다.

하지만 황제의 권리를 지지했던 단테는 『신곡』의 '지옥편' 19장에서 다음과 같이 한탄했다.

"아! 콘스탄티누스여, 당신이 저지른 진정으로 큰 악은 그대가 가톨릭으로 개종한 데서 비롯된 것이 아니다. 그것은 세상에서 가장 부유한 교황이 그대에게서 받은 그 문서에서 나왔도다!"

르네상스가 시작되고 고전에 대한 이해가 넓어지면서 1440년 이탈리아의 사제 겸 인문주의 학자 로렌초 발라는 이 문서에 표기된 라틴어가 4세기경, 즉 콘스탄티누스 대제 시절 로마 황제들이 사용한 것이 아니고 8세기에 사용된 언어라는 점을 증명해냈다. 또한 인용된 문서와 문서 자체의 연도가 불일치 한다는 점도 밝혀냈다. 이에 대해 교황청은 발라의 논증을 부정하고 발라의 논문을 금서목록에 포함시켰다.

1517년 발라의 논문이 복사되자 프로테스탄트에게는 좋은 자료가 되었고, 1534년 토머스 크롬웰은 발라의 논문을 영어로 번역했다. 결국 교회도 나중에 이 문서가 위조된 것임을 인정했다.

그런데 여기서 한 가지 드는 의문은, 마르틴 루터도 존경했던 발라는 사제였고 또 나중에 교황청에 근무한 유능한 기독교 학자였는데 이 문서가 위조임을 왜 일부러 밝혔는가 하는 것이다. 한 가지 이유로, 당시 발라는 일정한 소속이 없이 떠돌아다녔는데 마침 나폴리의 왕 알폰소의 나폴리 궁정에 근무하는 도중 알폰소 왕의 사주로 이를 밝혔다는 것이다. 알폰소 왕은 영토 문제로 에우제니오 4세와 칼릭스투스 3세와 충돌이 잦았다고 한다.

키릴 문자

키릴 문자(Cyrillic alphabet)는 러시아 지역(러시아, 우크라이나, 벨라루스, 몰도바, 아제르바이잔, 그루지야), 발칸반도(세르비아, 몬테네그로, 보스니아—헤르체고비나, 크로아티아, 루마니아, 불가리아, 마케도니아), 체코, 슬로바키아, 중앙아시아 등지에서 주로 쓰이는 문자다. 키릴 문자의 기원은 9세기경 동방정교회를 믿는 슬라브어 사용자들을 위해 개발된 자모음이 43개로 된 표기체계다. 따라서 근대 키릴 문자는 각국의 사정에 맞게 원래 키릴 문자의 자모음을 조정한 것이다.

키릴 문자는 성 메토디우스와 성 키릴 사제형제들이 만든 것으로 알려져 있다. 키릴 형제는 그리스 테살로니카에서 태어났으며 부친은 동로마제국의 해군 제독이었다. 두 사람은 슬라브족 선교사업에 나섰고 슬라브족을 기독교화하는 데 큰 역할을 했다. 키릴 문자로 쓰여진 최초의 문헌은 키릴 형제가 9세기에 번역한 성서와 다양한 교회 문서다. 동생 키릴의 원래 세례명은 콘스탄티누스였으나 죽기 직전 키릴로 바꿨다. 키릴 형제가 키릴 문자를 직접 만들지는 않았을 테지만 키릴 문자에 기여한 것은 사실이고 그 때문에 이름이 붙여졌을 것이다.

당시는 주교들 사이에 교구 관할권과 전례방식을 놓고 갈등이 많았는데, 교황 하드리아누스 2세는 키릴 형제가 제안한 슬라브식 미사전례를 발칸 지역에서 사용하는 것을 공식적으로 승인했다. 키릴은 869년 로마에서 사망했고, 메토디우스는 대주교가 되어 슬라브 지역에서 선교활동을 계속했다. 독일 교구에 속한 체코 남부 모라비아와 헝가리 서부 판노니아 지역이 메토디우스의 관할로 넘어오자 메토디우스는 독일 교구의 고소로 투옥되었다가 880년 교황청에 소환되었다. 그러나 슬라브어 전례는 또다시 사용 승인을 받았다. 메토디우스는 885년 모라비아에서 죽었다. 그리하여 체코에는 성 메토디우스와 성 키릴을 기리는 조각이 많이 보인다. 둘 다 가톨릭과 동방정교회에서 성인으로 모셔지고 있으며, 교황 요한 바오로 2세는 그들을 누르시아의 성 베네딕트와 함께 '유럽의 수호성인'으로 선포했다(키릴 문자 이야기는 정준명 사장이 들려준 것이다).

03
...

드리나 강의 다리

　벨그라드에서 사라예보로 가는 길은, 다시 말해 세르비아에서 보스니아 국경을 넘는 길은 여럿 있다. 그 중에서도 티토가 파르티잔 총본부를 두었던 세르비아의 서부 도시 우지체를 지나 서쪽으로 몇 십 킬로미터 더 가서 보스니아 국경을 넘으면 아름다운 도시 비쉐그라드(Visegrad)를 만난다. 비쉐그라드를 가로지르는 강이 드리나 강이다. 1961년 보스니아 작가 이보 안드리치는 그 다리를 소재로 쓴 소설 『드리나 강의 다리』로 노벨 문학상을 받았다. 소설 『드리나 강의 다리』는 발칸반도의 과거를 이해하는 데 큰 도움이 된다.

메메드 파샤 소콜로비치
　소설 『드리나 강의 다리』(강만식 역, 청목, 1991)는 비쉐그라드를 가로지르는 드리나 강의 모습을 이렇게 묘사하는 것으로 시작된다.
　"드리나 강의 물길은 대부분 산 속 좁은 협곡을 흘러가거나 절벽의

둑을 안고 깊은 벽지를 뚫고 흐른다. 강둑이 평평하게 뻗어나가 골짜기를 이루는 곳에는 평지가 있고 기름진 땅들에는 농사도 짓고 집도 세울 만하다."

이야기가 조금 더 진행되면 나중에 이곳에 다리를 놓도록 지시한 사람이 누구인가를 알게 하는 대목이 나온다.

"이룩되고야 말 운명에 있던 이 다리에 대해서 맨 처음 그런 생각을 한 사람은 1516년의 어느 날 아침 소콜로비치 근처의 마을에서 온 열 살 난 소년이었다. 처음에는 물론 조리도 없고 막연한 생각이었다. 이날 아침 그는 이 길을 따라 자기 마을에서 멀리 떨어진 화려하고 무시무시한 이스탄불로 가는 길이었다."

이 아이가 드리나 강을 지날 때 다리는 없었고 강 건너편 길로 가려면 나룻배를 타고 건너야 했다. 이 아이가 바로 보스니아 출신으로 오스만제국의 대(大)베지르(Grand Vizier)가 된 메메드 파샤 소콜로비치였다. 베지르(vesir, vezir)는 이슬람 국가의 수장인 술탄 행정부의 장관 혹은 재상인데, 메메드 파샤는 슐레이만 1세, 셀림 2세, 그리고 무라트 3세 아래서 대베지르를 지냈다. 그는 이스탄불에 있는 규모가 작지만 아름다운 모스크 소콜루 메메드 파샤 모스크(Sokollu Mehmed Pasha Mosque)를 비롯해 많은 건축물을 남겼고, 세르비아정교회 건물도 다수 지었다. 메메드 파샤는 자신의 고향 형제들을 위해 다리를 만들도록 지시했는데 비용도 본인이 부담했다.

드리나 강은 몬테네그로 지방의 고원에서 형성되어 보스니아-헤르체고비나의 동쪽 끝 세르비아와 경계 도시인 비쉐그라드를 지나 사바 강으로 흘러간다. 사바 강은 벨그라드에서 도나우 강과 합류한다.

이 강에 걸린 '드리나 강의 다리'의 원래 이름은 '메메트 파샤 소콜로비치 다리'다. 다리는 1577년 오스만제국의 궁정 건축가 미마르 시난이 완성했다. 길이 179.5미터에다 폭은 11 내지 15미터인 석조 다리는 11개의 아치로 구성되어 있고 다리 중앙에 카피아라는 이름의 사각형 기둥이 있다. 이 다리를 건조할 무렵 서유럽에서는 르네상스가 한창이었는데, 오스만제국의 건축술이 르네상스 건축술보다 못하지 않다는 것을 보여준다.

이 다리는 긴 역사만큼 아픈 상처도 많이 안고 있다. 제1차 세계대전 중에는 3개, 제2차 세계대전 중에는 5개의 아치가 파괴되었고, 1992년 보스니아-헤르체고비나가 유고슬라비아에서 분리될 때 내전으로 수많은 민간인들이 이곳에서 처형되었다. 이 다리는 2007년 유네스코 세계문화유산으로 등재되었다.

데브쉬르메

안드리치는 그 아이가 어떻게 그런 생각을 했는가를 담담하게 이야기하지만 그것은 보스니아, 더 나아가 오스만제국 식민지에서 일어난 역사적 사실을 설명한다.

"동짓달 어느 날이었다. 짐을 실은 말들의 긴 행렬이 좌안에 이르러 그 밤을 묵으려고 발길을 멈추었다. 무장한 호위병을 거느린 이 행렬의 대장은 동부 보스니아의 촌락에서, 산 제물로 바칠 기독교 아이들을 자신이 생각한 수만큼 모아 가지고, 이스탄불로 돌아가는 길이었…….

아이들은 영원히 못 올 이역으로 가면, 할례를 받고 투르크 사람이 되어서 자기 신앙과 조국과 가문을 잊어버릴 것이요, 병정들의 대열에 끼거나 제국의 조금 높은 지위를 차지하고 일생을 보낼 것이다. 따라온 것은 대부분이 잡혀가는 아이들의 어머니, 할머니, 누나 등이었다. 그들의 눈은 눈물로 뒤덮였다……."

그러니까 메메드 파샤 소콜로비치는 어릴 때, 오스만제국이 기독교 주민의 남자아이들을 데려가서 이슬람으로 개종시키고는 엄격한 교육을 시켜 이슬람 국가의 궁정이나 군대에 복무케 하는 제도인, 데브쉬르메(devshirme)에 끌려간 세르비아인이었던 것이다.

데브쉬르메는 '제왕'으로 불린 오스만제국의 3대 술탄 무라트 1세가 시작한 징병제도인데, 무라트 1세는 투르크 귀족들의 세력을 제압하기 위해 독자적인 궁정 호위대를 양성할 필요성을 느끼고 어느 지방 특정 귀족과는 혈연이나 지연이 없는 10세 전후의 기독교도 아이들을 납치하거나 돈을 주고 데려와 개종시키고 교육시켰다. 아이들은 술탄 직속의 정예병이 되었는데, 카피쿨루 수바리(Kapikulu Suvari)로 불리는 기병이 되거나 예니체리(Yeni Ceri, Janissary)가 되었다. 예니체리 이야기는 뒤에 계속된다.

소설 「드리나 강의 다리」

안드리치는 다리의 모습에 대해 설명하고 드리나 강의 다리 이쪽저쪽 마을에 사는 다양한 민족들의 이야기를 풀어나간다.

"드리나 강에는 매끈하게 깎아 세운 듯한 큼직한 돌다리가 있으니 널찍하고 모양이 뚜렷한 아치가 열한 개나 달려 있다……. 이 다리야말로 드물게 보는 아주 독특한 미를 보여주는 건축으로서, 좀 화려하고 번화한 읍에서도 찾아볼 수 없을 뿐더러 드리나 강의 중상류를 통틀어서 단 하나뿐인 정말 영구적인 횡단처요, 또 보스니아와 세르비아 사이의 도로에 없어서는 안 될 연결점이다. 나아가서는 세르비아 저쪽 오스만제국의 딴 지방 및 이스탄불로 가는 길이 되는 것이었다."

"드리나 강 좌안에서 태어난 기독교도 아이들은 인간으로 태어난 시초에 곧장 이 다리를 건넜다. 아기들은 약 일주일만 되면, 누구나 이 다리를 건너가서 세례를 받았으니 말이다. 그러나 우안에서 태어나 대부분 세례를 받는 일이 없는 무슬림의 아이들도 모두 아버지나 할아버지가 그랬듯이, 어린 시절을 거의 이 다리 위나 그 근처에서 보냈다. 그들은 다리 주위에서 고기를 잡고 또 아치 밑에서 비둘기를 잡기도 하였다."

"이 고장에 다리를 놓을 때, 처음 정착하기 시작해서 벌써 수백 년을 이 읍에서 사는 세파르디라는 스페인어를 하는 유대인 외에 아쉬케나지라는 동유럽계 유대인도 왔다."

소설 후반부에는 오스트리아–헝가리 이중제국이 보스니아를 지배하기 시작하는 상황과 그 상황에 대응하는 마을 사람들의 태도, 그다음 마을이 어떻게 바뀌어갔는지를 보여준다.

"오스트리아 군대가 보스니아에 입성하리라는 소문이 점점 더 뚜렷해졌으며, 사람들은 이젠 얘기를 공공연하게 말하는 것이었다. 1878년 초 여름, 토이기 정규군 부대들이 사라예보에서 푸리보이로 이동하는 도중 이 읍내를 통과했다. 황제가 저항 없이 그냥 보스니아를 넘겨줄 것이라는 소문이 돌았다……. 오스트리아군의 정식 입성은 그다음 날에 있었다. 여태까지 읍내가 이처럼 조용해본 일은 없었다. 가게는 아예 문을 열지도 않았다…….

비쉐그라드 사람들이 원래 투지가 있는 투사는 아니며 어리석게 죽기보다는 오히려 어리석은 삶을 계속하길 좋아하는 사람들이었다…….

헌병들 다음에는 군인이 왔고, 군인 다음에는 관리가 온 것처럼, 이번에는 관리 다음에 상인이 왔다. 산림 벌채가 시작되고 여기 묻어서 외국 청부업자니 기술자니 노동자들이 들어왔고, 보통 주민이나 장사치들에게도 여러 가지 돈벌이할 터전을 마련해주었으며, 이래서 의복과 언어까지도 달라졌다…….

오스트리아의 황색 군용차가 처음 이 다리를 건넌 후 이십 년이라는 세월이 흘렀다. 점령 이십 년, 이것은 기나긴 세월의 연속이었다. 그 하루하루나 한 달 한 달을 따로 떼어놓고 생각하면 불안정하고 일시적인 것 같지만, 이것을 통틀어 뭉쳐놓고 보면 이 읍내에서는 일찍이 없던 물질적인 발전과 장구한 평화가 유지된 시기였고, 이 시기는 점령 당시에는 겨우 철이 들 나이밖에 안 되던 세대로서는 일평생의 주요한 부분이기도 하였다…… 19세기의 마지막 몇 해는 큰 변동이나 중요한 사건이 없던 시기였다.”

이 책의 마지막 이야기인 제1차 세계대전 직전의 모습에 대해서는 이렇게 표현한다.

“사라예보에 세르비아인과 회교도들의 민족주의 종교단체가 조직되었고, 비쉐그라드에는 즉시 그 지부가 설치되었다. 사라예보에서 발행되는 새로운 신문들이 이곳에도 들어오기 시작했다. 처음에는 세르비아인, 다음에는 회교도들, 그리고 마침내는 유대인들까지도 독서실을 만들고 합창단을 조직하였다. 빈, 프라하로 유학 간 중학생과 대학생들이 방학이 되어 집으로 돌아올 때는, 새로 나온 책, 팸플릿 등을 가져왔고 또한 감정 의견 따위를 표현하는 새로운 방법을 배워왔다.”

1914년은 드리나 강 연대기의 마지막 해다. 이 해도 과거의 무수한 해가 그랬듯이 지난해 겨울의 발걸음과 더불어 소리 없이 찾아왔다. 그러나 이 해에는 파도가 파도 위에 덮치듯이 갈수록 새로운 사건, 갈수록 비상한 사건들이 엎치고 덮쳤다. 무수한 세월이 이 읍내를 지나갔고, 앞으로도 또한 무수한 세월이 지나가리라. 그 중에는 별의별 해(害)가 많았고 앞으로도 또 그렇겠지마는 1914년이라는 이 해처럼 유다른 해는 전무후무할 것이다. 적어도 이 해를 살아서 넘긴 사람들에게는 그렇게 생각될 것이다.

"1914년 여름, 비쉐그라드 읍에서도 장차 전 구라파에 퍼지고 이어서 전 세계에 퍼질 전염병의 뚜렷한 첫 징조가 나타났다. 그것은 인간사에서 두 시대의 경계선에 위치한 시기였다. 이런 시기에는 사라져가는 시대의 종말은 뚜렷이 보여도 다가오는 시대의 시초는 분명치 않다…….

1914년의 여름은, 그것을 경험한 사람들에게는 그 어느 여름보다도 아름다운 여름으로 기억에 남을 것이다. 그들의 의식 속에서, 이 해 여름은 영겁으로 뻗어나간 고난과 불행의 그 거창하고 어두운 지평선 위에서 훤하게 불타고 있기 때문이다…….

그런 것에 아랑곳없이 농부들은 수확이 걱정이었다. '날씨만 이대로 계속된다면…….'

장터의 상인들은 꽃송이에 기어드는 꿀벌처럼 자기들의 장사에 골몰했다."

드디어 제1차 세계대전 포격은 시작되었고 드리나 강의 다리는 파괴되었으며 1918년 전쟁도 끝났다. 소설의 종장 가까이 이런 구절이 있다.

"카피아는 옛 자리에 그대로 남아 있었으나 바로 카피아 저쪽에서 다리는 끊어져버렸다. 일곱째 교각이 없었다. 여섯째와 여덟째 사이가 텅 비었고 그 구멍으로 푸른 강물이 보였다. 여덟째 교각부터는 다시 이어 항상 서 있던 모습 그대로의 다리가 믿음직하고 정연하고 새하얗게 대안까지 뻗어 있었다."

발칸의 호메로스 이보 안드리치

'발칸의 호메로스'로 불리는 이보 안드리치는 1892년 보스니아-헤르체고비나의 수도 사라예보 북서쪽 90킬로미터 떨어진 트라브니크(Travnik)에서 태어났다. 도자기 제조업을 하던 부친이 두 살 무렵 사망하자 안드리치는 비쉐그라드에 있는 고모집에서 자랐고, 그곳에 사는 사람이라면 누구나 그랬던 것처럼 드리나 강의 다리 위에서 소년시절을 보냈다.

소년시절을 오스트리아-헝가리 이중제국이 지배하고 있던 보스니아에서 보낸 안드리치는 1911년 19세 때 처음 시를 발표했고, 자그레브 대학과 빈 대학 등에서 철학을 공부하지만 제1차 세계 대전이 발발함으로써 학업을 중단했다. 나중에 그라츠 대학에서 보스니아문화사 연구로 역사학 박사학위를 받는데, 집이 가난해서 대개는 고학으로 공부했다.

이 무렵 안드리치는 『드리나 강의 다리』에 등장하는 민족의 장래를 논하는 학생들처럼 그 자신도 진보적 민족 단체 '청년 보스니아'에 가담해 반오스트리아 청년 혁명운동에 적극적으로 활동했고 1914년 많은 단원들과 함께 체포되어 3년의 징역을 선고받았다. 이때 옥중에서 읽은 도스토옙스키, 키르케고르는 훗날 그의 창작에 많은 영향을 미쳤다.

제1차 세계대전 후 유고슬라비아 왕국의 외교관이 되어 로마, 부카레스티, 트리에스테, 그라츠 등지에서 근무했고, 1920년 첫 단편집을 발표한 이후 100여 편이 넘는 단편과 중편 및 장편소설을 발표했다. 제2차 세계대전이 발발하기 직전 독일 주재 공사로 베를린에 근무하던 안드리치는 나치 정부와 접촉해 전쟁을 늦추려고 노력했으나 결국 귀국했고, 벨그라드에 도착한 몇 시간 후 나치는 벨그라드에 포격을 가했다. 그 후 안드리치는 외교계에서 은퇴하고는 문필 생활에 들어갔다. 『드리나 강의 다리』도 이때 쓴 것이다.

1945년에 동시 발표한 3부작 『드리나 강의 다리』, 『트라브니크 연대기』, 『아가씨』는 500여 년 긴 세월 동안 보스니아에 살아온 다양한 민족 공동체의 공통된 역사와 그들의 운명을 갈등과 화합 속에 형성된 발칸반도 특유의 문화로써 서사적으로 그려냈다. 안드리치는 제2차 세계대전 중에는 반나치 지하운동에 동참했고 1946년부터 보스니아-헤르체고비나 공화국의 입법부 의원으로서 오랫동안 정치에 참여했으며, 또한 유고문학자동맹의 회장을 지냈다.

1961년 특정 민족의 역사를 유머와 휴머니즘이 담긴 인간 역사로 승화시킨 『드리나 강의 다리(The Bridge on the Drina, Na Drini uprija)로 노벨문학상을 받은 안드리치는 1975년 5월 13일 벨그라드에서 83세로 영면했다. 트라브니크의 생가는 박물관으로 보존하고 있다.

카피아

오스만제국 치하 때 세워진 이 다리 위에서 이슬람과 기독교의 교류가 시작되지만, 이 다리는 피로 얼룩진 이 지역의 역사와 갈등의 목격자 겸 중인으로 지금도 그대로 남아 있다. 다리 한복판에는 테라스를 만들어 커피를 팔고 있는 곳이 있는데, 현지 사람들은 이 커피숍을 '카피아'라고 부른다.

카피아에서 마시는 커피에는 사랑과 화해의 약효가 있다고 전해온다. 젊은 연인들이 사랑을 속삭이고, 부부싸움을 했거나 이혼 직전의 늙은 부부들은 화해의 커피를 마시는 것이 18세기 이후 이곳 풍속이 되었다. 커피는 그날 하루와의 화해이기도 하다. 『바람과 함께 사라지다』에서 레트 버틀러 역으로 명성을 날린 클라크 게이블은 커피에 대해 이렇게 말했다.

"아침에 커피를 마시기 전까지 나는 절대 웃지 않는다."

미국의 사진가이자 작가인 플래시 로젠버그의 커피 예찬론을 들어 보자.

"나는 인류가 많은 일을 해냈다고 믿는다. 그것은 인간의 지능이 높아서가 아니라, 커피를 만들 수 있는 손가락을 가지고 있기 때문이다."

『드리나 강의 다리』에서 '카피아'는 그닥 낭만적인 곳은 아니다.

"이 다리의 길이는 약 250보, 너비는 중앙만 제외하고 10보쯤 된다. 중앙에서는 양쪽 보도에 꼭 같은 테라스가 나란히 있어 폭은 평균해서 곱절이나 늘어났다. 다리의 이 부분이 바로 카피아라고 부르는 곳이다……. 다리가 이 읍내의 가장 중요한 부분이라면 카피아는 다리의 가장 중요한 부분이다."

카피아에는 이런 문구가 새겨 있었다.

"당대의 현자와 위인 가운데서 가장 위대한 메메드 파샤는 마음의 성약을 잊지 않고, 온 정성을 기울여 드리나 강에 이 다리를 놓았으니 만인이여 이를 볼지어다.”

오스트리아가 이곳을 지배하자 드리나 강의 다리 모습도 달라졌다.

"점령과 그에 뒤따라 들어온 외래자들과 더불어 또 하나 신기한 일이 일어났다. 카피아가 생긴 이래 처음으로 여자들이 오게 되었다는 것이다. 휴일이면 관리의 부인, 딸, 유모, 식모 등이 군인 또는 민간인 동반자를 데리고 거기 나타나서는 적당한 곳에 앉아 이야기꽃을 피웠다.”

카피아는 다양한 용도로 사용되었다. 관청의 공고문을 붙이는 장소가 되기도 했다.

"이렇게 기나긴 세월이 흐르고 난 어느 여름날 카피아에서는 또 흰 종이에 쓴 관청의 공고가 나붙었다. 짤막하고, 이번에는 굵직한 검은 테두리를 두른 것이었다. 합스부르크제국의 엘리자베트 황후 폐하께서 루케니라는 이탈리아 무정부주의자의 비열한 암살에 희생되어 제네바에서 돌아가셨다고 알리는 것이었다. 공고문은 계속해서, 대오스트리아-헝가리 이중제국의 전 시민의 분노와 심심한 애도의 뜻을 표하고 황제 주위에 더욱 굳게 뭉쳐서 충성을 다함으로써 가혹한 운명을 당한 통치자에게 가장 큰 위로를 드리도록 호소하였다.”

여자의 야심 혹은 비운, '씨씨' 혹은 엘리자베트

카피아에 붙은 공고문이 전해주는 '씨씨'로 불리는 엘리자베트 황후가 황후로 간택되는 과정과 그녀의 비극적 죽음은 "사실은 소설보다도 더 기이하다"라는 말에 가장 적합한 드라마다.

1824년 11월 4일, 19세 나이지만 야심 찬 미모의 바이에른 공주 조피는 오스트리아의 황제 프란츠 2세의 차남 프란츠 칼에게 시집 갈 때 밤

새껏 울었다. 왕가의 혼인이란 늘 정략결혼이지만 프란츠 2세의 아들들은 모두 정신장애가 있는 볼품없는 남자였기 때문이다.

좀 더 설명하면 프란츠 2세 황제의 조모와 아내 마리아 테레사의 조모는 모두 마리아 테레지아 여제였고, 프란츠 황제의 아버지 레오폴트 2세와 마리아 테레사의 어머니 마리아 카롤리네는 친남매였다. 그러니까 프란츠 2세 황제와 아내 마리아 테레사 두 사람은 고종사촌이었다.

게다가 1816년 프란츠 2세 황제와 결혼한 네 번째 비 카롤리네는 조피의 큰언니였다. 그러니까 큰언니가 시어머니였던 것이다. 그러나 그녀의 야심은 그녀로 하여금 새로운 환경에 빨리 적응하도록 했다. 만약 조피 자신이 아들만 낳는다면 오스트리아제국의 계승권은 자신의 아들에게 굴러들어올지도 모른다고 생각했다. 하지만 아들을 낳는다는 것이 간절한 희망만으로 되는 것은 아니었다. 조피는 다섯 차례 임신과 유산을 한 뒤 여섯 번째 임신으로 프란츠 요제프를 낳았다. 강보에 싸인 아들을 보고 아마 속으로 이렇게 말했을 것이다.

"너는 태어난 것만으로도 이 에미에게 해야 할 의무를 다했구나!"(이 인용문은 권오춘 이사장이 들려준 '양반 이야기'에서 따온 것이다.)

세상일은 계획대로 되는 것이 아니어서 프란츠 요제프가 다섯 살이 되던 해인 1835년 프란츠 2세 황제가 사망하고 황제의 장남 페르디난트 1세가 정신장애에도 불구하고 황제 자리에 즉위했다.

그러나 페르디난트 황제가 후계자를 낳을 가능성이 있었음에도 불구하고 조피는 프란츠 요제프에게 황제교육을 시켰다. 합스부르크 제국은 다민족국가였으므로 프란츠 요제프에게 여러 가지 언어들을 가르쳤고 또 군대 교육도 시켰다. 황제 페르디난트에게 후손이 없는 가운데 세계사에서 빠지지 않는 사건인 1848년 혁명이 터졌다. 제국이 위기에 처했고 분위기라도 반전해야 할 필요성 때문에 페르디난트 황제는 퇴위해야 했다. 황제 계승 순위대로라면 남편 프란츠 칼에게 돌아가야 했다. 이때 조피는 남편 프란츠 칼에게 압력을 가했다.

"황제 자리를 당신이 아니라 우리 두 사람의 아들에게 넘깁시다."

프란츠 2세의 장남 페르디난트 1세가 아들이 없이 퇴위하고, 차남 프란츠 칼과 바이에른 공주 조피 사이에 난 프란츠 요제프 1세가 황태자로 책봉되었다. 다시 말하면 프란츠 요제프 1세가 황제가 될 수 있었던 것은 근친결혼으로 인한 혈통붕괴(pedigree collapse)가 원인이었던 것이다.

금상첨화랄까. 귀족들이 보기에 프란츠 요제프는 황족이므로 옛 질서를 마구잡이로 흩트리지 않을 만큼 보수적이었고, 개혁을 원하는 사람들이 보기에는 이제 18세로서 신교육을 받았으니 진보적이었다. 1848년이 다 가기 직전인 12월 2일 체코의 올뮈츠(올로모우츠)에서 프란츠 요제프 1세가 오스트리아, 헝가리, 그리고 보헤미아의 왕 겸 합스부르크제국의 새로운 황제로 선포되었다.

1853년 2월 18일 프란츠 요제프 황제와 보좌관이 산책을 하던 중 헝가리 민족주의자 야노스 리베네이가 황제의 목을 단검으로 내리쳤다. 그러나 단단한 칼라 때문에 칼이 빗나가고 보좌관과, 마침 황제를 보기 위해 나와 있던 정육점 주인 요제프 에텐라이히가 범인을 즉각 제압해 황제는 변을 모면했다. 에텐라이히는 그 공을 인정받아 귀족이 되었고 이름 앞에 'von'을 사용하게 되었는데, 모두가 당황해서 자신의 안위만을 돌볼 때 칼을 든 테러범에게 과감히 달려든 보상이었다.

이런 일에 놀란 대비 조피는 프란츠 요제프를 빨리 결혼시키고 손자를 빨리 낳아 황통을 안정시켜야겠다는 생각을 했다. 프란츠 요제프가 황제 노릇을 한 지도 이미 5년째였다. 야망의 대비 조피는 유럽 황실들에 혼담을 넣었지만 잘 풀리지 않자 급한 마음에 유럽의 유수 왕가로 눈높이를 내려보았다. 프란츠 요제프 황제가 바이에른의 사촌누이들과 만남을 가졌을 때는 그런 시절이었다.

어머니 조피는 멀리 갈 것 없이 친동생이자, 역시 비텔스바흐 가문의 지파로서 바이에른 왕국의 공작 막시밀리언 요제프 대공비인 루도비카의 첫째딸 헬레네를 며느리감으로 점찍었다.

두 자매는 형제에서 사돈이 되기로 합의가 맺어졌다. 해서 조피는 프란츠 요제프를 데리고, 루도비카는 장녀 헬레네는 물론이고 눈도장이라도 찍을 겸, 일명 '씨씨(Sisi)'로 통하는 발랄한 차녀 엘리자베트를 데리고 오스트리아 바트 이슐(Bad Ischl)의 황제 별장에서 만났다. 그러니까 이종사촌 간의 만남인 것이다.

그런데 예상치 못한 일이 벌어졌다. 헬레네는 사적으로는 큰이모이지만 앞으로 시어머니가 될지도 모를 대비 조피와 또 남편 될 사람을 만난다는 부담감 때문이었는지 내내 얼굴이 긴장해 있었다. 그러나 16세의 '씨씨'는 아무 부담 없이 황실 별장을 돌아다녔다. 프란츠 요제프는 그만 신부감보다도 그 여동생에게 반해버린 것이다.

이런 상황에 가장 놀란 것은 형부 될 사람이 자기를 좋아한다는 것을 알게 된, 아직 결혼할 마음의 준비가 되어 있지 않은 '씨씨'였다. 프란츠 요제프 황제가 구혼했을때 '씨씨'는 아마도 황제를 좋아하는 마음도 없었는지 모른다. 하지만 어머니 루도비카는 단호했다.

"누가 오스트리아 황제를 거부한단 말인가!"

두 사람은 1854년 4월 24일 관례대로 오스트리아 황실 부속 상트아우 구스티네 성당에서 결혼식을 올렸다. 당시 열여섯 살 사춘기 '씨씨'가 아직은 사모하는 남자도 없었다고 치자. 그러나 30여 년의 세월이 흘러 딸들이 시집을 갈 때 '씨씨'는 그녀의 속마음을 미루어볼 수 있는 말을 한마디 했다.

"결혼이란 역겨운 제도야. 열여섯 살짜리 소녀의 몸으로 시집을 가서 잘 알지도 못하는 삶을 살지만 30년을 후회로 보내지."

그런 말을 한 데는 시어머니 그러니까 이모 조피와의 사이가 극도로 나빴던 탓도 있었다. 프란츠 요제프 황제는 가부장적이고 권위적인 이미지를 풍겼으나 사실은 어머니 조피의 말도, 부인 '씨씨'의 말도 잘 들었다. 정말이지 당시 '왕실의 유일한 남자'라는 소리를 들은 사람은 남자가 아니라 조피였다. 엘리자베트는 신경성 질환에 걸렸고, 시어머니 조피는 아이들의 양육권마저 빼앗았다. '씨씨'는 하루에 네 시간씩 긴 머리채 손질을 했고, 허리 사이즈를 20인치로 유지하기 위해 음식조절과 운동에 몰입했다. 거식증 때문에 몸은 바짝 말랐지만 대신에 패션계를 주름잡았다.

여러 언어를 구사하고 호머의 일리아드와 오디세이 등 고전과 문학에 조예가 깊었으며 직접 글을 쓰기도 했던 '씨씨'는 시인과 소설가들에게 영감을 제공했고, 직접 유적지를 순례했으며 유럽의 여러 명소를 찾아다녔다(나중에 그녀는 연극, 영화와 뮤지컬의 테마가 되었다).

1898년 9월 10일 스위스 제네바 호숫가, '씨씨'는 호수 저쪽 끝 마을 몽트뢰로 가는 배를 타려고 기다리는 중이었다. 그때 무정부주의자 루이지 루케니가 날카로운 쇠꼬챙이로 그녀를 찔렀다. 그런 일을 당했는데도 '씨씨'는 천천히 배를 탔고, 곧 거꾸러졌다. 그녀는 몰려든 사람들에게 물었다.

"지금 나에게 무슨 일이 일어난 거예요?"

'씨씨'가 쇠꼬챙이에 찔리고서도 걸어서 배로 들어간 것은 그녀의 꽉 조인 코르셋이 지혈에 도움이 되었기 때문이었다. 코르셋을 풀자 그녀는 곧 숨지고 말았다. 그녀의 상처가 그렇게 깊은 줄 아무도 알지 못했던 것이다. 비운의 황후 '씨씨'는 그렇게 황망하게 생을 마감했다. 그때 나이는 60세였다.

루케니는 파리에서 이탈리아계 어머니에서 태어나 이탈리아 군대에서 3년 반 근무한 적이 있었으며, 그 후 스위스로 이민 가서 무정부주의에 심취했다. 그는 억압적인 상류계층 엘리트라면 누구든 죽이려고 마음 먹고 있었다. 그는 일기에 이렇게 썼다.

일명 씨씨로 불렸던 엘리자베트

"내가 어떻게 사람을 죽여……. 하지만 죽인다면 신문에 그 이름이 날 정도로 유명한 사람이어야 해."

당시는 무정부주의자들의 무차별적 암살이 종종 일어나고 있었다. 루케니의 원래 공격 대상은 프랑스 부르봉 왕가의 후손으로서 루이 필립 1세의 증손자이자 프랑스의 왕위요구권자 필립 오를레앙이었으나 그가 일정을 바꾸자 다른 유명인사를 물색하던 중 엘리자베트가 그 대상이 된 것이다. 루케니는 종신형을 받았으나 1910년 옥중에서 자살했다. 그 후 무정부주의에 대한 정의는 다음과 같이 규정되었다.

"무정부주의란 기존 사회조직을 파괴하기 위해 폭력적 수단을 사용하는 모든 행동을 말한다."

드리나 강 밑으로 강물이 흐르듯 다리 위에서 사람들은 늘 하는 버릇대로 큰소리로 이야기하고 농담하고 노래를 부른다. 무정부주의자에 대한 토론도 끝났다. 잘 모르는 외국 황후의 죽음을 알리는 공고문은 햇볕과 비와 먼지로 변할 대로 변한 것을 마지막에는 바람이 찢어가더니 조각조각 날려서 강물로 들어갔다.

04

...

오스만제국과
합스부르크제국의 충돌과 흥망

발칸반도에서 오스만제국과 합스부르크제국 사이의 경계는 생각보다 훨씬 이전에 형성되었고, 그것은 두 제국의 충돌을 예고하고 있었다. 4세기 로마제국은 서로마제국과 동로마제국으로 갈라졌다. 서로마제국은 국가의 모습은 없어졌으나 샤를마뉴 이후 신성로마제국이 되었다.

로마네스크와 고딕 건축, 르네상스와 종교개혁으로 특징지어지는 서유럽 문화가 발칸반도를 넘어 동로마제국으로 전파되지 못하도록 막은 것은 카르파티아 산맥의 험난함이었다. 카르파티아 산맥 위쪽의 루마니아와 헝가리는 르네상스와 종교개혁의 영향으로 제2차 세계대전 전까지만 해도 그리스에 비해 훨씬 선진국이었다. 산맥 남쪽은 이슬람과 투르크의 영향을 많이 받았다. 발칸반도의 그리스가 동구권에 속하는 연유도 바로 여기에 있다.

발칸반도의 남북을 카르파티아 산맥이 막고 있었다면, 크로아티아에서 시작해 남북으로 달마티아와 평행으로 흐르면서 알바니아까지 이르는, 2,522미터의 보보토브 산(Mt. Bobotov)을 중심으로 하는 디나르알프스(Dinaric Alps) 산맥은 발칸반도를 동서로 갈라놓았다. 세르비아와 불가리아 등 동쪽은 대체로 동방정교회가, 슬로베니아와 크로아티아 등 서쪽은 로마가톨릭이 확산되었다.

그러나 문명의 전파와 문화확산은 가로막혔어도 군사적 충돌은 시간 문제였다. 발칸반도의 동로마제국은 처음엔 그리스어를 쓰는 동방정교회 인구가 다수였으나, 1453년 오스만제국이 콘스탄티노플을 점령한 이후에는 무슬림들이 점차 다수를 차지하게 되었다. 발칸반도 위쪽에는 합스부르크제국이 남쪽으로 세력을 넓히고 있었다. 오스만제국의 수도 콘스탄티노플 북쪽으로, 그리고 합스부르크제국의 수도 빈 남쪽으로, 나중에 티토가 유고슬라비아로 통합하게 되는 여러 작은 나라들이 있었다. 그러니까 조만간 오스만제국과 합스부르크제국 사이에 충돌은 일어나게 되어 있었던 것이다.

오스만제국의 등장

1299년 현재 터키를 말하는 아나톨리아 지방의 투르크족 부족연합(Oguz clans)의 한 수장으로서 비시니아(Bithynia)를 다스리던 오스만은 셀주크 투르크로부터 독립을 선언하고 쇠귀트(Sogut, 과거 Thebasion)를 중심으로 인근 지역을 정복하면서 오스만제국을 창건하고 이슬람교 지역을 정치적으로 지배하기 시작한다. 제1대 술탄(처음에는 수장이라는 뜻으로 Bey 혹은 Beigh라고 불렀음) 오스만 1세는 아들 오르한 1세에게 술탄 자리를 물려주며 다음과 같이 유언한다.

"신앙을 그 어떤 것보다도 더 중요하게 생각하라. 신앙이 부족한 자에게 국정을 맡기지 말라. 왜냐하면 '창조주 하느님'을 두려워하지 않는 자는 '인간'도 두려워하지 않기 때문이다."

제2대 술탄 오르한 1세는 콘스탄티노플을 마주보는 부르사(Bursa)로 수도를 옮겼고 비잔틴제국과 여러 차례 싸워 승리해 제국의 기초를 닦았으며 비잔틴제국 황제의 딸을 첩으로 삼았다.

제3대 술탄 무라트 1세는 1365년 수도를 에디르네(Edirne)로 옮겼으며, 제국의 여러 부족에서 차출된, 술탄에게 충성심이 강하지 못한 일반 군대를 대신해 1365년 상비군 예니체리 부대를 창설했다. 예니체리는 처음에는 '술탄의 대문을 지키는 노예'였고 '인간을 감시하는 개'였다. 무라트 1세는 1383년 '베이' 대신에 술탄(Sultan)이라는 칭호를 처음으로 사용했는데, 1389년 세르비아와의 코소보 전투에서 사망했다.

제4대 술탄 바예지드 1세는 아나톨리아 지역 대부분을 정복했고 세르비아를 속국으로 만들었으며 1394년 드디어 도나우 강을 건너 왈라키아(루마니아) 지역을 침공했으나 우세한 전력에도 불구하고 습지에 빠져 1395년 로비네 전투(Battle of Rovine)에서 패배하고 돌아왔으며, 1395년 콘스탄티노플을 공략하고 포위했다. 그러나 1402년 7월 20일 앙카라 전투(Battle of Ankara)에서 티무르에게 크게 패하고 포로가 되어 1403년 티무르에게 정중한 대우(혹은 비참한 대우)를 받았지만 울분 속에 감옥에서 병사 혹은 자살했다.

그 후 오스만제국의 술탄 자리는 공백기(1402~1413)가 생겼다. 1413년 바예지드 1세의 아들 메메트 1세가 권력 공백기의 혼란을 진압하고 스스로 제5대 술탄 자리에 올랐는데, 따라서 그는 '오스만제국의 제2의 창건자로 불린다. 메메트 1세는 문학애호가였으며 동로마제국과 협력하며 지냈다.

제6대 술탄 무라트 2세는 비잔틴제국과의 동맹을 파기하고 비잔틴제국의 수도 콘스탄티노플을 포위하고 비잔틴제국으로부터 조공을 받았다. 1444년 무라트 2세는 발칸의 여러 나라들과 10년간 강화조약에 서명하고, 당시 12세 된 아들 메메트 2세에게 술탄의 지위를 양위하고 자신은 아나톨리아 남부로 돌아가 은둔생활을 했다.

메메트 2세, "콘스탄티노플은 나의 것이다"

제7대 술탄 메메트 2세가 1444년부터 어린 나이에 오스만제국을 통치하자 유럽 기독교 세력은 교황 에우제니오 4세의 지원하에 곧 강화조약을 깨뜨리고 오스만제국을 침략했다. 메메트 2세는 젊고 미숙했으며 또 몇 차례 전쟁에서 실패한 후 1446년 퇴위당했고, 같은 해 아버지 무라트 2세가 다시 복위해 비잔틴제국을 물리쳤다. 하지만 1451년 무라트 2세가 죽자 메메트 2세가 다시 집권했다.

메메트 2세가 콘스탄티노플 공격명령을 내리면서 한 말은 다음과 같았다.

"저 도시는 이제 나의 것이다."

비잔틴제국 최후의 황제 콘스탄틴 11세의 마지막 말은 이랬다.

"나의 심장에 칼을 꽂아줄 기독교도가 단 한 명도 없단 말인가?"

콘스탄티노플이 함락되기 전 페라라-피렌체 공의회에 동방정교회 대표로 갔다가 교황 에우제니오 4세의 총애를 받아 추기경이 되어 이탈리아에 살면서 로마 역사학회와 고고학회 발전에 기여하고 있던 베사리온은 술탄 메메트 2세의 야망이 어디에 있느냐는 질문을 받고 이렇게 대답했다.

"그 자신의 생각과 능력으로 세계를 재편성하는 것. 재편성된 세계는 유일한 신밖에 존재하지 않고, 단 한 사람의 황제가 통치하며, 무함마드 이외의 예언자는 인정하지 않는 세계가 될 것이다."

무라트 2세의 야망도 컸지만 다시 권력을 잡은 메메트 2세는 '정복자'라는 별명에 걸맞게 1453년 콘스탄티노플을 함락하고는 이름을 '이스탄불(Istanbul)'이라고 바꾸고 수도를 에디르네에서 이곳으로 옮기고 '로마제국의 황제'로 자처했다.

그 후 아나톨리아와 발칸반도에 남아 있던 비잔틴계 제후국들을 차례차례 정복하기 시작했다. 그러나 앞서 말한 대로 1456년 벨그라드 공방전에서는 통렬한 패배를 맛보았다.

그러나 1460년 펠로폰네소스 반도의 비잔틴 자치공국 모레아 공국(요한네스 6세 칸타쿠제누스가 아들 마누엘을 위해 모레아 공국이라는 영지를 만들었다)을 멸망시켰고, 1461년 아나톨리아 북서부 제4차 십자군 직후 건국되어 200년간 존속하던 비잔틴계 국가 트레비존드 제국(트라페주스)도 차례로 멸망시켰다.

메메트 2세는 1475년 크림 반도에 할거하던 몽골 제국의 후예국가인 크리미아 칸국을 점령하고 흑해를 오스만제국의 바다로 만들었다. 이로 인해 오스만 왕조는 명실공히 오스만제국이라 불릴 수 있게 되었고 메메트 2세는 자신이 로마제국 황제의 계승자라고 자처했는데, 그 이유는 이렇다. 330년 로마제국 수도가 로마에서 콘스탄티노플로 바뀌었고 비잔틴제국이 로마제국을 계승했기 때문에 이를 점령한 자신에게 로마 황제의 권한이 있다는 것이다. 그러나 이미 800년에 샤를마뉴가 교황 레오 3세로부터 신성로마제국 황제로 임명된데다가, 모스크바 대공국은 스스로를 제3의 로마로 선언했기 때문에 메메트 2세의 주장을 반박했다. 러시아제국은 이반 3세가 동로마의 마지막 공주와 결혼한 것과 동로마의 동방정교를 계승한 것을 근거로 내세웠다.

1480년 메메트 2세는 이탈리아 반도를 침공한다. 그러나 발칸반도 서쪽 지역 알바니아에서 일어난 반란으로 배후를 차단당하고 교황 식스투스 4세가 이끈 강력한 로마군대에 밀려 퇴각했다. 메메트 2세는 1481년 5월 3일 죽었다. 그의 죽음의 원인에 대해서는 독살설이 제기되고 있다.

메메트 2세는 관습법과 법령을 집대성한 법전을 편찬하고, 군인관료를 고관으로 임용하면서 오스만제국의 중앙집권적인 통치기구를 정비했으며, 전통적인 이슬람 문화만을 고집하지 않은 교양 있는 무슬림이다. 그는 비잔틴 교회의 기능을 유지하도록 허용했고, 이탈리아의 인문주의자와 예술가를 초빙했으며, 자신의 초상화를 베네치아의 화가 젠틸레 벨리니에게 맡겼다. 나중에 로시니는 메메트 2세를 모델로 오페라 「마호메트 2세」를 만들었다.

슐레이만 1세, 처음으로 합스부르크제국을 공격하다

제10대 술탄이 된 슐레이만 1세의 통치기간은 오스만제국의 황금기였다. 누구에게도 불의를 행하지 않았다 해서 별명이 '위대한 자(the Magnificent)'였던 술탄 슐레이만 1세는 아시아, 아프리카, 유럽 3대륙에 걸쳐 영토를 넓혔으며, 메메트 2세가 공략에 실패한 벨그라드를 1521년 함락시켰고, 1522년 성 요한 기사단이 지배하던 로도스 섬을 빼앗았다.

1526년 모하치 전투(Battle of Mohacs)에서 승리해 헝가리를 격파했고, 헝가리의 왕 라요슈 2세가 이 전투에서 사망했다. 그런데 라요슈 2세의 부인은 신성로마제국의 황제 카를 5세와 당시 오스트리아의 대공이자 나중에 역시 신성로마제국 황제가 되는 페르디난트 1세의 여동생 마리아였다. 게다가 라요슈 2세의 누이 안나는 페르디난트의 부인이었다. 그러니까 라요슈와 페르디난트 대공은 서로 누이를 부인으로 삼은 돈독한 관계였다.

따라서 합스부르크제국의 대공 페르디난트 1세가 헝가리의 왕권을 주장하며 군대를 일으켰다. 그러자 슐레이만 1세는 트란실바니아의 군주 야노슈 자폴리아를 속국 헝가리의 지도자로 봉했다. 합스부르크제국이 계속 헝가리 문제에 개입하자 1529년 슐레이만 1세는 빈을 공격했다. 제1차 빈 공격에 실패하고 1532년 슐레이만 1세는 다시 한 번 대규모 원정을 벌였다. 그러나 동방 지역이 더 급했으므로 1533년 페르디난트 1세와 화평조약을 맺었다.

1529년 빈 공방전

1529년 빈 공격에 동원된 투르크 군대는 12만 명이었으나 오스트리아의 페르디난트 1세의 군대는 2만에 불과했다. 전쟁은 공성전으로 이루어졌는데 9월 27일부터 10월 15일까지 20일간 계속되었다. 투르크 군대는 빈의 성벽을 파괴할 수 있는 대형 대포를 운반하려 했으나 땅이 진창이어서 불가능했고 보급도 늦어져서 10월 15일 슐레이만 1세는 포위를 풀고 10만 명의 기독교도를 포로로 잡아 철수했다.

슐레이만 1세는, 오스만제국 동쪽에서 페르시아가 위협하는 상황에서 빈 자체를 함락시키는 데 전력을 소모하기보다는 헝가리와 발칸반도의 지배권만 확고히 하면 된다고 생각했다. 그러나 오스만제국의 제1차 빈 공격은 합스부르크제국이 오스만제국의 발칸 영토를 넘보지 못하도록 하는 강력한 경고였다.

1541년 슐레이만 1세는 또 한 번 출병했는데, 결국 헝가리는 세 부분으로 나누어졌다. 북부와 서부 지방 헝가리는 합스부르크제국이, 도나우 강 중류 부다(Buda) 주변 지역은 오스만제국이, 그리고 트란실바니아 지방은 오스만제국의 속국으로 정착되었다.

슐레이만 1세는 이스탄불을 투르크와 이슬람제국 중심지에 걸맞게 변모시켰고, 각종 법령과 칙령들은 오스만제국을 새로운 시대에 적응시키려는 것이었기 때문에 백성들은 그를 '입법자(Lawgiver, Kanuni)'라고 불렀다. 슐레이만 1세 이전까지 오스만제국의 술탄들은 많은 처첩을 거느렸지만 정식 결혼은 하지 않았다. 그러나 슐레이만 1세는 우크라이나 정교회 사제의 딸로 추정되며 노예로 잡혀와 하렘에 들어온 록셀라나와 정식으로 결혼식을 올렸고 그 후 25년간 일부일처제를 지켰다고 한다. 재미로 덧붙이자면 하이든의 교향곡 63번의 제2악장 록셀라네(La Roxelane)는 그녀를 기리는 곡이다.

합스부르크제국의 분할

합스부르크제국 카를 5세 황제는 아버지 필립 1세와 어머니 후안나 사이에 장남으로 태어났다. 그의 조부는 신성로마제국의 황제이자 합스부르크제국의 황제 막시밀리안 1세였고, 그의 외조부모는 콜럼버스에게 항해자금을 지원한 카스티야의 이사벨라 1세와 아라곤의 페르난도 2세였다.

따라서 카를 5세는 스페인 왕국과 신성로마제국의 영토를 상속받았고 스페인, 오스트리아, 독일 일부, 네덜란드, 남부 이탈리아, 시칠리아, 사르데니아 등 유럽에서 가장 큰 영토를 다스리는 군주가 되었다.

당시 로마가톨릭교회는 오스만제국에 대항하는 십자군을 일으키자고 선동하고 있었는데, 카를 5세는 이에 호응해 스스로 '가톨릭 세계의 수호자, 예루살렘의 통치자, 아테네와 페르시아의 군주, 아시아와 아프리카의 지배자'로 자처한다.

오스만제국의 슐레이만 1세는 카를 5세의 발언을, 합스부르크제국이 스페인에서 무어인을 몰아낸 레콘키스타(Reconquista, 1492)의 여세를 몰아 남으로는 지중해 건너 북아프리카로 쳐들어오고, 동쪽으로는 오스트리아를 통해 헝가리와 발칸반도의 오스만제국 패권을 인정하지 않겠다는 의도로 해석하고 경계를 게을리하지 않았다.

한편 카를 5세의 동생 페르디난트 1세는 합스부르크 가문의 독일 영토 및 뷔르템베르크의 섭정직과 오스트리아 통치권을 넘겨받아 1526년 보헤미아와 헝가리의 왕이 되었다. 오스만제국은 페르디난트 1세가 통치하는 동안 거의 계속적으로 유럽을 위협했는데, 페르디난트 1세가 그때마다 독일 영주들에게 지원을 호소했으나 소용이 없자 1562년 평화협정을 다시 체결하고 오스트리아가 차지하고 있는 헝가리 땅에 대해 술탄에게 조공을 바치기로 동의했다.

페르디난트는 1555년부터 황제 카를 5세의 직무를 대행했으며 1558년 카를 5세가 퇴위하자 신성로마제국 황제로 선출되었다. 그는 합스부르크 가문의 지배 영토를 오스트리아와 스페인으로 나누어 오스트리아는 자신이 통치하고, 스페인은 카를 5세의 아들 펠리페 2세에게 맡겼다.

페르디난트 1세는 서양 역사에서 카를 5세의 그늘에 가려져 있었지만, 오스트리아 합스부르크 가문의 세습영지를 크게 늘렸고 또한 수십년 동안의 종교전쟁 이후 제국에 다시 평화를 가져와 합스부르크제국의 가장 성공적인 통치자가 되었다. 페르디난트 1세가 1564년 사망하고 그의 장남 막시밀리안 2세가 신성로마제국 황제가 되었고, 차남 페르디난트 2세가 오스트리아 서쪽 지역을, 그리고 3남 카를 2세는 오스트리아 내부지역을 맡아 통치했다.

오스만제국 쇠퇴하기 시작하다

슐레이만 1세의 말년은 아들들의 다툼으로 점철되었다. 무스타파 왕자가 소아시아 지방에서 봉기를 일으키자 1553년 슐레이만 1세는 그를 처형했다. 1559~1561년 술탄 자리를 놓고 두 왕자 사이에 다툼이 벌어졌다. 이번에도 아들 하나가 처형되었고 슐레이만 1세가 1566년 헝가리로 가던 중에 사망하자 셀림 2세가 제11대 술탄이 되었다.

슐레이만 1세 이후 술탄들의 무능함, 데브쉬르메 계급의 세력 신장, 그로 인한 지배계급 내부의 긴장, 오스만제국의 산업 침체, 항해술 발달로 오스만제국 지배 무역로의 쇠퇴, 급작스런 인구 팽창과 그에 따른 도시 중심지의 공동화 등이 원인이 되어 오스만제국은 서서히 쇠퇴하기 시작한다.

슐레이만 1세의 아들로 제11대 술탄이 된 셀림 2세는 앞서 '드리나 강의 다리' 이야기에서 나온 메메드 파샤 소콜로비치의 도움을 받아 이

웃제국과 화평조약을 맺었고 인도, 인도네시아, 그리고 그 인근의 무슬림 통치자들을 후원했다. 셀림 2세의 아들 제12대 술탄 무라트 3세 시대는 카프카스를 정복하고 이란에서 아제르바이잔을 빼앗는 등 한동안 영토 확장이 계속되었지만 행정적, 사회적 쇠퇴가 서서히 진행되었다.

무라트 3세의 자녀는 무려 100명이 되었고 아들이 20명가량 되었다. 무라트 3세는 해적이 납치해온 베네치아의 귀족 여인 소피아 바포에게서 낳은 아들 메메트 3세를 13대 술탄으로 삼았다. 메메트 3세는 자신의 형제 19명과 누이 20명 이상을 죽였다. 그는 1593년 합스부르크제국과 오스트리아—오스만 전쟁을 일으켰고, 1596년 헝가리 지역 에게(Eger)를 빼앗았는데, 에게는 모스크가 있는 최북단 도시가 되었다. 메메트 3세는 같은 해 10월 헝가리 메조케레스테스에서 벌어진 메조케레스테스 전투(Battle of Mezokeresztes)에서 합스부르크제국 군대를 물리쳤다.

하지만 17세기에도 오스만제국의 세력은 쇠퇴를 멈추지 못했다. 반면 이 시기 유럽에서는 강력한 민족국가들이 동맹을 맺어 유럽 대륙에서 오스만제국을 몰아내고자 했다.

형제살인과 카페스

메메트 3세의 아들 아메트 1세는 1603년 13세에 제14대 술탄이 되었는데, 그는 술탄이 된 후 전통적인 형제살인을 금지했고 동생 무스타파 1세를 할머니 소피아 바포와 함께 바예지드 궁전에 살게 했다. 이런 식으로 술탄의 후계자가 될 가능성이 있는 사람들을 가택 연금시키고 감시하는 제도를 카페스(Kafes)라고 한다.

1606년 11월 11일 아메트 1세와 합스부르크제국 마티아스 황제는 형가리 두나르드바니에서 치바토로크 조약(Peace of Zsitvatorok)을 맺고 1593년 메메트 3세가 합스부르크제국과 일으킨 13년 전쟁을 종식시켰다. 아메트 1세가 27세에 전염병으로 사망하자 동생 무스타파 1세가 제15대 술탄이 되었다.

예니체리의 흥망

오스만제국 최전성기 때는 지중해를 완전히 장악했다. 그런 오스만제국에는 강력한 특수부대가 있었는데, 바로 '예니체리' 부대다. 예니체리가 활약하던 14~15세기에는 예니체리라는 이름만 듣고도 유럽 군대들이 벌벌 떨었다. 예니체리는 독특한 방식으로 모집한 군대였다.

예니체리는 앞서 말한 대로 오스만제국의 술탄 무라트 1세가 1365년 처음 창설했다. 처음에는 전쟁포로들이나 비이슬람교도, 특히 발칸지방의 기독교 소년들 등 강제 징집한 병사들로 구성되었다. 그들은 술탄의 개인경호대로서 술탄 이외에는 누구에게도 복종하지 않았고 술탄의 최정예부대로서 무용을 떨쳤다.

마키아벨리는 투르크란 술탄 외에는 모두 노예인 나라라고 썼다. 전원이 노예라는 말은 곧 술탄 외에는 모두 평등하다는 뜻이기도 했다. 술탄이 신뢰할 수 있었던 것은 2만 명이 채 안 되는 예니체리 부대뿐이었을 것이다.

예니체리는 독특한 무늬를 한 군복을 입었고 급여를 지급받는 상비군으로서 콧수염을 길렀다. 초기에 예니체리는 결혼금지 및 병영 내 생활 등 엄격한 규율이 적용되었는데, 16세기부터 차츰 완화되었다.

앞서 이야기한 정복왕 메메트 2세는 오스만제국을 동시대 최강의 제국으로 이끈 인물인데, 기독교 영토를 점령하면서 기독교도들에게 이런 제안을 하게 된다.

"아들 하나를 바치면 기독교를 계속 믿게 해준다."

결과적으로 기독교도의 자식들이 모여 이슬람 군대가 되었고, 그들이 1453년 비잔틴제국을 멸망시키는 주역이 된다. 메메트 2세는 기독교도들이 바친 아이들을 모아 직업 군인으로 만들었다. 이런 제도를 앞서 말한 대로 데브쉬르메라고 한다. 예니체리 부대는 훈련기간 동안 술탄에게 모든 충성을 다 바치도록 교육받고, 술탄의 친위대로 성장하게 된다. 예니체리에 대한 처우도 좋았다. 그들은 비잔틴제국의 수도 콘스탄티노플 함락 때 활약이 두드러졌다.

콘스탄티노플을 함락시킨 후 예니체리는 술탄 바로 옆에서 강력한 정치집단으로 변모한다. 예니체리는 권력에 가장 가까운 자들이었기 때문에 17세기에는 이슬람 귀족이나 기독교 귀족 자제들이 예니체리에 입대하기 위해 편법을 동원하게 되고, 결국 군대 체계가 무너져 술탄을 암살하는 등, 술탄의 근위대에서 술탄을 능가하는 권력을 쥐게 된다.

고대 제정 로마시대 황제의 근위대가 차츰 황제 권력에 대한 최대 위협이 되었고, 가까이는 과거 우리나라의 대통령 경호실이 그랬던 것처럼 예니체리도 영향력이 커지자 오스만제국의 정치에 관여하게 되었다. 특히 예니체리는 군대 구조의 변화를 방해하고 또 반란을 일으켰으며 술탄을 갈아치우기도 했다.

1622년 예니체리는 어린 술탄 오스만 2세를 암살했다. 1687년 메메트 4세는 예니체리에게 감금되었다. 예니체리는 메메트 4세의 동생 술레이만 2세를 제20대 술탄으로 앉혔고 술레이만 2세는 1691년 오히려 감금된 형보다 먼저 죽었다.

무스타파 3세는 오스만제국을 개혁하려 노력했으나 예니체리와 종교 지도자 이맘의 반발로 목적을 달성할 수 없었다. 1807년 예니체리는 셀림 3세를 살해했고, 후임 술탄 무스타파 4세를 1년 만에 축출했다.

무스타파 4세의 후임으로 동생 마흐무트 2세가 제30대 술탄이 되었다. 예니체리는 마흐무트 2세의 등극마저도 반대했으나 결국 타협했고 마흐무트 2세가 술탄으로서 권력을 보강할 수 있도록 10년 동안 노력했다.

1808년 마흐무트 2세가 즉위했을 때 오스만제국은 절망적인 상태였다. 오스만제국 군대가 영국 및 러시아 양국과 전쟁을 치르는 동안 지방 정부가 공공연하게 중앙 정부에 반기를 들었다. 마흐무트 2세는 군대를 근대화하고 정부를 재조직해 어느 정도 질서를 되찾았으나 제국의 국경은 계속 줄어들었다. 그러나 마흐무트 2세는 유럽에서의 변화를 적극적으로 받아들인 개혁군주였고, 예니체리는 드디어 임자를 만났다.

예니체리의 권력남용, 군사적 비효율성, 개혁 반대, 1만 3,500명에 대한 봉급지급에 따른 재정압박 등이 가중되자 마흐무트 2세는 아예 예니체리를 없애기로 결심했다. 하지만 술탄이 새로운 군대를 조직한다는 사실이 알려지자 예니체리는 이스탄불에서 반란을 일으켰다. 1826년 6월 14~15일 예니체리 반란군은 결국 술탄의 군대로부터 포탄 세례를 받고 대부분 학살되었다. 1828년 마흐무트 2세는 최후의 예니체리 부대를 해산했다. 이로써 예니체리는 역사가 되고 말았다.

그 후 마흐무트 2세를 뒤이어 아들 압둘메시드 1세가 제31대 술탄이 되었고 러시아와 크리미아 전쟁(Crimean War, 1853~1856)을 치렀다. 이어서 동생 압둘아지즈 1세가 제32대 술탄이 되었는데, 그는 오스만제국에 처음으로 철도를 놓고 또 우편업무를 현대화했다. 이 무렵 발칸반도의 속국에서 민족주의 반란이 일어나기 시작했고, 1875년 헤르체고비나 지역에서 대규모 반란이 일어났다.

전쟁의 의미

예루살렘 히브루 대학 전쟁사학자 마틴 반 크레벨드는 1991년 『전쟁의 변형(The Transformation of War)』에서 이렇게 썼다.

"'사람은 왜 음식을 먹는가' 혹은 '사람은 왜 잠을 자는가' 묻는 것은 부질없는 짓이다. 먹고 잠자는 것은 그 자체가 목적이기 때문이다. 마찬가지로 싸움 역시 여러 면에서 수단이 아니라 목적이다. 역사상 어느 때 어느 곳에서나 전쟁의 끔찍함을 얘기하는 사람이 있는가 하면, 반대로 인간에게 허용된 모든 경험 가운데 가장 훌륭한 경험을 전쟁 속에서 찾는 사람도 있어왔다. 평생 자신의 무용담을 자식과 손자들이 질릴 정도로 되풀이 늘어놓는 사람들이 얼마나 많은가."

정말이지 전쟁은 인간의 오감(五感)을 '지금 여기'에 있는 것에만 집중하도록 강제함으로써 인간을 광분하게 만들 수 있다. 그런 전쟁 자체를 위해 존재하는 집단이 예니체리였는데, 자신들의 존재 이유를 없애려는 세력이 있다면 그것이 누구인들 용서하겠는가?

안락하고 안정된 중산층 생활이 어떤 것인지 아예 모르는 지구상의 많은 사람들이 전쟁과 병영생활을 '몰락'이 아니라 '구원'으로 여기게 된 결과가 바로 자살테러다. 사회 안정은 중산층 확립에서 비롯된다. 중산층을 잘 키워내는 것은 민주체제가 아니라 군주제 등 권위주의 체제다. 중산층이 어느 정도 규모가 커지고 자신감을 갖게 되면 자기 계층의 존재와 번영을 가능하게 해준 바로 그 독재자에게 반란을 일으킨다.

"우리가 한 녀석에게 가면과 권총 한 자루를 준다면, 그는 우선 자기가 빚을 지고 있는 사람부터 찾아가서 쓰러뜨린다."

1683년 빈 공방전

1683년 헝가리에서 합스부르크제국에 항거해 봉기가 일어나자 오스만제국의 재상 카라 무스타파는 10만 대군을 이끌고 빈을 공격해 1만 명의 합스부르크제국 군대를 궤멸 직전까지 몰고 갔으나, 1683년 9월 12일 빈 외곽 칼렌베르크 산에서 벌어진 빈 전투(Battle of Wien)에서 합스부르크제국을 도우러 온 폴란드의 왕 얀 소비에스키에게 대패했다. 이후 투르크는 다시 중부 유럽에 나타나지 않았다.

1683년 오스만제국이 빈 포위공격에 실패하고, 그 후 오스트리아, 러시아, 폴란드가 군사적으로 강국이 되었다. 17세기 말 오스만제국은 헝가리의 대부분을 오스트리아에게, 18세기 후반에는 흑해 북안을 러시아에게 빼앗겼다.

1683년 전쟁에서 오스트리아군을 지휘한 장군들 중 한 명이 바로 오스트리아의 영웅 사보이 대공이었다. 독일어 발음으로는 '오이겐 프란츠'로 불리는 사보이 대공은 유럽 역사에서 가장 탁월한 군사 지도자 중 한 명이다.

프랑스 사보이 왕가의 후손인 사보이 대공은 파리에서 태어나 루이 14세의 프랑스 궁정에서 성장했다. 그는 가톨릭교회에서 경력을 쌓아 사제의 길을 밟았으나, 19세 때 군인이 되었다. 그러나 루이 14세로부터 프랑스 군대에서 복무하는 것을 거절당하자, 그는 오스트리아 합스부르크의 레오폴트 1세 황제에게 충성했다. 그는 오래 살며 요제프 1세와 카를 6세 등 합스부르크의 세 황제를 섬겼다. 카를 6세는 저 유명한 마리아 테레지아 여제의 부친이다. 그리고 빈을 여행하는 사람이면 쇤브룬 다음으로 들르는 궁전인 벨레데레 궁전이 바로 사보이 대공의 여름 별장이다.

정말이지 유럽은 합스부르크 왕가에게 고마움을 표시할 이유가 하나 더 있다. 1683년 터키 군대는 퇴각하면서 커피원두, 반달 모양의 빵 크로아상, 그리고 동양의 물건과 풍속을 두고 갔다. 오스트리아는 그런 것을 서유럽에 처음 소개했다. 모차르트는 터키 궁정을 배경으로 하는 「후궁 탈출」(혹은 「후궁으로부터 탈출」, K. 384)을 작곡했고, 또 「피아노 소나타 11번」(K. 331)의 제3악장은 일명 터키 행진곡(Alla Turca)으로 유명하다.

빈에서는 비너카페하우스가 크게 유행했다. 그 유행을 따라 잘츠부르크에서도 1705년 카페 토마셀리가 문을 열었다. 이곳은 모차르트 부자가 궁정에서 퇴근해 게트라이데 가세의 집으로 가는 길목에 있기 때문에 두 사람이 종종 들렀을 터이다.

오스만제국이 빈을 침공하기 100년도 더 전인 1554년 이스탄불에 세계 최초의 카페 차이하네가 문을 열었다. 곧 이어 이스탄불에는 600개가 넘는 카페가 생겼다. 르네상스 시대 말 즈음 이탈리아에는 동양으로부터 커피가 들어왔다. 터키 주재 베네치아 대사 지안 프란체스코 모로시니는 1585년 베네치아로 돌아오면서 커피를 갖고 와서 이렇게 말했다.

"터키인들은 까만색 물을 뜨겁게 해서 마시는데, 그것은 Cavee라고 불리는 나무의 씨앗으로서 남자들을 깨어 있게 한다."

그 직후 베네치아 거리에 보테가(Bottega)라고 불리는 가게에서 커피를 팔기 시작했다. 카페 플로리안의 공식 홈페이지에 따르면, 플로리아니 프란체스코니가 산 마르코 광장에 이탈리아에서 최초로 카페 플로리안을 개업한 것은 1720년 1월 29일이었다. 그 후 이곳은 유명한 커피하우스로 자리 잡았고 괴테, 니체, 나폴레옹, 스탕달, 바이런, 릴케, 찰스 디킨스, 화가 모네와 마네 등이 찾는 명소가 되었다.

카를로비치 조약

1688년 오스트리아는 벨그라드와 그 주변을 손에 넣었고 레오폴트 1세는 세르비아 지역에 자치왕국을 허락했다. 하지만 오스만제국의 반격도 만만치 않았다. 1690년 벨그라드는 오스만제국에게 다시 넘어갔다.

아메트 2세는 1691년 벨그라드 북쪽 64킬로미터 지점에 있는 슬란카멘에서 벌어진 슬란카멘 전투(Battle of Slankamen)에서 합스부르크제국에게 크게 패했다. 이 전투는 장기간의 투르크전쟁(1683~1697)에서 오스만제국이 역전의 기회를 잡을 수 있었던 최후의 전투였는데, 이 전투의 패배로 1699년 카를로비츠 조약을 맺게 된다.

1697년 9월 11일 부다페스트와 벨그라드 중간에 위치한 센터(혹은 젠타)에서 벌어진 젠타 전투(Battle of Zenta or Battle of Senta)에서 투르크는 발칸반도에서 가장 결정적인 패배를 맛본다. 이 전쟁 역시 사보이 대공이 지휘했다.

아메트 2세 다음으로 메메트 4세의 아들 무스타파 2세가 제22대 술탄이 되었고, 몇 차례 전투에서 오스만제국이 또 패배하고 1699년 1월 26일 스렘스키 카를로비치(Sremski Karlovci)에서 합스부르크제국과 오스만제국 사이에 카를로비츠 조약(Treaty of Karlowitz)이 맺어졌다. 오스만제국은 1526년부터 점령했던 헝가리 지역과 폴란드 남부 지역을 합스부르크제국에 양도했고, 지금은 크로아티아에 속해 있는 달마티아 지역은 베네치아공국으로 넘겼다. 하지만 그것으로 영구 평화는 달성되지 않았다.

이 조약은 국제협상에 몇 가지 중요한 선례를 남겼다. 예컨대 최초로 라운드 테이블 형식으로 진행되었고, 협상이 진행되는 장소나 텐트에는 문이 4개 있어서 누가 협상테이블에 먼저 들어가야 하는가 하는 우선순위 결정이 불필요하게 되었다.

마리아 테레지아

합스부르크제국의 카를 6세는 아들 없이 죽었기 때문에 합스부르크제국의 실권은 마리아 테레지아 여제에게 넘어가고, 신성로마제국의 황제 자리는 2년 후 비텔스바흐(Wittelsbach) 가문의 카를 7세에게 넘어갔다.

1736년 마리아 테레지아는 프랑스 로렌 지방의 공작 아들 프란츠 1세와 결혼했다. 두 사람은 합스부르크제국 소속의 토스카나 대공국을, 메디치 가문의 최후의 후계자 잔 가스토네의 뒤를 이어 잠시 다스렸다.

1745년 카를 7세가 죽고 많은 논란 끝에, 오스트리아 왕위와 합스부르크제국의 영토는 카를 6세의 딸에게 승계된다고 한 1713년의 국사조칙(Pragmatic Sanction of 1713)에 따라서 프란츠 1세가 신성로마제국 황제가 되었고 실질적인 통치는 마리아 테레지아가 했다.

유럽의 역사는 왕과 전쟁의 역사다. 1740년 세계 역사의 두 영웅 프로이센의 프리드리히 2세 대제와 합스부르크제국의 마리아 테레지아 여제는 오스트리아 왕위계승전쟁(1740~1748)을 벌였다. 이 전쟁에서 이

긴 프로이센은 오스트리아의 비옥한 슐레지엔을 차지했다. 그 후 절치부심하던 마리아 테레지아 여제가 슐레지엔을 되찾기 위해 벌인 전쟁이 곧 7년 전쟁이다.

1756년 4월, 유럽에서는 7년 전쟁(1756~1763)이 발발한다. 7년 전쟁의 원인은 매우 복잡하다. 16년 전 오스트리아 왕위계승전쟁에서 잃어버린 영토를 되찾으려는 리턴 매치였다. 프리드리히 2세 대제와 마리아 테레지아 여제 사이의 7년 전쟁에는 유럽의 거의 모든 열강이 참여했고, 그들의 식민지인 아메리카와 인도에까지 확대되었다.

7년 전쟁 중 마리아 테레지아 여제는 러시아의 옐리자베타 여제와 프랑스의 마담 퐁파두르와 힘을 합해 반(反)프로이센 포위망을 형성했는데, 나중에 마리아 테레지아 여제의 장남 요제프 2세 황제는 그런 고마움에 대한 보답으로 제1차 러시아-터키 전쟁(1768~1774)에 예카테리나 2세를 지원하게 된다. 예카테리나 2세 휘하에는 제1차 러시아-터키 전쟁에서 큰 공을 세운 그레고리 포템킨 장군이 있었는데, 1776년 요제프 2세 황제는 그를 신성로마제국의 제후로 봉했다. 1784년 포템킨 장군은 육군 원수가 되어 제2차 러시아-터키 전쟁(1787~1791)이 발발하자 러시아 군대를 지휘했다. 그러나 이 전쟁은 대부분 발칸반도와 크림반도, 카프카스 전선에서 주로 러시아와 터키 양국의 대립에 국한되었다. 요제프 2세 황제는 동맹국이라는 멍에와 의무 때문에 제2차 러시아-터키 전쟁에 참전해 오스트리아에 큰 화를 입히게 된다.

오스만제국은 18세기 초 몇몇 귀족들이 서구풍을 받아들였지만, 18세기에도 쇠퇴는 가속화되어 농촌행정조직이 소규모 봉건국가들로 해체되어가고, 유럽 번영의 기초가 되었던 산업혁명과 기술혁신은 거의 오스만제국으로 이전되지 않았으며, 식량생산 부족과 광범위한 기근으로 제국 주민들의 불평은 증대되었다.

카란세베스 전투, "이 세상에 야만적인 전쟁이 더 이상 없도록"

오스만제국의 압둘 하미드 1세 시절인 1788년 3월 25일, 마리아 테레지아 여제의 장남이자 신성로마제국의 황제인 요제프 2세는 빈을 출발해 왈라키아, 즉 오늘날 루마니아 영토인 트란실바니아까지 길고 지루한 진군을 시작했다. 빈의 시민들은 군주의 용기에 탄복하면서도 속으로는 최악의 경우를 걱정하고 있었다. 요제프 2세 황제는 터키와의 전쟁에 출정하면서 이렇게 진군 명령을 내렸다.

"나는 이 세상에 야만적인 전쟁이 더 이상 없도록 하겠다."

당시 왈라키아는 이슬람과 기독교 간에 분쟁이 잦았던 접경 지역이었다. 황제는 모두 6개 군단, 24만 5,062명의 보병과 3만 6,725명의 기병을 확보했고, 7년 전쟁에서 큰 공을 세운 유능한 지휘관 기드온 폰 라우돈 장군은 70세 노인으로 힘든 전투를 수행하지 못할 것으로 판단해 후방으로 배치하고 젊은 장군들을 지휘관으로 삼았다. 황제의 직접적인 지휘 아래 놓인 주력 부대는 12만 5,000명의 보병과 2만 2,000명의 기병이었다. 포대는 898개의 대포와 17만 6,700개의 포탄을 비롯해 1,000톤의 흑색 화약을 보유한 막강한 화력을 자랑했다. 행군하는 군대를 먹이는 데만도 매일 800톤의 밀가루와 200마리의 소가 필요했다.

요제프 2세 황제가 벨그라드에 있는 터키 요새를 공격하기로 결정한 날짜는 원래 1788년 5월 16일이었다. 병사들은 대포를 제 위치에 배치했고, 보병들도 준비 완료 상태였다. 그런데 하루 전, 요제프 2세 황제는 갑자기 마음을 바꾸었다. 허술한 방어 태세를 갖추고 있는 터키군 수비대를 공격하지 말고 퇴각하라는 명령을 내렸다. 그는 동맹국 군주인 예카테리나 2세가 이끄는 러시아 군대가 지원하러 오지 않았다는 이유를 들어 그 같은 결정을 내린 것이다. 4개월을 기다린 후 1788년 9월 20일 예카테리나 2세의 지원군 없이 카란세베스 전투(Battle of Karansebes)는 시작되었다.

18세기 합스부르크제국은 기독교 문명과 이슬람 문명의 접경지인 발칸반도를 비롯해 민족도 다르고 종교도 다른 여러 지역을 지배하고 있었다. 합스부르크제국 지배자들은 종종 신성로마제국의 황제를 겸했지만 그들은 과거 로마제국처럼 솜씨 있게 다민족 국가를 꾸리지는 못했다.

오스트리아 출신 병사가 주력 부대인 합스부르크제국 연합군대에는 체코인, 보헤미아인, 슬로바키아인, 헝가리인, 그리고 북이탈리아의 롬바르디아인들도 많이 섞여 있었다. 그들은 독일어를 사용하는 오스트리아 장교의 명령을 이해하지 못했다. 요컨대 커뮤니케이션이 제대로 되지 않았던 것이다. 설상가상으로 건강마저 악화되자 황제의 우유부단한 성격이 더 심해졌다. 상당수 군인들이 습지열병이라는 전염병에 희생되었다. 이는 황제가 장군들에게 모기가 득실거리는 도나우 강변의 습지를 따라 참호를 파고 군대를 대기시키라는 명령을 내린 결과였다. 말라리아와 이질로 17만 2,000명의 군인들이 고통을 당했으며 3만 3,000명의 정예군이 의미 없이 죽었다. 러시아 지원군은 끝내 오지 않았다. 곧 군대 식량이 고갈되었다. 새로운 군수 물자가 도착할 즈음, 군인들은 땅바닥을 기고 있었다.

1788년 9월 19일 오스트리아 군대 중 폴란드의 용맹한 경기병 후사르들(Hussars)이 전위에서 카란세베스에 있던 티미스 강 다리를 건넜다. 강 맞은편에 도착한 후사르들은 수색을 했지만 투르크군은 찾을 수 없었고 대신 루마니아 지방의 집시들만 놀고 있는 것을 보게 되었다. 집시들이 후사르들에게 오스트리아 사람들이 좋아하는 시냅스주와 여자를 제공하겠다고 제안하자 후사르들은 말에서 내려 술을 마셨다. 조금 후 보병 부대가 다리를 건너왔고 그들 역시 술판에 끼였다. 당연히 말다툼이 생겼다. 이내 서로 총을 잡고 쏘기 시작했다. 총소리에 더 많은 병사들이 휘말리기 시작했다.

그때 루마니아 출신 병사가 "투르치, 투르츠"라고 소리쳤다. 그것은 "투르크 놈들이다"라는 뜻이었고 이 말을 알아들은 후사르들과 루마니아 병사들은 도망쳤다. 그러나 이탈리아 밀라노 지방에서 차출된 병사, 발칸의 슬라브 민족 출신 군인, 오스트리아 군대, 그리고 여러 소수민족에서 참전한 사람들은 그 말뜻을 모르고 우왕좌왕했다.

설상가상으로 오스트리아 장교가 독일어로 진정하라는 의미의 "Halt, Halt"라고 소리치자 독일어를 모르는 병사들은 H 발음을 잘못 알아듣고 투르크군들이 온다는 의미의 "Allah, Allah"로 듣고는 서로 총질을 하고 말았다.

요제프 2세 황제는 카란세베스의 외딴 지역으로 피신했다. 이틀 뒤 정말로 투르크 군대가 나타났다. 투르크 지휘자는 이렇게 말했다.

"엄청난 기습이 있었군."

마침내 요제프 2세 황제는, 1763년 은퇴한 뒤로는 별달리 활동이 없었던 늙은 라우돈 장군에게 군대 지휘권을 맡아달라고 부탁했다.

"친애하는 라우돈 장군, 내 군대를 맡아달라고 명하는 것이 아니라 국익과 오스트리아제국의 황제에 대한 사랑으로 이 일을 맡아줄 것을 겸손히 요청하는 바이오."

라우돈 장군은 프로이센과의 7년 전쟁에서 프로이센의 프리드리히 2세마저 쩔쩔 맬 정도로 걸출한 능력을 발휘한 명장 중의 명장이었다. 역전의 노장 라우돈마저도 불운의 수레바퀴를 쉽게 멈출 수는 없었지만 결국 벨그라드를 수복함으로써 요제프 2세 황제의 체면을 살렸고, 도나우 강은 다시금 오스트리아의 강이 되었다. 카란세베스 전투는 합스부르크제국 군대가 오스만제국 군대를 상대로 치른 전쟁 중에서 가장 손실이 컸던 전쟁이었다. 전쟁이 한창이던 무렵 1790년 2월 20일 요제프 2세 황제는 다음과 같은 유언을 남기고 세상을 떠났다.

"온 유럽에 항구적인 평화가 깃들기를 바라노라."

탄지마트와 청년투르크혁명

마흐무트 2세의 아들 압둘메지드 1세와 압둘아지즈 1세는 1839년부터 1876년까지 탄지마트(Tanzimat)라는 자유주의적이고 근대적인 개혁을 추진해 최초의 종합교육제도와 상법, 해양법, 형법의 서구화 등을 꾀했다. 서방 세계에서는 이것을 대체로 유럽 국가들과 우호관계를 증진하기 위한 노력으로 보았다. 그러나 이것은 유럽 체제를 표면적으로 모방하는 것에 그쳤기 때문에 효과는 거두지 못했다.

압둘아지즈 1세 후임으로 압둘메지드 1세의 아들 무라트 5세가 제33대 술탄이 되었으나 정신지체로 93일 후 폐위당했고, 그의 동생 압둘하미드 2세가 제34대 술탄이 되었다. 그는 최후의 절대군주였다. 장거리 여행을 좋아하고 시를 썼으며 셜록 홈즈의 탐정소설을 애독했다.

위로부터의 혁명 탄지마트가 실패하자 아래로부터의 혁명이 일어났다. 유럽 문명의 영향을 받은 지식인들은 전제군주 압둘하미드 2세에게 강요해 근대 자유주의적 헌법제정을 촉구했고, 1876년 압둘하미드 2세는 헌법을 제정했다. 그러나 압둘하미드 2세는 이듬해 러시아-투르크 전쟁(1877~1878)을 이유로 헌법을 정지시키고 절대주의적 전제정치를 강행했다. 1878년 러시아-투르크 전쟁에서 패배하고 체결한 산스테파노 조약(Preliminary Treaty of San Stefano)과 베를린 회의(Congress of Berlin, 1878년 6월 13일~7월 13일) 협정에 따라 오스만제국은 루마니아, 세르비아, 몬테네그로, 불가리아, 키프로스, 그리고 다른 영토들을 포기하게 되었다. 압둘하미드 2세는 유럽인들에게, 투르크인들은 자기들 국경 내에서 제국을 보존하면서 평화를 유지할 것임을 환기시킴으로써 19세기 남은 기간 동안 제국을 유지할 수 있었다.

그러나 1889년 압둘하미드 2세의 전제정치를 반대하는 청년 장교들이 청년투르크당(Young Turks, 1898~1922)을 결성하고, 1908년 군대의 압력으로 술탄에게 헌법 의회정치 부활에 동의하게 했다. 이것이 청년투르크당의 혁명이다. 1908년 터키에서 청년투르크당이 주도한 혁명이 일어나자 그 해 10월 오스트리아-헝가리 이중제국은 슬라브인이 많이 사는 보스니아-헤르체고비나를 병합했고, 슬라브계 세르비아의 반오스트리아 기운에 기름을 부었다.

압둘하미드 2세의 말년은 1905년 암살위험, 1908년 청년투르크당 반란, 1909년 역쿠데타 등으로 점철되었고, 1909년 권좌에서 물러났다.

압둘하미드 2세의 후임으로 압둘메시드 1세의 아들 메메트 5세가 제35대 술탄이 되었으나 실권이 없었고, 오스만제국은 발칸전쟁(1912~

1913)에 패해 발칸반도를 비롯한 유럽지역에서 완전히 축출되었다. 제1
차 세계대전이 발발하자 오스만제국은 독일측에 가담했다.

메메트 5세가 죽고 그의 동생 메메트 6세가 제36대 술탄이 되었으나
1922년 술탄 직위가 폐지되어 최후의 술탄이 되었다.

오스만제국은 제1차 세계대전에서 독일이 주도하는 삼국동맹에 참가
했고 결국 파국적인 패배로 1920년 8월 세브르 조약을 체결했다. 그러
나 이 조약은 오스만제국의 독립 자체를 위태롭게 하는 것이었으므로
무스타파 케말 아타튀르크는 터키 국민의회를 소집하고, 1922년 11월
술탄 정부의 폐지를 선언함으로써 오스만제국의 36대 술탄 메메트 6세
가 권좌에서 물러나고 오스만제국은 역사의 장을 마감했다.

메메트 6세는 1926년 이탈리아 산레모에서 죽었고, 시신은 다마스쿠
스에 있는 셀림 1세 영묘에 함께 묻혔다. 압둘아지즈 1세의 아들 압둘
메시드 2세가 1922년 칼리프가 되어 오스만제국의 최후 통치자(제37대)
가 되었다.

합스부르크의 몰락 이야기는 다음 장에 계속된다.

사라예보, 제1차 세계대전을
알리는 두 발의 총성

아침 일찍 벨그라드를 떠나 세르비아의 서쪽 도시 파르티잔 시절 임시수도였던 우지체를 거쳐서 드리나 강의 다리로 유명한 비쉐그라드를 지나 보스니아-헤르체고비나의 수도 사라예보에 도착한 것은 늦은 오후였다. 하루 종일 날씨는 청명했다. 발칸반도 중심부의 초가을은 우리나라와 다르지 않았다.

사라예보, 유럽의 예루살렘

사라예보의 공식인구는 약 30만 명이지만 주변의 생활인구는 약 50만 명이다. 사라예보는 '유럽의 예루살렘'으로 불릴 만큼 다문화 다종족 도시다. 1991년 인구통계에 따르면 무슬림이 45퍼센트, 동방정교를 믿는 세르비아계가 38퍼센트, 가톨릭을 믿는 크로아티아계가 7퍼센트였으나, 보스니아 내전 결과 세르비아계는 1만 8,000명가량 남아 있고, 크로아티아계는 거의 무시해도 될 정도다.

　현지 안내인은, 사라예보 중심을 흐르는 조그만 밀야츠카 강 왼쪽 비
스트릭크(Bistrick) 지역으로 우리를 데리고 가더니 별로 중요하지도 않은
듯 보이는 가톨릭교회 앞에서 멈췄다. '파도바의 안토니 성인'에게 봉헌
된 이 성당은 지금은 규모가 비교적 크지만, 1882년 프란체스코 수도원
부속 성당으로 건립되었을 때는 조그만 경당이었다. 이 지역의 현재 명
칭은 비스트릭크이지만 원래 이름은 라틴루크(Latinluk)로서 17세기에 라
틴계 가톨릭 신자들이 다수 살고 있었다.

　경당은 규모는 작았으나 사라예보 최초의 가톨릭교회였기 때문에 다
년간 주교좌 성당 역할을 수행하다가 1889년 사라예보 대성당이 완성
되면서 일반 성당이 되었다. 1905년 프란체스코 수도사들은 원래의 경

당에서 구조적인 결함을 발견하고는 다시 그 자리에 지금과 같은 비교적 규모가 큰 성당을 지었다고 한다. 제단 뒤 3개의 기하학적 무늬 모자이크 유리창은 이곳 이보 둘치츠의 작품인데, 천지창조, 십자가 예수, 그리고 예수의 일상을 묘사한 것이다. 유리창 아래의 제단화 최후의 만찬과 잘 어울렸다. 성당 내부의 여러 돌조각상과 청동조각 역시 이곳 조각가들의 작품이다.

성당 맞은편에는 오래된 보스니아 맥주공장이 지금도 성업 중이었다. 성당에서 라틴 다리로 내려오는 길에 우리는, 1457년 최초로 건축되어 1480년 기독교도에게 파괴되었고 1566년 슐레이만 1세가 복원했기 때문에 일명 '황제 모스크'로 불리는 오래된 모스크와 뒷마당 공동묘지를 들러 구경했고, 좀 더 내려와 이곳 중등학교를 한 곳 지나가게 되었는데, 안내인은 학교벽 앞에 서더니 그곳에 부착된 보스니아 내전 때 학교 근처에 떨어진 포탄으로 사망한 교사와 학생들 이름을 기록한 명패들을 보여주었다.

다시 밀야츠카 강으로 나온 우리는 일명 '가브릴로 다리'로 불리는 라틴 다리(Latin bridge Sarajevo) 앞에 섰다. 얕게 흐르는 강바닥에는 엄지손가락만한 붕어가 돌아다니고 낚시꾼 두어 명이 붕어를 잡아 가둬놓을 깡통도 준비하지 않은 채 낚싯줄을 드리워놓은 한가로운 강, 그 강 건너저편 골목에서 95년 전에 들린 두 발의 총성은 세계를 바꾸었다.

1914년 6월 28일

보스니아-헤르체고비나 주재 오스트리아 총독 오스카 포티오레크 장군은 사라예보에서 벌어지는 군대사열식에 프란츠 페르디난트 황태

자 부부를 초청했다. 날짜는 1914년 6월 28일이었다.

이 소식을 들은 세르비아 민족단체 '검은 손(Crna Ruka, black hands)'과 은밀한 관계를 가진 보스니아 군사정보부는 음모를 꾸몄다. 세르비아 인에 대한 게르만인의 압제가 심할수록, 게르만인을 축출하려는 세르 비아인의 민족적 의지가 결집될 수 있다고 생각했다. 세르비아인의 민 족의식을 고양시키기 위해 황태자를 살해해 합스부르크제국 내 긴장을 고조시켜 이를 기회로 혁명을 일으키려는 전략이 세워졌고 젊은 테러 리스트 가브릴로 프린치프 등 7명이 황태자 암살 책임을 맡았다.

7명의 저격수들은 사라예보 중심을 흐르는 밀야츠카 강변 아펠 부두 (Appel Quay)를 따라 각자 적당히 위치를 잡고는 황태자 부부가 사정거리에 들어오면 각자 소지한 권총과 수류탄으로 저격하기로 했다.

귀천상혼

이 세상에 영원한 것은 없다. 그 점은 왕가에도 적용된다. 마리아 테레지아 여제 때 절정을 이룬 합스부르크 왕가는 여제의 고손자 프란츠 요제프 황제에 이르러 종말이 시작된다. 그것도 가장 비극적인 방법으로 말이다.

황제의 유일한 계승자 루돌프 황태자는 정략 결혼한 태자비와의 불화로 마이어링 사냥터에서 1889년 1월 30일 애인과 함께 자살을 했다. 루돌프가 불안정한 성격 탓에 자살했다고 한다면 그 타고난 성격은 합스부르크 왕가의 혈통붕괴 때문이었다. 잘못된 환경 때문이라고 한다면 그것은 루돌프의 교육문제, 루돌프의 할머니 조피와 어머니 '씨씨' 사이의 갈등, 벨기에 슈테파니 공주와의 정략결혼 등을 말할 수 있다.

1898년에는 앞서 말한 대로 아름다운 황후 엘리자베트가 객지에서 한 무정부주의자 칼에 찔려 죽는다.

외아들 루돌프 황태자가 31세 때 자살로 세상을 마감하자 황제는 자신의 둘째동생 칼 루트비히 대공의 장남 프란츠 페르디난트를 곧 황태자로 삼았다. 프란츠 페르디난트 황태자는 젊은 시절 정식으로 합스부르크 황가의 피를 이어받은 프리드리히 대공과 이사벨라 대공비의 장녀 마리 크리스틴과 사귀었다. 그런 한편 이사벨라 대공비의 시종 조피와 은밀히 만나고 있었다. 조피는 보헤미아 지역의 한미한 귀족의 딸이었다.

이런 사실을 안 이사벨라 대공비는 노발대발해서 황가의 스캔들로 폭로했다. 그러자 황가는 발칵 뒤집어지고 두 사람의 관계를 단절시키기 위한 압력이 거셌다. 하지만 황태자가 되리라고는 꿈에도 생각 못한 프란츠 페르디난트는 조피 외에는 누구와도 결혼하지 않겠다고 선언했다. 결국 타협점은 귀천상혼(貴賤相婚), 즉 조피는 공식적으로 황후가 될 수 없으며, 그녀가 낳은 자식은 황제 자리를 물려받을 수 없다는 조건으로 결혼이 성사되었다. 1900년 7월 1일 두 사람은 보헤미아에서 결혼식을 올렸고, 프란츠 요제프 황제는 결혼식에 가지 않았다.

비운의 황태자 페르디난트

1914년 6월 28일 10시경 황태자 부부가 탄 기차가 사라예보역에 도착했다. 두 사람은 곧 두 번째 무개차에 올라탔다.

황태자 프란츠 페르디난트는, 전혀 생각지 못한 채 앉은 그 자리 때문에, 그리고 군사적 외교적 목적으로 어쩔 수 없이 여기까지 오긴 했지만, 정말 내키지 않는 발걸음이었다. 1911년에도 '검은 손'이 프란츠 요제프 황제 암살기도를 했기 때문에 황태자는 이번 방문이 위험하다는 것도 알고 있었다.

환영인파가 잘 볼 수 있도록 윗덮개를 뒤로 젖힌 무개차가 지나갈 때 역에서 제일 가까이 있던 첫 번째 저격수는 당황해서 권총을 꺼내지 못했고 자동차는 계속 천천히 갔다.

10시 15분, 그다음 저격수 네델코 카브리노비츠가 수류탄을 던졌다. 날아오는 수류탄을 보고 운전사가 순간적으로 속도를 냈다. 수류탄은 10초 후 바로 다음 차 앞바퀴 아래서 터졌고 탑승자 두 사람과 구경꾼들이 크게 부상을 당했다. 주변은 아우성 속에 혼란에 빠졌고 남은 다섯 저격병도 기회를 잃고 허둥댔다. 카브리노비츠는 청산가리를 깨물고 밀야츠카 강으로 뛰어들었다. 그러나 청산가리는 너무 오래된 것이어서 효과가 없었고 강물도 얕아서 카브리노비츠는 곧 생포되었다.

황태자는 상황을 안이하게 판단했는지 아니면 휴머니스틱한 생각이 있었는지, 부상자들을 위문하러 병원에 갈 의향을 비쳤고 포티오레크 장군은 도심을 피해 직진하기로 결정했다. 그러나 그 말을 운전사에게 전하지 않았기 때문에 운전사는 원래대로 라틴 브리지 앞에서 핸들을 재빨리 오른쪽으로 꺾고들어갔다.

총을 쏠 기회를 놓친 프린치프는 길목에 있는 모리츠 쉴러 카페로 들어가 샌드위치를 먹었다. 그때서야 포티오레크 장군은 길이 잘못되었음을 알고 운전사에게 자동차를 후진하도록 지시했다. 그러자 엔진이 덜컥거리면서 자동차가 멈췄다. 프린치프에게 두 번째 기회가 온 것이다.

그 광경을 본 프린치프는 침착하게 1910년형 FN모델 피스톨을 들고 카페에서 나와 정조준해서 두 발을 쏘았다. 한 발은 황태자 목에, 다른 한 발은 황태자비의 복부에 맞았다. 두 사람은 곧 숨졌다. 정확하게 11시였다. 프란츠 페르디난트 황태자는 합스부르크 가문의 전통인 근친결혼을 피할 수 있는 귀천상혼을 택했고 자식들의 혈통붕괴를 막을 수 있었다. 그러나 가브릴로의 총구는 피할 수 없었다. 정녕 인간에게 운명이란 게 있는 것일까?

1914년 6월 28일 12시경 황태자 부부가 사라예보에서 피살되었다는 보고를 받았을 때, 프란츠 요제프 황제가 한 말은 두 사람의 죽음을 신의 천벌로 생각했음을 보여준다.

"그들은 천벌을 받은 게야!"

가브릴로 프린치프

프린치프는 청산가리를 입에 넣었다. 그러나 곧 토해냈다. 그다음 권총자살을 시도했다. 하지만 달려든 사람들에게 총을 빼앗겼다. 재판이 열렸다. 프린치프와 카브리노비츠 둘 다 범행 당시 미성년자였기 때문에 사형은 면하고 각각 20년과 15년 형을 선고받았다. 프린치프는 재판 도중에 이런 말을 했다.

"나는 모든 유고슬라비아의 통일을 추구하는 유고슬라비아 민족주의자다. 나는 유고슬라비아가 어떤 정치체제를 갖는가 하는 것에는 관심이 없지만, 유고슬라비아는 반드시 오스트리아로부터 자유로워져야 한다."

제1차 세계대전 중 감옥의 위생조건은 열악했다. 두 사람 각각 1918년과 1916년 결핵으로 숨졌다. 저격 지점에는 '지상에 평화'라는 팻말이 보스니아어, 세르비아어, 영어로 쓰여 있고 모리츠 쉴러 카페는 박물관으로 개조되어 사람들을 기다린다.

1913년, 프란츠 페르디난트 황태자는 정확하게 다음과 같이 예견했다.

"만약 오스트리아와 러시아가 전쟁을 벌일 경우, 합스부르크 왕조나 로마노프 왕조 어느 한쪽은 반드시 붕괴할 것이고, 양쪽 다 붕괴할 가능성도 적지 않다."

프란츠 요제프 황제는 그런 험한 결과를 눈으로 지켜봐야 할 만큼 오래 살지 못했다. 러시아 혁명은 1917년에 일어나고, 오스트리아-헝가리 이중제국의 해체는 1918년의 사건일 테지만, 프란츠 황제는 제1차 세계대전이 끝나기 2년 전인 1916년 86세 나이로 사망했기 때문이다. 상속권을 계승한 프란츠 페르디난트의 조카 카를 대공이 1916년

종조부 프란츠 요제프 황제의 뒤를 이어 제위에 올랐으나, 제1차 세계
대전이 끝난 1918년에 오스트리아에 군주제는 폐지되었다. 4년 뒤 합
스부르크가의 마지막 통치자 카를 1세는 망명지에서 사망했다.

프란츠 요제프 황제

프란츠 요제프 황제, "나에겐 되는 일이 없어"

1848년 혁명의 위협 속에 즉위한 프란츠 요제프 황제는 68년 동안 격동의 역사를 헤쳐나오면서 수많은 부침을 거듭했다. 그의 많은 잘못과 훌륭한 업적은 균형을 이루었다. 1852년 새 형법 제정, 1859년 통상 규제법, 1862년 상법 제정, 1880년대의 사회 입법 등은 모두 유럽 전역에서 높은 평가를 받은 입법과 행정의 본보기다.

프란츠 요제프 황제는 개인적인 차원에서는 매력적인 신사였지만, 합스부르크 왕가의 우두머리로서는 두려움의 대상이었다. 그는 왕가의 이익을 우선적으로 고려해 가족에 대한 태도를 결정했다. 1898년 9월 10일 엘리자베트가 제네바에서 암살되자, 그는 깊은 슬픔에 빠졌다. 야심찬 동생 막시밀리안은 멕시코 황제 자리에 앉았다가 혁명군에게 총살당하는 비극을 당했다.

아들과 부인과 황태자를 차례로 잃은 프란츠 요제프 황제는 세월이 갈수록 점점 더 고독해졌으나 딸들에게는 한없이 너그럽고 상냥한 아버지였으며, 자신의 기대에 충실한 왕가 사람들에게도 마찬가지로 친절했다. 빈의 부르크가르텐에는 모차르트가 서 있는 조각이 있는데, 그 뒤쪽으로 프란츠 요제프 황제 조각이 있다. 늙은 모습이라 힘이 없어 보인다. 프란츠 요제프 황제는 이렇게 탄식을 한 적이 있다.

"나에게는 되는 일이 없다!(Mir bleibt nichts erspart!)"

오스트리아-헝가리 이중제국의 교훈

합스부르크제국은 본래 독일인, 체코인, 이탈리아인, 남슬라브족 등을 포함하는 다민족 국가인데 내부 이민족들의 독립운동을 더 이상 억압할 수 없을 정도로 국력이 약해지자 결국 헝가리 왕국을 허락하는 대신 오스트리아 황제가 그 국왕을 겸임하기로 하면서 이름을 새롭게 붙였는데, 그것이 바로 오스트리아-헝가리 이중제국이었다.

19세기 중반 헝가리는 합스부르크제국으로부터 독립하려는 운동을 벌였다. 이에 대한 무마책으로, 1806년 신성로마제국이 해체된 후 그때까지도 헝가리 지역에 대해 통치권을 행사하던 오스트리아제국(Kaisertum Osterreich, Austrian Empire)은 1867년 국가 이름을 오스트리아-헝가리 이중제국(Austro-Hungarian Dual Empire)으로 바꿨다.

1국가 2정부 체제라고나 할까, 오스트리아제국(Kaiserreich, Empire)과 헝가리왕국(Konigreich, Kingdom)의 이중왕국(K&K)으로서, 군주는 한 명이지만 정부조직은 각각 수상을 두었고, 재무, 전쟁, 외교장관 외에는 장관도 별도로 두었다. 헝가리인은 정치, 언어, 문화에 관해 대폭적인 자치권을 획득했다. 1867년에는 연합축제가 열리고 프란츠 요제프 황제와 엘리자베트 황후의 대관식이 부다페스트에서 개최되었다.

그 후에도 오스트리아는 분리운동 저지를 위해 헝가리 지주계급에 대해 값비싼 대가를 계속 지불했다. 이윽고 다른 민족이 헝가리인과 마찬가지로 자치권을 요구하기 시작했다. 처음에는 체코인, 다음에는 이탈리아 북부 지역주민, 크로아티아인, 슬로베니아인, 폴란드인이 속속 들고 일어났다. 따라서 오스트리아-헝가리 이중제국의 진보파는 민족주의의 압력을 피하기 위해 이중제국 산하 전체 민족을 통합하기 위해 경제발전정책을 추진했다. 그것은 오늘날 러시아가 하고 있는 것과 꼭 같다.

그 결과 체코의 심장부 보헤미아 지역, 남부의 슬로베니아, 남동부의 크로아티아, 그리고 이탈리아의 트리에스트 등지에서 급격한 경제발전이 달성되었다. 오스트리아-헝가리 이중제국은 경제적으로 큰 성공을 거둔 반면 정치적으로는 참담하게 실패했다. 민족주의를 진정시키기는 커녕 오히려 불길에 기름을 붓는 꼴이 되었을 뿐이다. 각각의 민족은 경제적으로 풍요로워질수록 더욱 더 독립을 요구했다.

오스트리아-헝가리 이중제국은 1991년 붕괴되기 전의 소련제국보다도 훨씬 더 많은 것을 소수민족에게 양보했다. 해체되기 전 소련제국 내의 대학에서는 러시아어만이 사용되고 있었다. 그러나 오스트리아-헝가리 이중제국에서는 절반 정도의 대학이 독일어가 아닌 언어를 사용했다. 헝가리어, 체코어, 우크라이나어 등이 사용되었던 것이다. 의회에서조차도 민족별로 모든 언어를 사용할 수 있었다. 군대에서도 독일어는 몇 가지 명령어만 알면 그것으로 충분했다. 민족주의나 반식민지주의는 농민이나 노동자의 운동이 아니라, 소시민 특히 상인, 공장관리자, 자유업 등 교육받은 중산층의 운동이었다. 경제발전 혜택을 맨먼저 받는 자가 그들이었기 때문이다.

오스트리아-헝가리 이중제국은 1918년 제1차 세계대전 종전과 함께 종말을 보았다.

오스트리아-헝가리 이중제국이 동유럽에서, 영국이 식민지 인도에서, 그리고 소련제국이 1990년대에 성공하지 못한 일을 유고슬라비아가 성공하리라는 보장은 없다. 서구화가 진행되고 생활이 나아지고 이동의 자유가 인정되고 교육수준이 높아지면 사람들은 그만큼 민족주의자가 된다. 비록 속박의 굴레가 가볍다 할지라도 식민지라는 사실을 참을 수 없게 되는 것이다. 그것이 오스트리아-헝가리 이중제국이 우리

에게 가르쳐주는 교훈이다. 이민족 간의 갈등은 소득수준과 지식수준
이 높아질수록 더 심화된다는 것 말이다.

제1차 세계대전

오스트리아−헝가리 이중제국은 세르비아 정부에게 황태자 부부 암
살의 직접적인 책임을 물었다. 7월 23일 오스트리아 정부는 세르비아
정부에 가혹한 최후통첩을 전달했고, 세르비아 정부는 그것을 대부분
수용했다. 그럼에도 불구하고 암살이 있은 지 꼭 한 달 후인 1914년 7월
28일, 오스트리아는 세르비아에게 선전포고를 했고, 러시아는 슬라브
인을 돕는다는 명분으로 즉시 오스트리아에 선전포고를 했다.

독일이 오스트리아를 지원하면서 러시아에 선전포고를 하고, 독일의
앙숙인 프랑스는 러시아를 지원해 독일에 선전포고를 하고, 영국은 독
일의 벨기에 침입을 구실로 삼아 독일에 선전포고를 하자 갑자기 유럽
전체가 선전포고로 가득 차게 되었다.

전 유럽이 두 진영 가운데 어느 한편을 들었고, 그에 따라 유럽 대륙
은 전쟁에 휘말려 들어갔다. 전쟁에 참전한 독일의 어느 학생은 가족에
게 보낸 편지에서 다음과 같이 썼다.

"사랑하는 부모님, 당신들이 이와 같은 멋진 시절에 살아 있다는 것
에 자부심을 가져도 좋습니다. 그리고 사랑하는 당신의 자식을 영광으
로 가득 찬 전쟁에 보낼 수 있는 특권을 가졌다는 것을 기뻐하십시오."

에리히 레마르크의 1929년도 소설 『서부전선 이상 없다』가 그 참혹성
을 잘 묘사한 제1차 세계대전은 그렇게 낭만적으로 시작되었다. 전쟁이
확정되었을 때 유럽 전역에 예상치 못했던 이상한 현상이 나타났다. 전

유럽 국민들은 폭력행사를 해보기로 마음먹은 듯 보였고, 전쟁은 따분한 일상생활의 도피처로서 제격인 듯싶었다. 인명 살상과 재물 파괴 등 전쟁 해악에 대해서는 전혀 논의되지 않았고 어느 사회를 막론하고 들뜬 분위기가 만연했다. 심지어 전쟁 자체가 아름다운 일이며 인간의 숭고한 희생정신이 발휘될 유일한 기회라고까지 떠드는 무리도 나타났다.

민족주의 열기는 민족국가의 영광을 증명할 기회로써 전쟁을 환호했고 사람들을 흥분하게 만든 원동력이었다. 전장으로 나가는 군인들은 모험을 찾아 출발하는 탐험가로 여겨졌고 뭔가 멋있는 일을 해치울 수 있으리라 생각되었다. 빈 시민들은 1914년 7월에 시작된 그 전쟁이 금방 끝날 거라고 확신하면서 공동의 목표를 품고 제국의 깃발 아래로 모여들었다. 그러나 잔혹한 전쟁은 4년이나 지속되었고, 수백 년간 이어온 유서 깊은 합스부르크제국을 멸망시켰다. 슈테판 츠바이크는 이렇게 적었다.

"발칸반도의 작은 도시에서 울린 총성이, 우리가 교육받고 성장하고 편안하게 안주해온, 창조적인 이성과 안정이 지배하던 세계를 일거에 무너뜨렸다. 마치 질그릇이 박살 나버린 것 같았다."

민족분쟁이 왜 유럽 전체로 번지게 되었나?

여러 인종의 소수 민족 문제를 해결할 수 없었던 오스트리아-헝가리 이중제국은 국제적으로 복잡하게 얽혀 있던 지역인 발칸반도의 통치에서 특히 어려움을 겪고 있었다. 물론 소수 민족의 일부 이해심 많은 지도자들은 오스트리아-헝가리 이중제국으로부터 자기 민족을 분리시킬 생각까지는 하지 않았다.

하지만 어느덧 오스트리아-헝가리 이중제국의 지배층은 이러다가는 나라가 붕괴될지도 모른다는 불안에 휩싸이게 되었고, 소수 민족을 강제적인 힘으로 억눌러야겠다는 생각을 갖게 되었다. 보스니아-헤르체고비나는 오스만제국에서는 독립했으나 1878년 다시 오스트리아-헝가리 이중제국에 속해 있었으므로 특히 불만이 많았고 저항도 컸다.

게다가 러시아를 중심으로 점차 확산되고 있는 '범슬라브주의 운동'으로 인해, 동유럽의 슬라브 민족인 폴란드, 체코, 슬로바키아, 남슬라브, 불가리아인들이 단결하기 시작했다. 범슬라브주의 운동은 서구 문명보다 슬라브 민족의 문명이 더 우수하다는 점을 강조하고 있었다. 오스만제국과 합스부르크제국의 지배를 벗어나려고 몸부림치는 범슬라브주의 민족운동은 합스부르크제국을 특히 위협했다.

제국을 보존하고 지켜나가야 한다고 주장하는 지도층 세력들은 페르디난트 황태자가 세르비아 민족에게 목숨을 잃게 되자, 전쟁이라는 가장 강력한 방법을 쓰기로 마음먹고 선전포고를 하게 되었다. 그럼에도 불구하고 제1차 세계대전은 당사자인 오스트리아-헝가리 이중제국과 세르비아 민족 사이에 국한되어 일어나야만 했다. 그런데 왜 이 전쟁이 유럽 전체로 번지게 되었나?

이 질문에 대답하기 위해서는 당시 유럽의 세력판도를 이해해야 한다.

독일·오스트리아·이탈리아 3국 동맹

19세기 말부터 유럽은 이미 크게 두 개의 동맹세력으로 나뉘어 있었다. 동맹국을 많이 거느린 쪽이 전쟁을 먼저 일으킬 가능성도 컸던 것이다. 유럽이 두 개 세력으로 양분된 것은 독일이 민족국가를 세운 1871년 이후부터였는데, 그때부터 독일은 통일된 힘을 전 세계에 마음껏 드러 냈다. 1871년 이후 독일의 행보는 두 가지로 나눠진다.

한편으로 독일은 정치인, 지식인 등 지도층 사람들로부터 큰 지지를 받으며 슬라브 민족의 범슬라브주의 운동처럼 '범게르만주의' 운동을 전개하게 되었다. 게다가 1866년 오스트리아를 상대로 한 보오전쟁 (Austro-Prussian War 혹은 Unification War, the German Civil War)에서 예상을 뒤엎고 7일 만에 승리하고, 또 뛰어난 기술로 산업화에 성공하자 독일 은 자신들이야말로 세계에서 가장 우수한 민족이라며 도취하게 되었고, 19세기 말이 되자 식민지를 확대해야 한다고 주장하며 팽창정책을 추진했다.

다른 한편으로 독일 통일의 주역 오토 비스마르크 수상은 프랑스가 다시 강대국이 되는 게 두려웠기 때문에, 1871년 이후 독일 외교정책의 원칙을 국제사회에서 프랑스가 다시는 힘을 쓰지 못하도록 프랑스를 고립 시키는 데 중점을 두었다. 그리고 비스마르크는 유럽의 오래된 두 왕가, 즉 합스부르크 왕가와 러시아의 로마노프 왕조 사이에 분쟁이 일어나면 독일은 게르만 민족이 인구의 대부분을 차지하는 합스부르크제국을 지원 해야만 하고, 프랑스는 러시아를 지원할 것이 분명하다고 판단했다. 따 라서 1880년대 내내 비스마르크는 이탈리아, 오스트리아-헝가리 이중제 국을 묶어 3국 동맹(Triple Alliance, 1882~1915)이라는 비밀협정을 맺었다. 또한 독일은 러시아와도 비밀리에 동맹 관계를 맺었다. 비스마르크가 이 처럼 여러 나라와 동맹을 맺은 것은 국제 외교적으로 올바른 판단이었다.

그러나 1902년 이탈리아와 프랑스는 두 나라 중 하나가 제3국을 침공 할 때 다른 하나는 중립을 지킨다는 데 합의를 보았는데, 이 협정은 3국

동맹에 대한 이탈리아의 약속위반이었다. 그리고 이탈리아는 제1차 세계대전이 발발한 지 거의 1년 후인 1915년 5월 독일, 오스트리아-헝가리 제국과는 반대 진영에 참전했다.

1888년 29세의 혈기방장한 빌헬름 2세가 카이저 자리에 오르면서 사정은 급변한다. 빌헬름 2세는 정권을 잡은 후 전제정치를 실시하고, 해외시장의 획득과 해군 증강에 힘을 기울이는 등 해외로 뻗어나가기 위한 세계 정책을 폈다.

1890년 빌헬름 2세는 비스마르크를 축출하고 영국과 같이 제국주의로 가는 길을 선택했다. 젊은 황제는 독일을 세계적으로 높은 위치에 올려놓기 위해 주변 다른 나라들과 무력충돌하는 것을 조금도 두려워하지 않았다. 게다가 게르만 민족이 슬라브족보다 훨씬 우수하다는 점을 강조하고 1890년 러시아와의 동맹 관계를 파기하고는 독일과 오스트리아-헝가리 이중제국과의 관계만 중요하게 생각했다. 유럽의 안정은 갑자기 위기에 처하게 되었다. 빌헬름 2세의 정책은 결국 제1차 세계대전을 일으키게 했고, 빌헬름 2세 자신은 1918년 일어난 혁명으로 왕위에서 물러나 네덜란드로 망명했다. 그리고 평범하고 조용히 살다가 1941년 죽었다.

프랑스·영국·러시아의 3국 협상

1871년 이후 프랑스는, 독일의 성공적인 산업화, 독일 인구의 급격한 증가, 그리고 이탈리아와 오스트리아-헝가리 이중제국 사이의 동맹으로 포위를 당하자 독일 등뒤에 있는 러시아와 동맹 관계를 맺을 필요성을 느끼게 되었다.

따라서 1890년 독일과 러시아의 동맹 관계가 파기되자 프랑스는 당연히 러시아와 우호적인 관계를 맺기 위해 러시아에 접근했고, 프랑스 정부는 러시아의 근대화를 돕기 위해 자본을 공급하고 무기도 공급했다. 그 결과 1894년 프랑스와 러시아는 동맹을 맺게 되었다.

이 무렵 영국도 독일이 강한 해군을 만들려고 하자 긴장하게 되었고 독일이 급성장하는 것을 경계하고 있었다. 따라서 영국은 오랫동안 서로 경쟁자였던 프랑스를 동맹국으로 받아들이게 되어 1904년 영국-프랑스 협상이 이뤄졌다.

1905년 7월 29일 미국과 일본 사이에 맺은 가쓰라-태프트 밀약(Taft-Katsura Agreement)은, 일본은 미국이 필리핀을 식민지로 삼는 것을, 그리고 미국은 일본이 조선을 침략하는 것을 인정하는 조약이었다. 이 비밀 조약은 1925년 세상에 알려졌다

그러나 러일전쟁 이후 러시아는 나라 안의 혼란과 복잡한 문제를 우선 해결하기 위해 국제적인 문제는 조금씩 양보를 했다. 특히 아프가니스탄, 페르시아, 티베트 등을 영국에 양보한 것도 그 때문이었다. 러시아는 영국이 러일전쟁 때 일본을 도운 사실을 참기 어려웠으나 국내 혼란을 다스리고 또 국제사회가 모두 자기들 이익을 위해 세력을 지원하고 있다는 점을 이해했다. 그 결과 1907년 프랑스와 러시아, 영국과 러시아 사이에 협상이 맺어지고 3국 협상(Triple Entente)이 완료되었다.

콜리전 코스

다시 원위치로 돌아올 수 없다거나, 협상에서 더 이상 진전은 없고 결별의 순서만 남았다거나, 화해의 길이 없다거나 하는 지점에 이르렀

음을 의미하는 용어로 포인트 오브 노 리턴(point of no return)이 있다. 그리고 비행사들 사이에 콜리전 코스(collision course)라는 말이 있는데, 두 비행기가 방향과 속도 측면에서 어쩔 수 없이 정면충돌하게 되는 상황을 의미한다. 1914년 6월 28일 두 발의 총성이 포인트 오브 노 리턴이라면 그 전에 콜리전 코스는 무엇이었는가?

러시아는 옛날부터 터키를 압박해 러시아 군함이, 고대 그리스 사람들은 헬레스폰트로 불렀던 다르다넬스 해협을 통과해 지중해로 나가려는 오랜 꿈을 실현하려고 했다. 그동안 러시아는 영국 때문에 남하정책을 제대로 펴지 못했지만 3국 협상을 맺고 있기 때문에 러시아는 남하정책을 영국이 협조해줄 것으로 생각했다.

그러나 이번에는 뜻밖에도 오스트리아—헝가리 이중제국이 러시아의 지중해 진출을 못하도록 막고 나섰다. 러시아 외무장관 알렉산더 이즈볼스키는 러시아 군함의 다르다넬스 해협 통행권을 회복하기 위해 1908년 9월 15일 지금은 헝가리인 모라비아의 부클라우 성(Buchlau Castle)에서, 오스트리아—헝가리 이중제국이 보스니아—헤르체고비나를 합병하는 것을 승인했다(실제 합병은 1908년 10월 7일 이뤄졌다). 그리고 오스트리아—헝가리 이중제국은 러시아 함대가 다르다넬스 해협을 통과할 수 있는 항해권을 인정했다. 그러나 오스트리아—헝가리 이중제국은 다르다넬스 해협 개방에 적극적으로 영향력을 행사하지는 않았다.

러시아와 오스트리아—헝가리 이중제국 사이에 협상을 맺기로 된 상태에서 영국이 이를 가로막고 나섰고, 러시아는 다르다넬스 해협의 항해권을 얻지 못한 채 또다시 국제사회에서 외교적으로 망신을 당하게 되었다. 이렇게 되자 이즈볼스키는 단일 국가가 발칸반도를 지배하는 것을 방지하기 위해 러시아와 이탈리아 양국이 협력하기로 약속하고 1909년 협정을 맺었다. 그런 노력에도 불구하고 그는 1910년 9월에 해임되었고, 발칸 문제는 점점 더 꼬이게 되었다.

이 사건으로 가장 분노한 나라는 세르비아였다. 세르비아는 사실상 오스트리아-헝가리 이중제국의 지배를 받아왔으나 더 이상 예속을 원하지 않았고 또 전통적인 우방국 러시아의 태도에 실망했다. 세르비아는 오스트리아-헝가리 이중제국에 대항해 남슬라브인들의 단결을 강조하고 보스니아를 해방시키자고 외쳤다. 그 반면 오스트리아의 수도 빈에서는 세르비아를 멸망시키지 않으면 오스트리아-헝가리 이중제국의 존재가 위험하게 된다고 맞섰다.

요컨대 비스마르크의 외교정책은 전쟁을 좋아하는 오스트리아-헝가리 이중제국의 호전성을 가능한 한 억눌러서 유럽 평화를 지키려고 노력했다. 그러나 비스마르크가 물러난 이후 독일의 외교 정책은 바뀌게 되었다. 독일은 보스니아 문제에 대해 오스트리아-헝가리 이중제국을 지지하는 등 전쟁의 불씨를 키우게 되었고 전쟁을 향해 나아가게 되었다.

제1차 세계대전 직전의 빈

제1차 세계대전 발발 직전의 빈에는 합스부르크제국의 잔재가 아직 남아 있었다. 프란츠 요제프 황제도 아직 살아 있었는데, 프란츠 요제프 시대의 빈은 새로운 문학적 예술적 창의성이 절정에 이르렀다. 프로이트의 정신분석학이 주목을 끌었고, 소설가 슈테판 츠바이크와 철학자 루트비히 비트겐슈타인 등이 그 시기를 빈의 황금시대로 만들었다.

관능적이고 장식적인 구스타프 클림트와 에곤 실레의 그림이 유행했으며, 오스카 코코슈카 역시 클림트와 같이 빈 미술공예학교에서 공부했다. 그리고 클림트가 주도하는 새로운 예술운동인 유겐트스틸에 크로아티아 출신 조각가 이반 메슈트로비치와 슬로베니아의 건축가 요제 플레취니크가 동참하고 있었다.

두 차례의 발칸전쟁

제1차 세계대전에 앞서 발칸반도 국가들인 세르비아, 불가리아, 그리스, 몬테네그로 등이 오스만제국을 공동으로 공격해 제1차 발칸전쟁(1912~1913)을 벌였다. 그리고 1913년 후반 발칸반도 국가들끼리 파이 나누기 문제로 제2차 발칸전쟁(1913)이 일어났다. 당시 유럽의 주요 열강은 이 두 전쟁에 참가하지 않았다.

그러니까 발칸반도에서 제1차 발칸전쟁이 일어난 것은 바로 제1차 세계대전 전야였다. 발칸전쟁에서 이긴 세르비아는 알바니아 해안으로 진출하게 되어 오랫동안 꿈꿔왔던 바다로의 길을 얻게 되었다.

그러나 오스트리아-헝가리 이중제국은 세르비아로부터 압박을 받고 있는 알바니아를 독립 국가로 만들어주면 세르비아가 알바니아를 계속 넘볼 수 없게 된다는 계산을 했다. 1912년 11월 알바니아는 독립을 선언했고 오스트리아-헝가리 이중제국은 알바니아의 독립을 지지했다. 이런 사실이 알려지자 세르비아는 오스트리아-헝가리 이중제국에 대해 더할 수 없는 분노를 갖게 되었다. 그러나 힘을 잃은 러시아로부터 지원을 받을 수 없게 된 세르비아는 오스트리아-헝가리 이중제국과 전쟁으로 이어지지는 않았다.

제2차 발칸전쟁의 원인은, 불가리아가 오스만제국의 속국 마케도니아에서 세르비아보다 더 넓은 영토를 차지했기 때문이다. 1913년 6월 16일 세르비아는 그리스와 동맹을 맺어 불가리아에게 선전포고를 했고, 불가리아는 6월 29일 세르비아와 그리스에 선전포고를 해서 제2차 발칸전쟁이 시작되었다. 전쟁이 발발하자 루마니아와 오스만제국, 그리고 몬테네그로도 불가리아에 선전포고를 했다. 결국 불가리아는 7월 30일 루마니아의 수도 부크레스티에서 강화조약을 맺었고, 제1차 발칸전쟁에서 얻은 영토를 모두 잃었기 때문에 세르비아를 원망했으며, 나중에 제1차 세계대전이 발발하자 독일, 오스트리아-헝가리 이중제국 편에 서게 된다.

1908년 터키에서 청년투르크당이 주도한 혁명이 일어나자 그 해 10월 오스트리아-헝가리 이중제국은 슬라브인이 많이 사는 보스니아-헤르체고비나를 병합했고, 슬라브계 세르비아의 반오스트리아 기운에 기름을 부었다. 위협을 느낀 세르비아는 러시아 지원을 받아 발칸반도에서 기독교와 그리스 정교를 믿는 불가리아, 몬테네그로, 그리스 등을 규합해 발칸 동맹(이 용어는 1866~1868년 세르비아의 왕 미하일 오베르노비치가 남슬라브를 통합하려는 의도로 처음 사용했다)을 결성했다. 그러나 발칸 동맹의 최초 행동은 1912년 10월 8일 오스만제국과 제1차 발칸전쟁을 일으킨 것이었다. 그 결과 세르비아는 마케도니아 북부를 얻어 영토가 두 배로 커졌다.

1913년 6월 16일 불가리아는 전리품에 대한 불만으로 세르비아와 그리스를 공격했고 발칸 동맹은 해체되었다. 두 차례에 걸친 발칸전쟁 결과 세르비아 왕국은 마케도니아와 코소보를 차지했기 때문에 영토가 과거보다 세 배나 되었고, 결과적으로 불가리아가 많은 손실을 입는 것으로 끝났다.

이런 것들이 1914년 6월 28일 오스트리아 황태자 사건이 일어나기 직전까지의 국제 사정이었다.

독일과 러시아의 계산

이런 험악한 상황에서 1914년 6월 28일 오스트리아의 황태자 프란츠 페르디난트가 발칸반도 보스니아의 수도 사라예보를 방문하고 있었다. 군사적인 문제로 그곳에 간 것이다. 이때 오스트리아에 대한 원한에 사무쳐 있던 세르비아의 민족 단체 '검은 손'은 비밀리에 계획을 짰다. '검은 손'은 정식 명칭이 '통일 혹은 죽음(Unification or Death)'으로서 1911년 5월 9일 세르비아에서 결성되었는데, 범슬라브주의 운동의 행동대원이었다. '검은 손'은 이 기회에 페르디난트 황태자를 살해해 합스부르크제국 내에 긴장과 공포감을 자아내게 한 뒤 혁명을 일으키려는 계획이었다.

오스트리아-헝가리 이중제국은 세르비아를 공격하고 싶었던 차에 이런 엄청난 사건이 일어나자 이를 절호의 기회로 삼았다. 오스트리아-헝가리 이중제국은 동맹국 독일에게 이 사건의 내용을 자세히 알리고, 세르비아와 전쟁을 하게 해달라고 요청했다. 빌헬름 2세는 즉각 이를 허락했고 또한 이 전쟁을 하루속히 끝내 러시아와 영국 그리고 프랑스가 간섭할 기회를 주지 말아야 한다고 강조했다. 보스니아-헤르체고비나 사태로 인해 독일과 오스트리아-헝가리 이중제국은 더욱 가까운 관계로 발전되었고, 오스트리아-헝가리 이중제국과 세르비아는 전쟁을 일으키기 직전 상태에 놓이게 되었다. 1914년 7월 26일 오스트리아-헝가리 이중제국은 세르비아에 다음과 같이 통고했다.

"세르비아는 오스트리아의 황태자 부부를 살해한 엄청난 일을 저질 렀다. 우리 오스트리아는 이에 대한 모든 책임이 세르비아에 있음을 거듭 확인하면서 세르비아에 대해 전쟁을 선포할 계획이다. 이에 세르비아는 48시간 내에 우리들 계획에 답변을 하라. 만약 48시간 내에 아무런 답변이 없으면 그 뒤에 일어나는 모든 일에 대해서 세르비아가 책임을 져야 할 것이다."

세르비아는 오스트리아—헝가리 이중제국으로부터 이와 같은 통고를 받고 대책을 의논했다. 오스트리아의 황태자 부부 죽음이 세르비아의 책임인 것은 사실이었기 때문에 세르비아 정부로서도 변명할 길이 없었다. 국제 사회적으로 볼 때도 세르비아는 입장이 곤란하게 되었다. 세르비아는 오스트리아에 이 사건의 책임을 느끼고 있다고 전하면서 전쟁만은 피할 것을 요구했다. 세르비아는 요구사항의 대부분을 수용하고 나머지 문제는 국제회담으로 해결하자고 제안했다.

독일은 사건 전모를 파악하기 위해 독일 관리가 세르비아에 들어가야겠다고 주장했다. 세르비아는 그 제안을 거부했다. 오스트리아—헝가리 이중제국은 전쟁을 하지 않을 수 없다고 결론지었다. 오스트리아—헝가리 이중제국은 세르비아의 모든 제안을 거부하고 7월 28일에 선전포고했다.

이와 같은 상황에 러시아가 끼어들었다. 러시아는, 만약 오스트리아—헝가리 이중제국이 발칸반도로 세력을 계속 뻗치게 되면 러시아 국경선도 언제 무너질지 모를 위험한 상태에 놓인다는 계산도 했다. 러시아는 세르비아를 군사적으로 돕겠다고 선언했다.

독일은 전쟁과 평화를 선택해야 하는 기로에 서게 되었다. 그리고 전쟁을 하는 경우 일부 지역이냐, 혹은 일부 국가에 국한하느냐, 아니면 유럽 전체를 전쟁으로 몰고 가느냐도 판단해야 했다. 독일의 정치가들은 지금 당장 평화의 길을 간다 해도 앞으로 러시아가 근대화에 성공하게 되면 독일과 러시아가 대결하는 것은 불문가지라고 판단했다. 따라서 독일은 이 기회가 러시아의 세력과 의지를 꺾어놓기 위해 예비 전쟁을 할 만한 적당한 시기라고 결론 내렸다. 이 기회에 독일은 세계 최대의 강대국이 될 수 있다고 생각했다.

당시 모든 국가는 국민에게 전쟁에 필요한 모든 것을 뒷받침해주었고 참전을 독려했다.

"조국과 민족을 위해 죽는 것을 두려워하지 말라!"

1918년 초 독일군은 서부전선에서 연합군을 압도했고, 그해 봄에 세 차례 공세를 퍼부었다. 그러나 1918년 7월 15일부터 8월 6일까지 마른강(Marne River) 양안에서 펼쳐진 2차 마른 전투(Second Battle of the Marne, Battle of Reims)는 제1차 세계대전의 전환점이었다. 이 전투에서 승리한 연합군은 독일에 빼앗겼던 모든 지역을 9월 초 다시 찾았고, 가을이 끝나기 전에 모든 전선에서 승리했다. 9월 29일 불가리아가 항복했으며, 10월 30일 오스만제국이 휴전협정에 서명했다. 오스트리아-헝가리 이중제국도 11월 3일 휴전협정에 서명했다.

결국 독일 황제 빌헬름 2세는 1918년 11월 9일 황제 직위에서 물러나 11월 10일에 네덜란드로 망명하게 되고 1918년 11월 11일 독일의 항복을 전제로 연합국과 독일군과의 휴전이 이루어졌다. 독일은 연합군이 요구한 휴전조약을 받아들였고, 전쟁 중 점령했던 지역에서 철수했으며, 무기, 전함, 전쟁 물자를 연합군에 넘겨주었다. 그리고 연합군이 라인 강 유역의 독일지역을 점령하는 것을 허용했다. 또한 독일은 알자스, 로렌 등 많은 영토와 모든 해외 식민지를 잃게 되었고, 엄청난 보상금을 연합국에 지불하게 되었다.

오스트리아-헝가리 이중제국은 분리되고 영토도 줄어들었다. 제1차 세계대전 결과 유럽 황실들은 거의 몰락하게 되는데 러시아, 독일, 오스트리아, 오스만제국의 황실이 몰락했고, 그 반면 많은 민족국가들이, 예컨대 리투아니아, 에스토니아, 라트비아와 같은 국가들이 독립하게 되었다. 이로써 1914년 7월 28일 오스트리아의 세르비아에 대한 선전포고로 시작된 세계전쟁은 1918년 11월 11일 독일의 항복으로 4년 만에 끝이 났다.

제1차 세계대전으로 인한 피해는 엄청났다. 군인들 가운데 1,000만 명이 죽고, 2,100만 명 정도가 부상당했다. 재산 피해가 가장 컸던 곳은 프랑스와 벨기에였다. 전쟁으로 공장, 다리, 철로가 파괴되었으며, 서부전선은 탄피, 참호, 화학 물질로 황폐해졌다. 그리고 대전으로 인해 세계의 정치, 경제, 사회는 급변했다.

제1차 세계대전은 오스만제국, 오스트리아-헝가리 이중제국을 비롯한 여러 나라의 정부 토대를 흔들어놓았다. 오스트리아-헝가리 이중제국은 오스트리아, 헝가리, 체코슬로바키아 같은 독립 공화국과 이탈리아, 폴란드, 루마니아, 유고슬라비아의 영토 일부로 나누어졌다. 러시아와 독일도 폴란드에 영토를 넘겨주었다. 핀란드, 에스토니아, 라트비아, 리투아니아는 러시아에서 독립했다. 오스만제국의 아랍지역은 프랑스와 영국의 통제를 받고, 나머지 지역에서 터키공화국이 세워졌다. 이런 국제정치적 변화를 주도한 프랑스 총리 조르주 클레망소는 이렇게 표현했다.

"오스트리아는 여러 민족들이 독립하고 나서 어디에도 속하지 않고 남은 찌꺼기다."

그 후 오스트리아 제1공화국은 1938년 3월 13일 나치에게 점령당했고, 오스트마르크(Ostmark)라는 이름으로 '대독일 제국'의 일부가 되었다.

....

이슬람 이야기,
한 손에는 코란 다른 손에는 칼

발칸반도에 큰 영향을 미치고 있는 이슬람교, 이슬람교를 믿는 무슬림, 그리고 코란과 모스크에 대해 살펴보자.

아랍인의 시조 이스마엘

흔히 마호메트로 불리기도 하는 무함마드는 570년 메카에서 태어나 613년부터 자신의 사상을 넓히기 시작한다.

여기서 잠깐 말머리를 돌리자. 구약성서를 보면 아브라함은 오랫동안 부인 사라의 몸에서 자식을 얻지 못했다. 그러다가 몸종 하갈에게서 이스마엘을 얻었다. 그러다가 천사가 전하는 야훼의 말대로 100세 때 사라의 몸에서 이삭을 얻었다. 약속이 이뤄진 것이다. 이때 사라는 말한다.

"야훼께서 나에게 웃음을 가져다주셨구나."

여기까지가 창세기 21장의 말씀이다. 거꾸로 창세기 16장에는 이스마엘이 아랍인의 조상이 되는 과정을 보여준다. 사라가 임신한 하갈을 학대하자 하갈은 광야로 도망갔고 거기서 야훼가 보낸 천사를 만난다.

"야훼의 천사가 하갈에게 이르되 네 여주인에게로 돌아가서 그 수하에 복종하라. 야훼께서는 네 씨를 크게 번성하여 그 수가 많아 셀 수 없게 하리라. 네가 아들을 낳으리니 그 이름을 이스마엘이라 하라. 이는 야훼께서 네 고통을 들으셨음이니라. 이스마엘은 사람 중에 들나귀같이 되리니 그의 손이 모든 사람을 치겠고 모든 사람의 손이 그를 칠지며 그가 모든 형제와 대항해서 살리라. 하갈이 아브라함의 아들을 낳자 아브라함은 그 아들을 이스마엘이라 하였다. 하갈이 이스마엘을 낳았을 때에 아브라함은 86세였다."

이스마엘과 이삭 사이에 싸움이 잦게 되자 사라는 아브라함에게 하소연해 하갈과 이스마엘을 광야로 내보낸다.

"저 여종과 그 아들을 내쫓으세요. 저들이 내 아들 이삭과 함께 상속을 받을 수는 없어요."

하갈과 이스마엘은 사막으로 갔고, 아브라함의 맏아들 이스마엘은 아랍인의 선조가 되었다. 아랍인 역시 아브라함의 후손이지만 늘 열등감에 사로잡혀 있었다. 아라비아 반도와 소아시아에 널리 살고 있던 유대인은 경전 탈무드를 갖고 있었고 기독교인들은 성경을 갖고 있었지만, 당시까지도 아랍인들에게는 아랍어로 된 경전이 없었기 때문이다. 이때 무함마드라는 예언자가 나타나 유일신 알라를 외치며, 나중에 코란으로 집대성되는 말을 가르치기 시작했다. 수많은 아랍인들이 코란에 열광했다.

코란 혹은 쿠란

코란의 유래는 이렇다. 가브리엘 천사는 예언자 무함마드에게 알라의 명을 전한다. 무함마드는 글을 알지 못했으나 절대신의 말씀을 하나도 빠짐없이 운율에 맞추어 낭송했다. 무슬림은 그 말씀을 되풀이해 낭송했다. 코란(Quran, 혹은 쿠란)이라는 말 자체가 "읽는다", 즉 독경(讀經)이라는 의미다. 무슬림은 이슬람 성전 건물 안 벽에 우상이나 다른 그림을 새기는 것을 금지하고 코란 구절을 새겨넣는다.

오늘날 무슬림이 읽고 있는 114장 6,236절로 된 코란은 무함마드가 사망한 지 20년이 지나고 제3대 칼리프 우트만 이븐 아판 시대에 양피지, 가죽, 야자나무 껍질, 나무 조각 및 낙타의 몸 등 여러 군데 흩어져 쓰여 있는 구절들을 모아 비단과 파피루스에 다시 수록해 기본경전으로 만든 것이다.

기독교교회가 그리스도의 말을 믿는 자들을 신자(信者) 혹은 성도(聖徒)라고 부르는 것과 같이 알라의 뜻을 따르는 자들을 무슬림(Muslim)이라고 불렀다. 무슬림의 첫 번째 의무는 '부의 공평한 분배'를 이루는 무슬림 공동체 움마(Ummah, 이슬람의 집)를 건설하는 것이었다. 오늘날도 정통파 무슬림은 교단의 지도자 개인에 대해서가 아닌 '움마'에 권위를 부여한다. 그다음 의무는 코란을 받아들이도록 포교활동을 하는 것이다. 그것이 "한 손에는 코란, 다른 손에는 칼"로 변환되었고 더 나아가 지하드(Jihad), 즉 성전(聖戰)으로 발전되었다. 지하드는 마음, 혀, 손, 칼의 네 가지 과정을 거친다. 우선 악마의 유혹을 이겨내어 자신의 마음을 정신적으로 정화한다. 혀와 손을 통해 이슬람의 경전을 전파한다. 마지막으로 코란을 믿지 않는 적들에 대항해 전쟁을 치르는 것이다.

칼리프, 술탄, 이맘

눈 밝은 독자는 앞에서, 오스만제국의 메메트 6세가 제36대 술탄이 되었으나 1922년 술탄 직위가 폐지되어 최후의 술탄이 되었고, 압둘메시드 2세가 칼리프가 되어 오스만제국의 최후 통치자가 되었다고 한 것을 기억할 것이다. 그러면 이슬람교 지역 국가들 또한 최고지도자를 지칭할 때 칼리프 혹은 술탄이라고 부르는데, 그 차이는 무엇인가?

1922년 11월 1일, 터키 의회는 터키가 공화국임을 선포하고 술탄제를 폐지했다. 1924년 3월 3일, 세속주의를 표방한 케말 파샤와 국민의회 뜻에 따라 칼리프 압둘메시드 2세가 이스탄불을 떠난다. 최고 통치자를 의미하는 칼리프라는 용어가, 632년 무함마드 사후 최초로 칼리프가 된 아부 바크르 이후 1392년 만에 사라진 것이다.

기독교는 권력이나 재물을 "시저의 것은 시저에게, 하느님의 것은 하느님에게" 드리는 종교이므로 세속 통치자와 교회 통치자는 다르다. 그러나 이슬람교는 기본적으로 정교일치 혹은 신정일치(神政一致)다. 이슬람 국가에서는 종교 공동체 우두머리가 곧 정치와 사회 공동체 우두머리다. 이슬람 국가에서 지도자는 공동체를 외부의 적으로부터 막아야 하고, 또한 공동체가 올바른 종교생활을 해 내세에서 구원받도록 이끌어야 한다. 따라서 그는 군대와 알라를 동시에, 달리 말해 "한 손에는 코란, 다른 손에는 칼"을 드는 것이다. 이와는 반대로 기독교 국가에서는 "한 손에는 성경, 다른 손에도 성경"이므로 칼을 들 수가 없다. 칼은 왕이나 황제의 몫이다.

이슬람 국가에서 그런 '신도들의 우두머리'이자 '알라 전령의 후계자(Successor of messenger of Allah)'가 바로 칼리프(Islamic Caliphate)다. 칼리프는 처음에는 무함마드가 속해 있던 꾸라이쉬 부족 출신이어야만 했고 도덕적으로도 신앙적으로도 학식과 덕망이 높아야 했다. 하지만 그런 칼리프가 계속 나올 수 없었고 오래 가지 못해 가장 힘센 자가 칼리프가 되었다. 그리고 칼리프에게 권한은 주어졌으나, 비잔틴제국의 황제나 페르시아의 샤, 중국의 천자와 같은 위세는 주어지지 않았다. 부족장을 부족민 회의로 선출하던 전통 아랍 유목사회의 풍습이 이슬람 초기 시기까지 전해졌는데, 이것은 칼리프의 세습적인 선출과 전제적인 통치를 부정했기 때문이다.

아부 바크르에 이어 제2대 칼리프 우마르, 제3대 우트만, 그리고 제4대에는 무함마드의 사촌이자 사위 알리가 칼리프가 되었다. 알리는 수니파에서는 네 번째 선출된 정통 칼리프로, 그리고 시아파에서는 첫 번째 칼리프로 친다.

661년 무아위아 1세가 알리를 제거하고 우마이야 왕조를 세우고 칼리프를 세습제로 만들었다. 우마이야 왕조 다음에 아바스 왕조, 그리고 셀주크 투르크 역시 칼리프를 세습 지도자로 삼았다. 세월이 흐르면서 칼리프의 권위는 차츰 쇠락해져서, 신도들의 우두머리 혹은 예언자의 대리인이라는 칭호는 예배 때만 불려지고 허망한 칭호가 되고 말았다.

이때 등장한 것이 바로 술탄(Sultan)이다. 칼리프는 정치, 사회, 종교 이슬람 공동체의 모든 면을 총괄하는 직위이지만 술탄은 정치, 사회적인 세속적인 측면만 다스리고 도덕적인 자격요건은 없었다. 술탄은 힘만 강하면 됐다. 술탄이라는 칭호를 처음으로 지도자라는 의미로 사용한 사람은 오스만제국의 무라트 1세였다.

1517년, 셀림 1세가 이집트의 맘루크조를 무너뜨리고 맘루크들이

옹위한 아바스 칼리프에게서 칼리프를 양도받음으로써 오스만제국의 술탄은 칼리프로도 칭하게 된다. 그러나 오스만제국이 강할 때는 칼리프 칭호에는 관심이 없었다. 1774년 러시아와의 전쟁에서 패해 크림지역에 대한 종주권을 상실한 오스만제국의 술탄은, 체면을 지키기 위해 러시아 허가를 받아 크림 지역 무슬림에게는 칼리프로 통했다. 술탄과 칼리프는 각각 1922년과 1924년 종말을 맞았다.

이에 비해 이슬람 국가에서 이맘(Imam)이라는 칭호는 지금도 사용되고 있다. 가장 넓은 의미로 이맘은 무슬림에게 최고로 중요한 의무 중의 하나인 집단 예배를 볼 때 신도들을 지도하는 역할을 맡는 사람을 가리키는 호칭이다. 이때 이맘은 상임 역할이 아니고, 금요일 예배와 같이 사람들이 모스크에 모여서 집단 예배를 할 때 모인 신도들 중에서 예배의 모범이 되는 자를 이맘으로 삼게 되어 있다. 금요일 예배 등 집단적인 예배를 하는 종교적으로 중요한 날에는, 예배에 앞서 '후트바'로 불리는 설교를 하티브가 실시하는데, 이맘이 하티브를 겸하기도 한다. 시아파는 수니파와 달리 무함마드의 혈육을 중시해 알리를 제1대 이맘으로, 그의 아들 하산 이븐 알리를 제3대 이맘으로 삼고 있다. 그러니까 이슬람 국가의 경우 이맘은 일반적인 종교지도자 의미로도 사용되고 시아파 국가인 이란에서는 국가의 실질적인 권력자를 지칭하기도 한다.

지하드와 구에라 산타

'성전(religious war)'을 무슬림은 '지하드'라고 부르고 이탈리아에서는 '구에라 산타'라고 한다. 지하드는 7세기에 형성된 개념이다. 구에라 산타는 지하드보다 앞서 5세기에 어거스틴 성인이 '정의로운 전쟁

(guerra justa, Just War)' 개념을 기독교 세계에 제시했고 13세기에 토마스 아퀴나스 성인이 이를 더 정교하게 '성전(guerra santa)'으로 다듬어 교황이 가톨릭 국가를 통제할 때 사용했다. 그러니까 '지하드'와 '구에라 산타'는 각각 알라와 하느님을 믿는 일신교에서 일어나는 전쟁 개념이었다. '성전'의 대표는 십자군전쟁이다.

교황 우르바누스 2세는 1095년 11월 27일 프랑스 클레르몽에서 공의회를 소집했다. 많은 군중 앞에서 교황은 감동적인 목소리로, 그러나 준엄하게 말했다.

"하느님이 십자군전쟁을 원하신다. 그리스도의 십자가는 너희들 구원의 상징이며, 너희들은 거기에 거룩한 서약을 한 증거로 가슴과 어깨에 진홍빛 십자 문장을 달 것이다."

이번에는 군중들이 호응했다.

"하느님이 그것을 원하신다."

1096년부터 1291년까지 약 200년에 걸쳐 여덟 차례 추진된 십자군원정은 그렇게 시작된 것이다.

무슬림은 다른 유일신의 계시에 대한 믿음을 고백한 사람들, 예컨대 기독교도와 유대교도, 그리고 조로아스터교도 등을 특별하게 취급했다. 그들은 이슬람으로 개종하지 않는다 해도 만약 이슬람 통치에 순종해 지지아(jizyah)라는 인두세와 하라즈(Kharaj)라는 토지세를 물면 생존을 보장했다. 그런데 이슬람 법규에는 이슬람교도 집안 태생이거나 이슬람교 개종자들만이 토지를 소유할 수 있다. 이에 자극받아 비이슬람교도들 중에는 농토를 보존하기 위해서 이슬람으로 개종하게 된다. 개종한 경작자들은 그들 생산액의 10분의 1에 해당하는 세금 우슈르(ushr, 십

일조)를 내야 했다. 그러나 이슬람제국을 다스린 첫 번째 칼리프 왕조인 우마이야 왕조(Umayyad Dynasty, 661~750)는 점차 재정문제가 심각해지 자 개종자들 소유지에 우슈르와 별도로 하라즈라는 것을 부과했다.

개종자들은 이를 이슬람의 평등 원칙에 위배된다고 느꼈다. 결국 하 라즈 징세가 불만의 원인이 되어 747년 반란을 초래했고 우마이야 칼리 프 왕조의 몰락을 촉진시켰다. 그 뒤를 이은 아바스 칼리프 왕조의 초 기 몇 년 동안 하라즈 징수는 폐지되었다. 하지만 어떤 지역이나 사람이 인두세 지즈야와 토지세 하라즈 둘 다 납부를 거부하면 무슬림은 지하 드, 즉 성전을 선언하는 것이다.

이슬람교 파벌

기독교교회도 로마가톨릭, 동방정교회, 프로테스탄트, 영국국교회 (성공회) 등이 있고 프로테스탄트도 루터파, 칼뱅파 등 여러 분파가 있는 것처럼 무슬림에도 여러 파가 있다.

무함마드는 610년 40세에 신의 계시를 받아 메카에서 포교하지만 메 카의 기존 지배계급의 박해를 받아 메디나로 탈출하게 되는데, 이것을 이슬람에서는 헤지라(hejira)라고 한다. 메디나에서 세력을 규합한 무함 마드는 신정일치 사회를 만들며 급격히 세력을 확대한다. 무함마드 사 후 후계자 문제를 둘러싸고 메카 지역의 무슬림은 모하메드의 신뢰를 받던 동료 아부 바크르를 후계자 칼리프로 삼았다. 이들이 다수파인 수 니파(Sunni)다.

그러나 이슬람 제2의 성지 메디나에서는 무함마드의 사촌이자 무함 마드의 딸 파티마와 결혼한 알리(Ali ibn Abi Talib)를 지도자로 삼았다. 이들이 소수파인 시아파(Shi'a)인데, 그들은 영적지도자를 이맘(Iman)이라고 불렀다.

초기 시절 무슬림 공동체에는 더 많은 파벌이 생겼다. 예컨대 코란을 엄격히 따르지 않는 하리즈파(Kharijit), 행위보다는 올바른 믿음을 더 강조하는 무르지파(Murji' it), 인간의 예정운명을 부정하고 인간의 책임을 강조하는 카다르파(Qadarit), 이슬람의 전통적인 율법은 존중하되 일체의 형식은 배격하는 수피파(Sufi order) 등이 있다.

이슬람교 법규와 모스크

이슬람의 주요 법규에는, 첫째 무슬림은 신앙고백(shahadah)을 해야 하고, 둘째 1일 5회 예배(salat)를 보며, 셋째 이슬람력 제9월 라마단 동안에는 금식(sawm)해야 하고, 넷째 기부(zakat)를 해야 하며, 다섯째 일생에 한번 메카 순례(hajj)를 해야 한다는 것 등을 정해두고 있다.

무슬림이 집단으로 예배를 보는 교당을 모스크(Mosque) 혹은 마스지드(masjid, Masjud)라고 하는데, 대부분 미나레트(minaret 혹은 ma' dhanah)라고 부르는 뾰족탑과 함께 있다. 기도시간은 아단(adhan)이라고 하며, 새벽기도(fair), 정오기도(dhuhr, zuhr), 오후기도(asr), 일몰기도(maghrib), 그리고 밤기도(isha'a) 다섯 차례가 있다. 아단이 되면 그것을 알리는 무에진(muezzin, mu'azzin, 혹은 muzim)이 미나레트에 올라가 큰소리로 외친다. 미나레트는 사막을 가는 사람들에게는 밤사막의 등대 역할도 한다.

모스크 주변에는 무슬림 교육기관도 함께 있는 경우도 많다. 아랍어 초등학교인 마크타브(maktab 혹은 kuttab)는 주로 코란 암송, 읽기, 쓰기, 문법 등을 가르치는 대중교육기관이다. 또 다른 교육기관인 마드라사

(madrasah 혹은 medrese)는 코란 외에 신학과 법학, 아랍어 문법, 수학, 문학, 논리학, 자연과학 등을 가르친다. 이곳의 수업료는 없으며 기숙시설과 의료혜택이 주어진다.

한 손에는 코란 다른 손에는 칼

고대 로마제국의 확장 속도도 놀랍고 로마가톨릭의 전파속도도 대단했지만, 이슬람의 등장과 보급속도 또한 그보다 조금도 못하지 않다.

무슬림은 7세기 아라비아의 모래사막에서 목초지와 오아시스를 오가던 유목민족에 불과했지만 9∼10세기 정복시대부터 서서히 인구가 증가해 소아시아, 중앙아시아 파미르 산맥, 이집트, 북아프리카 지역, 인도내륙, 발칸반도, 스페인 남쪽 이베리아 반도 등을 이슬람화했다.

피레네 산맥을 넘어 프랑스 중추부까지 진출한 이슬람 군대는 732년 10월 10일 투르-푸아티에 전투(Battle of Tours, Battle of Poitiers)에서 패배했지만, 동방에서는 751년 중국의 당나라 군대를 괴멸시키고 중앙아시아의 지배권을 확보했다. 아바스 왕조(Abbasid Dynasty, 750∼1258)의 초기 100년간은 칼리프 정권의 전성기였다. 921년 이후 볼가 강 중류의 불가르족이, 이어서 960년 이래 텐산 남북로의 투르크족이 이슬람교를 받아들였다.

그때까지 이란인이 중심이었던 이슬람 세계의 중심 세력은 이 무렵부터 투르크족으로 이동했고 10세기 말부터는 투르크계가 확고하게 기반을 다졌다. 동아프리카에는 740년 무렵부터 이슬람교가 퍼지기 시작해 1010년경에는 사하라 사막을 넘어 니제르 강변의 수단 서쪽 지방에 있는 흑인 왕국에까지 이슬람교가 퍼졌다.

1071년 8월 26일 아르메니아의 만지케르트 전투(Battle of Manzikert)에서 셀주크투르크군은 비잔틴군을 격파했다. 이때부터 서아시아의 이슬람화와 투르크화가 시작되었고, 그에 대한 반동으로 일어난 것이 11세기 말에서 13세기 말까지 거의 2세기에 걸친 십자군전쟁이다.

1401년 칭기즈칸의 후예 티무르에게 수도 다마스쿠스가 함락되고 셀주크투르크를 뒤이어 오스만투르크, 즉 오스만제국은 발칸반도로 진출해 1453년에는 콘스탄티노플을 공략, 비잔틴제국을 멸망시키고 북쪽으로 세력을 확대해갔다.

하지만 이베리아 반도에서는 상황이 달라서 1493년 기독교 국가인 스페인의 반격으로 무어인의 최후 거점 그라나다가 함락되고 무슬림은 북아프리카로 후퇴하게 되었다. 인도에 정착한 무슬림은 말레이, 인도네시아, 필리핀으로 퍼져나갔고, 동남아시아의 이슬람화는 16세기에 거의 완료되었다.

살라딘과 사자왕 리처드

신정일치의 무슬림은 661년 다마스쿠스를 수도로 정한 우마이야 왕조가 시작되면서 국가형태를 갖게 된다. 그 전까지 이슬람국가는 사라센(Saracen)으로 불렸는데 이것은 국가라기보다는 무슬림 공동체였다. 특히 북아프리카의 사라센은 주로 해적질로 생계를 해결했기 때문에 사라센은 해적과 동의어가 되었다.

그 후 아바스 왕조는 수도를 바그다드로 옮겼고, 카이로를 수도로 한 파티마 왕조(Fatimid Dynasty, 975~1171)로 이어졌다. 파티마 왕조의 정치적 문화적 분열은 이슬람제국의 몰락과 십자군 진출로 이어졌다. 이 무렵부터 셀주크(Seljuk) 가문이 이끄는 투르크 부족이 수니파 무슬림으로 개종해서 이슬람 세력의 중심부를 차지하게 된다.

처음에는 페르시아 왕조의 용병으로 있었으나 점차 독자 세력을 확대한 셀주크투르크 왕조(Seljuk Dynasty, 1037~1194)는 11세기부터 14세기까지 중앙아시아와 중동 일대를 다스렸다.

1092년 셀주크 왕조는 형제와 아들들 사이에 권력 투쟁이 벌어지고, 셀주크의 분열을 틈타 1095년 제1차 십자군이 침공해왔다. 그 후로도 일곱 차례 십자군 전쟁이 있었고 1279년 시작한 제8차 십자군 원정에서 십자군 최후의 보루 아크레(Acre)가 1291년 함락되자 십자군전쟁은 막을 내린다.

영국의 사자왕 리처드와 이슬람의 영웅 살라딘이 맞붙은 것은 제3차 십자군 전쟁이었다.

잠시 앞질러 이야기하면, 1192년 사자왕 리처드는 십자군 전쟁을 끝내고 귀국길에 (앞으로 우리가 구경하게 될) 두브로브니크 앞바다에서 난파당해 두브로브니크 사람들에게 구조되었는데, 감사의 뜻으로 두브로브니크 대성당을 건축할 자금을 기부했다고 한다.

살라딘은 아랍인이 아니라 투르크족이었다. 살라딘은 1192년 리처드 1세가 십자군 원정에서 퇴각한 후 오래 지나지 않아 1193년 3월 4일 다마스쿠스에서 눈을 감았다. 살라딘의 금고를 열어본 사람들은 그의 재산이 장례식을 치르기에도 부족한 정도의 수준임을 보고 놀랐다. 그는 대부분의 재산을 어려운 이들을 돕는 데 사용했던 것이다.

그의 무덤은 시리아 다마스쿠스의 우마야드 모스크 북서쪽 모퉁이에 있는데, 많은 관광객들을 끌어들이고 있다. 단테는 살라딘을 미덕을 갖춘 이교도로 묘사했다. 리처드 1세는 살라딘을 이슬람 최고의 지도자라고 여겼는데, 두 사람은 서로 존경하고 또 선물을 교환하며 지냈지만 직접 대면한 적은 없다.

에디르네

오스만제국의 제2대 술탄 오르한 1세는 터키 일대, 즉 아나톨리아를 정복하고 수도를 이스탄불을 마주보는 부르사(Bursa)로 옮기고 비잔틴 제국과 여러 차례 싸워 승리해, 제국의 기초를 닦았다.

오르한 1세의 장남이 일찍 죽자 차남 무라트 1세가 제3대 술탄이 되었다. 그는 부친 명에 따라 발칸반도에서 군사행동을 계속하고 또 오스만제국의 영토를 크게 확장했기 때문에 '제왕(Hudavendigar)'이라는 칭호로 불리게 된다. 1365년 무라트 1세는 아드리아노폴리(Adrianopli)를 정복하고 이름을 에디르네(Edirne)로 바꾸고 수도로 삼았다. 에디르네는 터키 영토 서쪽 끝에 있으며 이스탄불 서북쪽 발칸반도 깊숙이 있다.

'에디르네'는 원래는 그리스어로는 '하드리아노폴리스(Hadrianopolis)'였다. 로마제국 전성기 황제였던 하드리아누스 황제가 건설한 도시기 때문이다. 그다음 중세 때는 이탈리아어로 아드리아노폴리(Adrianopoli)로 불렸다. 지명도 시대에 따라 달라지는 것이다.

에디르네를 거점으로 무라트 1세는 발칸반도 영토를 계속 확장해 헝가리, 세르비아, 불가리아 왕국 등과 전쟁을 했고, 1385년 불가리아의 수도 소피아를 함락시켰으며, 발칸반도 대부분을 오스만제국 영토로 편입시키며 비잔틴제국 황제에게 공물을 바칠 것을 요구했다.

코소보 전투

1389년 6월 15일 성 비투스(St. Vitus' Day)의 날 코소보 전투(Battle of Kosovo)가 벌어졌다. 오늘날 코소보의 수도인 프리스티나(Pristina)에서 5킬로미터 떨어진 코소보 평야에서 세르비아 기독교 군단을 이끌고 온 세르비아의 장군 스테판 라자르 흐레벨리야노비츠와 무라트 1세가 맞섰다.

무라트 1세의 병력은 4만 명으로 추산되고 라자르의 군대는 3만 명으로 추산되었다. 전투는 치열했다. 이 전쟁에서 나중에 '번개(Yildirim)'라는 별명을 얻은 무라트 1세의 아들 바예지드 1세가 큰 역할을 했다. 무라트 1세와 스테판 라자르 둘 다 이 전투에서 죽었는데, 물론 최후의 승자는 오스만제국이었다.

1년 후 세르비아 왕국은 북쪽 헝가리로부터 위협을 받자 오스만제국의 속국이 되기로 합의하고 제4대 술탄 바예지트 1세가 라자르 왕의 딸 올리베라 데스피나를 첩으로 맞아들였다. 그리고 라자르 왕의 아들 스테판 라자레비치를 세르비아의 새로운 지도자로 임명했다.

「코소보의 처녀」 혹은 「블랙버드 필드의 처녀」

세르비아 사람들이 즐겨 암송하는 시가 「코소보의 처녀(The Kosovo Maiden)」 혹은 「블랙버드 필드의 처녀」(Maiden of the Blackbird Field)다. 1389년 코소보 전투 당시 한 아름다운 젊은 처녀가, 그곳 사람들이 '검은 새의 들판'이라고 부르는 코소보 평야에서 전투 중 부상당한 병사들을 돌봐주고 있었다. 그러면서 자신의 약혼자, 대부, 그리고 지휘관 라자르 장군을 찾아다녔다. 그러나 결국 그 세 사람 모두 죽었다는 사실

을 알게 된다는 슬픈 이야기.

　전투가 끝난 후 그 들판에는 두 종류의 사람이 있었다. '서 있는 사람'과 '누워 있는 사람'이었다. 전자는 산 자이고 후자는 죽은 자들이었다. 그들이 기독교도이든 무슬림이든 간에 공통점은 단 하나였다. 모두가 남자였다는 것이다. 그러나 단 한 명의 처녀가 이 전투에서 숨진 술탄 무라트 1세의 아들 바예지트 1세 앞에 끌려왔다. 준엄한 심문이 뒤따랐고, 그 처녀의 행적이 밝혀졌다. 바예지트 1세는 그 처녀를 말없이 풀어주었다.

　이 이야기는 여인의 행동의 상징이 되었고, 발칸 사람들에게 애국심을 불러일으켰다. 이 내용을 시인은 시로써, 메슈트로비치는 1907년부터 시작해 「코소보의 처녀」 시리즈 조각으로, 그리고 1919년 우로스 프레디치는 그림으로 표현했다.

"코소보의 처녀는 일찍 일어나네, 일요일 아침인데도, 해 뜨기 훨씬 전에,

하얀 옷소매를 부드러운 팔꿈치 위까지 걷어올리고, 양쪽 어깨에는 맛있는 흰 빵을 메고,

두 손에는 반들반들 빛나는 황금빛 물병과 술병을 들었네,

물병에는 시원한 물을, 술잔에는 붉은 포도주를 담았네,

전투가 벌어지는 넓은 코소보 들판으로 가서, 피 흘리며 죽은 영웅들 사이로 장군을 찾으려 했네, 그러다가 살아 있는 한 병사를 만나 그에게 시원한 물을 먹여주고,

사제들이 하는 것처럼 붉은 포도주를 한 모금 주었네, 하얀 빵을 마치 성체 성사를 주듯 입에 넣어주었네."

바예지드 1세와 티무르

바예지드 1세는 세르비아, 보스니아, 왈라키아(루마니아 남부 평원 지역) 등을 굴복시키고 발칸반도 대부분을 점령했고, 동로마제국의 수도 콘스탄티노플을 포위하기 위해 보스포루스 해협에 여러 성채를 쌓았다. 바예지드 1세의 위협을 받자 동로마제국은 서유럽에 도움을 요청했다. 하지만 1396년 9월 25일 서유럽의 연합군대는 니코폴리스 전투(Battle of Nicopolis)에서 오스만제국 군대에게 격파당하고 말았다.

바예지드 1세가 아나톨리아에 할거하던 투르크 민족의 여러 토후국을 차례로 병합해 나아가자, 아나톨리아의 토후국들은 1400년 아나톨리아

로 진격한 티무르에게 의지하게 되었다. 1402년 7월 20일 바예지드 1세는 앙카라 전투(Battle of Ankara)에서 티무르에게 대패해 포로가 되었고, 다음해 1403년 앞서 이야기한 대로 울분 속에 감옥에서 병사했다.

바예지드 1세의 아들 메메트 1세는 제5대 술탄이 되어 분열된 오스만제국을 다시 통일했으며, 발칸반도에서의 지배권도 다시 확립했다. 그는 무장이었을 뿐만 아니라 오스만제국 최초의 문학애호가였다. 1421년 메메트 1세가 사망하고 아들 무라트 2세가 오스만제국의 제6대 술탄이 되었다. 메메트 1세는 술탄의 지위를 놓고 다른 형제들과 다툼을 벌이면서 동로마제국의 원조를 받았고 동로마제국과 오스만제국은 동맹 관계가 되었다.

그러나 메메트 1세의 아들 무라트 2세는 비잔틴제국과의 동맹을 파기하고 비잔틴제국의 수도 콘스탄티노플을 포위했다. 하지만 비잔틴제국의 마누엘 2세 팔라이올로고스가 아버지의 은인이고 또한 훌륭한 지식인이었기 때문에 무라트 2세는 오스만제국에게 유리한 평화조약을 맺고 퇴각한다. 이 조약으로 비잔틴제국은 오스만제국에게 복종하고 조공을 보내게 된다.

사도 바울의 도시 테살로니카

무라트 2세는 아나톨리아 서부 투르크 민족의 토후국에 대한 오스만제국의 지배권을 재확립한 후 1430년부터는 발칸반도로 관심을 돌려 5년간의 싸움 끝에 베네치아 공화국이 지배하던 그리스 북부 거점도시 테살로니카(지금의 Thessaloniki, 역사적으로 Salonika, Thessalonica로 바뀌었다)를 점령했다.

테살로니카의 운명도 기구했다. BC 316년 알렉산더 대왕의 누이 이름을 딴 이 도시는 로마 식민국인 마케도니아의 수도가 되었다. 사도 바울로가 이곳 주민들 앞으로 2통의 편지(51년경 쓰인 최초의 신약성경으로 그리스도와 예수 그리스도의 영광스런 재림과 그리스도의 승리를 논한다)를 썼다. 732년 비잔틴제국의 황제 레오 3세가 성상(聖像, Icon)을 숭배하지 못하게 하고 성상파괴(iconoclasm)를 명령했지만 테살로니카는 성상사용을 계속했고 그것들이 파괴되지 않도록 노력했다.

테살로니카는 뒤이어 불가리아인, 노르만족, 기타 민족들의 침략을 받았고 1246년 비잔틴제국에 넘어갔다. 그 후로도 투르크인에게 계속 시달림을 받다가 1423년 베네치아에 양도되었으나 1430년에 투르크의 술탄 무라트 2세에게 다시 점령되었다. 그때 발생한 대학살로 급격히 줄어든 인구는 당시 스페인에서 쫓겨들어온 2만 명의 유대인들로 인해 겨우 회복되었다. 이곳은 계속 오스만제국의 도시로 남아 있다가 1913년 그리스 군대에게 함락되어 부쿠레슈티 협정에 따라 그리스 왕국에 양도되었다.

성상파괴운동

8~9세기에 동로마제국에서는 성상파괴운동이 일어났는데, 그것은 성상에 대해 예배를 할 것인가 말 것인가를 둘러싼 논쟁의 결과였다. 비잔틴제국 황제는 성상 예배를 금지했고 많은 성상을 파괴했다. 이야기는 이렇게 시작된다.

730년 비잔틴제국 황제 레오 3세는 모세의 십계명 중 제2계명 "너를 위해 새긴 우상을 만들지 말고 또 위로 하늘에 있는 것이나 아래로 땅에 있는 것이나 땅 아래 물속에 있는 것의 아무 형상이든지 만들지 말며 그것들에게 절하지 말며 그것들을 섬기지 말라"를 근거로 해서 성상숭배를 금하는 성상금지령을 발표했다.

이에 대해 교황 그레고리우스 2세는 레오 3세의 칙령을 즉각 비판하고 비잔틴제국 황제를 파문하고는 라벤나에서 주민들의 무장봉기를 부추겼다. 레오 3세는 군대를 보내 교황을 체포하라고 명령했다. 그레고리우스 2세는 체포당하기 직전에 죽었다. 그 후 레오 3세는 시칠리아와 이탈리아 남부 칼라브리아의 교회에서 나오는 연간수입을 모두 몰수해버렸고 교황 그레고리우스 3세는 성상에 손을 대는 자는 모두 파문해버리겠다고 경고했다. 그러자 레오 3세는 발칸반도와 남부 이탈리아의 여러 교구를 콘스탄티노플 총대주교 관할 하에 두었다.

비잔틴제국 몰락이 촉진한 르네상스

오스만제국의 침략은 서유럽에게 재앙을 안겨주었지만 유럽 역사에서 빼놓을 수 없는 르네상스를 앞당겼다. 중세시대 내내 동로마제국의 주변부 신세를 못 면하던 서유럽은 십자군전쟁의 경험, 그리고 오스만제국의 잦은 침공을 피해서 서유럽으로 건너온 비잔틴 학자들의 영향을 받아, 그 튼튼했던 중세의 벽을 뚫고 그리스 헬레니즘 문화를 접하기 시작했다. 그런 틈새를 비집고 르네상스 시대를 열어간 주도적 세력이 바로 메디치 가문(Medici family)이었다.

1438년 페라라에서는 그리스정교와 로마가톨릭교회의 통합 공의회인 페라라 공의회(Council of Ferrara-Firenze, 1438~1445)가 진행되고 있었으나 페라라의 재정 형편상 공의회가 원활하게 추진되지 않고 있음을 감지한 메디치 가문의 제2대 수장이자 피렌체의 실권자인 코시모는 교황 에우제니오 4세를 설득해 공의회 장소를 피렌체로 옮겼다.

1439년 2월 아직도 추운 겨울이었지만 피렌체 사람들은 공의회가 제공하는 흥미진진한 구경거리를 보러 바깥으로 몰려나왔다. 외국 문물을 접해볼 기회가 적었던 피렌체 화가들에게도 공의회는 큰 영감을 불러일으켰다. 콘스탄티노플에서 온 주교들의 긴 수염, 수행원들의 호사스런 의복과 이상한 머리 장식, 아랍인과 동양인 하인들의 얼굴 모습, 그리고 그들이 끌고 온 애완용 동물들은 화젯거리가 되기에 모자람이 없었다. 프라 안젤리코와 베노초 고촐리가 동방을 주제로 하는 그림들에 등장시킨 인물들의 복장은 그들이 해외 구경을 한 결과가 아니라 공의회에 수행한 사람들을 보고 묘사한 것이었다.

공의회에는 동로마 황제 요한네스 8세 팔레이올로구스와 동방 교회 대주교 요셉 2세도 참가하고 있었다. 그들은 날이 갈수록 강해지는 이슬람 투르크의 압력 앞에서 풍전등화처럼 위태로웠던 비잔틴제국을 살리기 위해 서유럽 기독교 세계의 원조를 얻고자 했다. 가톨릭교회 또한 이 기회에 내부 위기를 해결하고 싶어했기 때문에 공의회는 우호적인 분위기에서 진행되었다. 번거로운 신학 논쟁도 결론이 내려져서 두 교회의 대표들은 서로 우호의 입맞춤을 나누었고, 동로마 황제는 로마 교황 앞에 무릎을 꿇었다.

그러나 이슬람 세력을 막기에는 너무 늦었다. 비잔틴제국 황제와 콘스탄티노플 대주교가 콘스탄티노플로 돌아가 교회 통합에 반대하는 세력들을 설득시키는 데 골치를 썩였고, 그 사이에 서쪽에서 도우러온 기독교군은 발칸 지역에서 대패했으며, 14만 명의 투르크군은 한발 한발 콘스탄티노플을 향해 다가오고 있었다. 드디어 1453년, 오스만제국의 술탄 메메트 2세는 동로마제국의 수도를 완전히 포위하고 총공격을 개시했다. 2개월 동안의 방어전 끝에 결국 콘스탄티노플은 함락되었다. 십자가는 끌어내려지고 대신 이슬람을 상징하는 반달기가 대성당 꼭대기에 떠올랐으며, 성당은 이슬람 사원이 되었다. 도시 이름마저도 콘스탄티노플에서 이스탄불로 바뀌었다. 고대 로마의 명줄은 이렇게 해서 완전히 끊기고 말았다.

콘스탄티노플이 함락됐다는 소식에 서유럽은 할 말이 없었다. 또 한 차례 십자군을 일으키자고 외치는 소리도 들리지 않았다. 그러나 위대한 비잔틴 문화가 그대로 없어져버린 것은 아니었다. 콘스탄티노플이 함락되자 그곳에서 활동하던 학자와 문화인들이 대거 이탈리아로 망명해서 헬레니즘의 학문과 예술을 전했기 때문이다. 이렇게 해서 문예부흥을 뜻하는 르네상스의 씨앗이 이탈리아에 뿌려졌다. 한쪽이 망하고 그 때문에 다른 한쪽이 융성하게 되다니, 이런 걸 두고 역사의 아이러니라고 표현하는지도 모르겠다. 그전까지는 그리스어로 된 원전을 읽을 수 있는 학자가 많지 않았기 때문에 아리스토텔레스 등 그리스의 고전은 아랍어에서 다시 라틴어로 번역된 것을 읽었다. 그러던 차에 본고장의 원전과 그리스어에 능통한 전문가들이 쏟아져 들어오자 이탈리아의 학계와 사상계에는 큰 변화가 일어났다.

피렌체는 가장 빨리 그러한 변화를 소화했다. 코시모는 학문 분야에서나 미술 분야에서나 새로운 조류를 적극적으로 받아들이고 또 후원했다. 그는 피렌체에 플라톤 아카데미를 세웠다. 이미 시류에 뒤처진 학문을 가르치고 있던 대학을 대신해서 학술연구의 중심지가 되었던 것이다. 코시모는 마르실리오 피치노를 플라톤 아카데미의 책임자로 임명했다. 그의 눈은 정확해서 피치노는 15세기 이탈리아 최고의 학자로 일컬어지게 된다.

코시모는 자신이 설정한 과제를 잘 수행했다. 코시모는 모두 열거하기 어려울 정도로 많은 교회, 수도원, 병원, 그리고 복지시설을 직접 짓거나 막대한 금액을 기부했다. 예를 들면 피에솔레의 바디아 성당, 피렌체의 산 마르코 성당, 산 로렌조 성당, 그리고 예루살렘의 병원 등이다. 코시모는 학자들을 후원했을 뿐만 아니라 스스로도 학문을 사랑했다. 그는 동방으로부터 희귀한 고문서를 수집하는 상설 조직도 두고 있었고, 동방으로 여행하는 학자들의 여행경비를 제공했다. 학문 발전에 기여한 코시모의 노력을 영국의 사학자이자 『로마 제국 흥망사』의 저자 에드워드 기본은 다음과 같이 서술했다.

"코시모의 이름은 학문부흥과 동의어나 다름없었다. 그의 신용은 명성으로 승화했고, 그의 부는 인류에 대한 봉사를 위해 바쳐졌다. 그는 카이로에서 런던까지 서신 왕래를 했으며, 종종 인도의 향료에서부터 그리스의 서적까지 같은 배에 실어 수입해왔다."

07
...

모스타르 다리,
보스니아 내전이 남긴 흉터

　유고슬라비아가 붕괴되고 여러 민족국가들이 독립하는 과정에, 그리고 독립을 한 후에도 한 국가 내에서 인종청소 전쟁이 벌어졌는데, 그중에서도 가장 참혹했던 곳이 바로 모스타르 다리다. 비쉐그라드의 중심을 흐르는 드라나 강에 걸린 '드라나 강의 다리'를 보지 못한 대신 우리는 모스타르의 중심을 흐르는 네레트바 강에 걸린 모스타르 다리를 보기로 했다. 사라예보에서 아침 일찍 떠나 모스타르로 가는 길은 평화스러웠다. 그러나 보이는 것이 전부가 아니었다. 우리가 모스타르에 도착한 것은 점심 직전이었다.

헤르체고비나의 수도 모스타르
　모스타르(Mostar)는 보스니아-헤르체고비나 남부 지역인 헤르체고비나의 수도로서 헤르체고비나 지역에서는 가장 큰 도시이고, 나라 전체

에서는 다섯 번째로 큰 도시다. 모스타르는 1878년 오스트리아-헝가리 이중제국의 영토가 되었고, 1918년 제1차 세계대전 이후에는 유고슬라비아 영토가 되었다. 당시 이곳은 세르비아 애국운동의 중심지였다.

모스타르라는 도시 이름은 '다리 파수꾼들'이라는 뜻의 'mostari'에서 유래한다. '다리 파수꾼들'이 지키는 그 다리가 바로 '오래된 다리', 즉 스타리 모스트(Stari Most)인데, 네레트바 강의 모스타르 다리를 말한다. 보스니아 내전 이후 모스타르를 가로지르는 네레트바 강은 모스타르의 가톨릭 지구와 이슬람 지구를 가르는 경계선이 되었다.

1991년 기준 모스타르의 인구는 약 12만 6,000명이고, 인구분포는 가톨릭계 크로아티아인과 무슬림 보스니안이 각각 34퍼센트와 35퍼센트로 비슷하고 세르비아인이 19퍼센트였는데, 전후 세르비아인들은 거의 이곳을 떠났다. 지금 인구는 약 8만 명이라고 한다.

보스니아-헤르체고비나는 전체적으로 무슬림이 다수지만 헤르체고비나 지역은 크로아티아인이 47퍼센트로서 주민 다수를 차지한다. 보스니아 내전 때 크로아티아인들은 무력으로 무슬림을 몰아냈고 16~17세기 이슬람교 사원을 파괴했다.

우리는 모스타르 다리를 건너 가톨릭 지역으로 가서 점심을 먹었다. 다른 길로 돌아나올 때는 마침 무슬림의 기도시간이었다. 미나레트 위에서 아랍어로 기도시간을 알리는 무에진의 특유한, 간혹 영화에서 들을 수 있는 높은 음정의 낭랑한 목소리가 울려퍼졌다.

"알라 이외 다른 신은 없고, 마호메트 이외 다른 예언자는 없다!"

하지만 그 목소리는 실제로 무에진이 미나레트에 올라가 소리를 지른 것이 아니라 녹음된 마이크 소리였다.

모스타르 다리

모스타르는 발칸의 여러 다른 도시들처럼 구도시와 신도시로 나뉘어 있는데 곳곳에 총알과 포탄 세례를 받아 건물들은 부서졌고 건물 벽에는 곰보자국이 확연했다.

네레트바 강에 걸린 모스타르 다리는 길이 28.6미터, 높이 19.5미터로 단일교각의 석조 다리인데, 1566년 오스만제국 술레이만 1세의 지시로 미마르 하이레틴이 건설한 것으로, 그는 오스만제국 최고의 건축가 미마르 시난의 제자였다.

1992년에서 1995년 사이 가톨릭계 크로아티아 주민과 무슬림 보스니

안 사이에 내전을 치르던 중 1993년 11월 9일 10시 15분, 이 다리는 크로아티아 방위군에게 완전히 파괴되었다. 크로아티아군 사령관 슬로보단 프랄략은 전범으로 재판 중이고 다리는 유네스코 지원으로 2004년 7월 23일 복원, 재개방되었다.

다리를 복구하는 도중 강 속에 매몰된 1,088개의 원래 돌을 건져 교량 복원에 사용했다. 다리가 시작되는 골목 입구에는 "1993년을 잊지 말자"라는 명패가 있다.

스르프스카공화국 탄생, 내전으로 가는 길

보스니아-헤르체고비나는 이슬람교를 믿는 보스니악, 세르비아정교회를 믿는 세르비아인, 가톨릭교를 믿는 크로아티아인 등 세 민족으로 구성된 나라다. 세 민족은 오랫동안 섞여 살면서 이미 혈통상의 차이가 별로 없지만, 민족 간의 갈등은 끊이지 않고 있었다.

1990년 세 민족이 각각 자민족을 중심으로 정당을 만들고 의회를 구성하고는 공산당을 축출했다. 그러나 슬로베니아와 크로아티아의 독립 과정과 그 후의 독립전쟁을 본 보스니아-헤르체고비나는 분리 독립 추진을 잠시 멈추었고, 유고연방에 잔존하느냐 독립하느냐를 두고 논란이 이어졌다.

1991년 10월 23일 세르비아계 국회의원들은 보스니아-헤르체고비나 의회에서 탈퇴하고 독자적인 의회를 구성하고는 1992년 1월 9일 '보스니아-헤르체고비나 세르비아공화국'을 출범시켰다. 그 해 8월 12일 '스르프스카공화국(Republika Srpska)'으로 이름을 바꾸었다.

스르프스카공화국의 인구 144만 명 가운데 88퍼센트가 세르비아계

발칸, 시간이 멈춘 곳

이고 대부분 세르비아정교도다. 스르프스카공화국은 사라예보 북쪽 인구 25만 명의 반야 루카를 실질적인 수도로 정했다.

'스르프스카공화국'의 탄생을 주도하고 또 보스니아-헤르체고비나 내전을 주도한 사람은 라도반 카라지치다. 라도반 카라지치는 시인이자 정신의학자다. 1989년 카라지치는 세르비아인 중심의 공화국을 설립한다는 목적을 가진 세르비아 인민민주당을 설립했고, 보스니아 내에 세르비아인 자치구와 그것을 대표하는 의회도 조직했다. 1991년 11월 세르비아계 주민들은 자체적으로 주민투표를 실시했는데, 압도적 다수가 구유고슬라비아에 잔류할 것을 요구했다.

보스니아-헤르체고비나 의회는 1992년 2월 29일에서 3월 1일 사이 세르비아계 인구가 불참한 가운데 독립여부를 묻는 국민투표를 실시해 66퍼센트 투표율에 92.7퍼센트 찬성을 얻었다. 독립을 주도한 세력은 무슬림이 중심인 보스니아 정부와 이들 세력에 협조하는 보스니아 내 크로아티아인들이었다. 3월 6일 보스니아-헤르체고비나 의회는 유고슬라비아 연방에서 독립을 선포했다.

하지만 그것은 곧 내전의 시작이었다. 앞서 본 것처럼 보스니아-헤르체고비나 인구의 약 30퍼센트를 차지하는 세르비아인들은 유고슬라비아 연방에서 독립여부를 묻는 선거에 불참했으며, 스르프스카공화국은 1992년 3월 4일 보스니아-헤르체고비나에서 분리 독립을 선언했다.

보스니아 내전

보스니아-헤르체고비나와 스르프스카공화국 주민 사이에, 그리고 이슬람교를 믿는 보스니안, 세르비아정교회를 믿는 세르비아인, 가톨릭교를 믿는 크로아티아인 사이에 긴장이 고조되면서 군사적 충돌의 명분을 쌓아갔다.

1992년 4월 6일 EU가 보스니아-헤르체고비나의 분리 독립을 승인하자 보스니아는 본격적인 내전상태에 돌입했다. 스르프스카공화국 대통령 라도반 카라지치는 군 최고사령관이 되어 스르프스카공화국 내에서 무슬림 보스니안과 보스니아계 크로아티아인에 대해 인종청소를 지시했다. 사라예보에서도 세르비아계와 무슬림 보스니안 사이에 전투가 벌어졌다. 카라지치는 사라예보를 공격해 1만 2,000명을 살해했다.

무기가 부족한 무슬림은, 세르비아가 중심인 신유고연방(Federal Republic of Yugoslavia, 1992~2003)의 지원을 받는 세르비아계 주민들로부터 일방적으로 당했다. 신유고연방의 지원을 받는 세르비아계와 스르프스카공화국은 내전 초기 보스니아-헤르체고비나 영토의 약 70퍼센트를 장악했다.

그 직전 1991년 3월 세르비아의 대통령 밀로셰비치와 크로아티아의 대통령 프라뇨 투드만은 보스니아-헤르체고비나를 분할하자는 카라도르데보 협정(Karadordevo agreement)을 비밀리에 체결했다. 보스니아 내전이 발발하자 각각 자국의 인구가 많은 지역으로 병력을 투입했다. 신유고연방의 정규군인 유고인민군은 스르프스카공화국 군복으로 바꿔 입고 보스니아인들을 공격했다.

나토와 UN은 처음에는 군사행동의 가능성만 시사할 뿐 보스니아 내전에 개입하지 않다가 세르비아계가 '인종청소'라는 만행을 저지르자 1992년 8월 군사개입을 했다. 3년가량 진행된 내전에서 보스니아-헤르체고비나 인구의 절반가량인 220만 명이 피난민이 되었다.

스레브레니카를 기억하라

1995년 7월 스르프스카공화국 군대가 8,000명에 달하는 무슬림 보스니안과 3만 명가량의 피난민들을 스르프스카공화국 동쪽 도시 스레브레니카(Srebrenica)에서 학살했다. 이 사건은 제2차 세계대전 이후 유럽 최대의 대량학살로서, 역사는 '스레브레니카 학살'로 기록하고 있다. 스레브레니카 학살이 있은 지 한 달 후인 1995년 8월부터 나토는 스르프스카공화국 군대를 공격했고, UN은 신유고연방에 대한 전면적인 금수조치, 공항봉쇄, 자산동결 등을 내용으로 하는 제재 조치를 취했다. 같은 해 11월 1일 미국 오하이오 데이턴에서 '데이턴 평화협정(Dayton Peace Agreement)'이 개최되었고, 12월 밀로셰비치, 투드만, 그리고 알리야 이즈트베고비치 보스니아-헤르체고비나 대통령은 휴전협정을 맺었다.

2007년 3월 24일 스레브레니카 주민들은 스르프스카공화국으로부터 독립을 요구하는 결의문을 채택했다. 물론 세르비아계 주민들은 결의에 참여하지 않았다. 현재 스레브레니카 인구는 3만 7,000명인데, 무슬림 보스니안이 75퍼센트이고 세르비아인이 23퍼센트다.

전범들

보스니아-헤르체고비나 내전에 대해 누군가 책임을 져야 한다. 내전은 끝났지만 악당을 처리하는 일을 게을리하면 더 큰 악을 예방할 수 없을 것이다.

악당들이란 바로 슬로보단 밀로셰비치 신유고연방 대통령, 프라뇨 투드만 크로아티아 공화국 대통령, 그리고 라도반 카라지치 스르프스카공화국 대통령이었다.

그런데 투드만 대통령은 운이 좋았다고나 할까, 1999년 12월 10일 병사했기 때문에 전범 재판과는 무관했다.

밀로셰비치와 밀란 밀루티노비치 세르비아공화국 대통령은 1999년 5월 24일 코소보 사태의 책임을 물어 UN 산하 구유고슬라비아 국제형사임시재판소(International Criminal Tribunal for the former Yugoslavia, ICTY)에 기소되었고, 그 후 크로아티아 독립전쟁과 보스니아 내전에 대해 추가로 기소되었다. ICTY가 어떤 국가의 원수를 기소한 것은 제2차 세계대전 후 뉘른베르크와 도쿄에 설치한 국제군사재판소 이후 처음이다.

1995년에는 카라지치에 대한 체포 시도가 있었으나 실패했다. 2001년 카라지치 고향에서는 그의 무죄를 확신하는 지지자들이 데모를 했고, 2005년 보스니아의 세르비아계 지도자들은 카라지치의 자수를 종용했다.

밀로셰비치는 2001년 3월 31일 체포되었다. 2002년 1월 30일 밀로셰비치는 UN국제사법재판소가 자신을 악의적으로 비난한다고 역으로 기소했다. 2002년 2월 12일 헤이그에서 재판이 열렸다.

2008년 7월 21일, 보스니아-헤르체고비나의 대통령은 카라지치가 구속되었음을 발표했다. 체포 당시에 카라지치는 벨그라드에 살고 있었으며 백발에 희고 긴 수염을 하고 '드라간 다비치'라는 가명으로 사설 병원을 운영하고 있었다. 카라지치는 네덜란드 헤이그로 후송됐다. 그러나 일부 세르비아인들은 카라지치를 전쟁 영웅이라고 생각하고 있다.

밀로셰비치는 재판이 진행 중이던 2006년 3월 11일 헤이그의 쉐베닌겐(Scheveningen)에 있는 보호시설에서 심장마비로 사망했다. 밀란 밀루티노비치는 2009년 2월 무죄 판결을 받았다.

쉐베닌겐 이야기

밀로셰비치를 감금했던 보호시설이 있는 쉐베닌겐은 헤이그의 8개 행정구역 중 하나로서 긴 모래사장, 산책길, 부두, 등대 그리고 누드촌이 있는 해변 휴양지다. 쉐베닌겐을 제2차 세계대전 때 네덜란드 사람은 쉽볼렛(shibboleth)으로 사용했다.

쉽볼렛은 히브리어로 '강가' 또는 '시내'를 뜻하는 단어인데, 그 의미가 변형되어서 어떤 특정한 집단이나 계급이 다른 집단 또는 외부인을 구별해내기 위해 사용하는 단어나 문구, 특별한 예법과 복장, 표어나 암호, 그리고 오래된 교리를 뜻한다.

구약성서 판관기(Book of Judges) 12장에는, 요단 강을 사이에 둔 길르앗과 에브라임 두 유대인 지파 사이에 벌어지는 전투가 묘사되어 있다. 전투에서 패배한 에브라임 사람들이 그들의 땅으로 돌아가려면 요단 강을 건너야 하는데, 길르앗 군인들이 강나루터를 지키고 에브라임 사람들을 잡아냈다.

두 지파 사람들은 얼굴 모습을 구분하기가 어려울 정도로 닮았지만 발음은 조금 달랐다. 에브라임인들은 'sh' 소리를 잘 내지 못했다. 길르앗 군인들은 강나루를 건너려는 사람들에게 'shibboleth'이라는 글을 보여주고 발음을 시켰다. 길르앗 군인들은 'sh'를 's' 소리로 내는 사람들을 골라냈고 그렇게 해서 4만 2,000명이나 죽였다고 판관기에 쓰여 있다.

제2차 세계대전 때 일이다. 토박이 네덜란드 사람들은 자국의 항구이름인 'Scheveningen'을 발음할 때 앞의 'Sch'를 '쉐'로 발음하지만, 적국인 독일 사람들은 'Schubert'의 'Sch'를 발음할 때처럼 '슈'로 발음했다. 네덜란드 경찰과 군인들은 수상한 자를 잡고는 쉐베닌겐을 발음시켜서 그가 독일 스파이인지 아닌지를 구분했다. 해서 쉐베닌겐이 구약성서의 쉽볼렛 역할을 하게 된 것이다.

이런 예는 많이 있다. 1944년 노르망디 상륙작전 때 미군병사들의 암호는 'Flash-Thunder-Welcome'이었다. 미군복을 입고 위장한 독일 군인들은 'welcome'을 '벨코메'로 발음했다. 그리고 잡혔다.

1923년 일본 관동대지진 때 조선 사람이 일본인들을 해친다는 흉흉한 소문이 돌자 희생양을 필요로 했던 일본 사람들은 자경단을 조직하고는 지나가는 사람에게 '15円 50錢'과 'がぎぐげご'를 발음하도록 해서 일본 사람과 조선 사람을 구분했다.

유고슬라비아 분리 독립과정에서, 그리고 내전에서 전쟁을 일으킨 권력자들이 사용한 쉽볼렛은 무엇인가?

보스니아–헤르체고비나 연합, 스르프스카, 브르치코 특별구

보스니아–헤르체고비나 이야기를 정리하자.

보스니아–헤르체고비나는 인구 약 460만 명(통계자료마다 다소 다르다)의 사라예보를 수도로 하는 공화국으로서, 구유고슬라비아 연방에서 분리된 국가다. 그러나 외부 사람이 보스니아–헤르체고비나의 국가 정체성을 파악하기란 그리 쉽지 않다. 보스니아–헤르체고비나는 1995년 12월 데이턴 평화협정에 따라 정치체제가 다른 두 정부와 한 개 특별구로 구성되어 있다.

첫째, 보스니악(Bosniaks, Bosniacs)이라고 부르는 무슬림 보스니아인과 보스니아계 크로아티아인(Croat)들이 인구의 중심인 보스니아–헤르체고비나공화국 연합은 사라예보를 수도로 삼고 있으며, 약 290만 명 인구 중 보스니악이 70퍼센트, 크로아티아인이 28퍼센트다.

둘째, 세르비아계(Serb)가 중심인 스르프스카공화국은 형식적인 수도는 사라예보지만 실질적인 수도는 반야 루카로, 약 140만 명 인구 중 세르비아인이 88퍼센트, 보스니악이 8퍼센트, 크로아티아인이 4퍼센트다.

셋째, 미국의 워싱턴 D.C.와 비슷한 브르치코 특별구(Brüko District)가 보스니아–헤르체고비나공화국 연합과 스르프스카공화국 사이에 걸쳐 있는데, 약 8만 7,000명 인구 중 52퍼센트가 보스니아–헤르체고비나공화국 연합 편이다.

두 공화국과 한 특별구 사이에는 정치체제 간 경계선(Inter-Entity Boundary Line)이 있다. 두 공화국은 1국가 2체제를 수립하고 각각 입법부와 대통령을 두고 있으며 브르치코 특별구는 시장이 정치적으로 최고 책임자다.

보스니아–헤르체고비나의 전체 인구구성은 민족별로 보스니악 48퍼센트, 세르비아인 37퍼센트, 크로아티아인 14퍼센트다. 그러나 마치 스코틀랜드, 웨일스, 북아일랜드를 구분하지 않고 영국 사람을 일반적으로 'English'라고 부르듯, 출신 민족에 관계없이 보스니아–헤르체고비나 사람을 보스니안(Bosnian)이라고 부른다.

언어는 보스니아어, 크로아티아어, 세르비아어를 공용으로 사용하고, 종교는 이슬람교가 40퍼센트, 세르비아정교가 30퍼센트, 가톨릭교가 15퍼센트로 구성되어 있다.

보스니아 지역에는 7세기경 슬라브족이 정착했고, 960년 보스니아는 세르비아에서 독립했다. 그러나 12세기 중엽부터 헝가리 지배를 받았고 1463년 오스만제국의 침입을 받아 보스니아는 오스만제국의 속주로 전락했다.

헤르체고비나(Hercegovina)라는 명칭은 1468년 오스만제국에 정복당할 때까지 모스타르 근처 블라가예(Blagaj)에 성을 세우고 현재 영토의 남쪽 지역을 지배했던 헤르체그 슈테판 부크취치에게서 유래된 것이다. 헤르체그는 영웅이라는 뜻이다. 그러니까 보스니아-헤르체고비나 공화국 연합의 명칭은 북부의 보스니아 지방과 남부의 헤르체고비나 지방의 명칭을 결합한 것이다.

16~17세기 오스만제국의 세력이 약화되면서 투르크인들은 발칸반도에 대한 오스만제국의 전진 기지로서 보스니아-헤르체고비나에 대한 지배력을 더욱 공고하게 다졌다. 보스니아-헤르체고비나는 거의 400년 동안 오스만제국 지배 하에 있었기 때문에 주민들 대부분은 이슬람 문화에 동화되었다. 이것은 과거 유고슬라비아 사회주의 연방 소속 공화국들 가운데서도 보스니아-헤르체고비나에 무슬림이 가장 많이 거주하고 있는 원인 가운데 하나가 되었다.

08
....

두브로브니크, 10일간의 은둔처

모스타르를 2시경에 떠나 우리는 아직도 태양이 아드리아 바다 위에서 반짝거릴 때 두브로브니크에 도착했다. 두브로브니크 구시가에는 호텔이 하나밖에 없으므로 주변의 리조트 호텔로 가거나 민박을 해야 하는데 우리는 버스로 30분쯤 더 가서 카브타트의 호텔에 짐을 풀었다.

크로아티아와 달마티아

두브로브니크는 크로아티아의 도시다. 크로아티아는 축구 때문에 우리나라에도 비교적 많이 알려진 나라다. 1998년 처음으로 출전한 프랑스 월드컵에서 준결승에 진출한 크로아티아는 개최국 프랑스에게 석패했지만 독일과의 3, 4위전을 당당히 이겨 3위를 차지해 깊은 인상을 남겼다.

1991년 이전까지 크로아티아는 유럽인들에게는 매우 유명한 여름 휴양지였다. 크로아티아는 독립전쟁을 치르면서 많은 문화재를 잃었으나 최

근 들어 크로아티아의 매력은 다시 이곳으로 관광객을 불러들이고 있다.

크로아티아 북부 자다르(Zadar)에서 두브로브니크까지 이르는 달마티아 해안선의 길이는 1,778킬로미터에 이르고 아드리아 해에 있는 1,160개의 섬까지 포함하면 전체 길이는 5,790킬로미터나 된다. 아드리아 해안 지방은 겨울에도 포근하다. 1991년 이전 아드리아 해의 휴양지는 '코스타 델 솔(Costa del Sol)', 즉 '태양의 해변'으로 불리면서 해마다 1,000만 명의 서유럽 사람들이 오기도 했다. 파란 바다, 아름다운 해안과 작열하는 태양, 풍부한 해산물 요리 등 달마티아는 '달콤한 인생(la dolce vita)'을 즐길 수 있는 곳이다.

두브로브니크의 여름 바닷물 평균기온은 21도이고 바닷물의 일교차도 4도여서 하릴없이 바다 속에 빈둥거리기에도 최적이다. 두브로브니크 앞바다 로크룸(Lokrum) 섬은 국립공원으로, 중세 베네딕트 수도원, 식물원 등이 있고 한구석에는 나체 해변도 있다.

두브로브니크 성

1991년 10월 크로아티아가 유고슬라비아 연방으로부터 독립을 선언하자 세르비아군이 3개월에 걸쳐 두브로브니크를 공격했고 도시 여러 곳이 파괴되었다. "인간이란 무엇이며, 인간이기 때문에 가능하고 인간이기 때문에 불가능한 것은 무엇인가?"라는 질문을 담은 수필집 『거의 모든 것에 관한 거의 아무것도 아닌 이야기』의 저자이자 프랑스학술원 회장 장 도르메송은 당시 이렇게 호소했다.

"유럽 선진국들이 유럽 문명과 예술의 상징적 도시인 두브로브니크에 대한 포격 하나 중지시키지 못한대서야 말이 되는가!"

그 후 세계 여러 곳에서 온 사람들이 인간 사슬을 만들어 도시의 많은 부분을 지켰다. 1999년부터 복원작업이 시작되어 손상된 건물들이 거의 복원되었다. 사실은 이곳이 유네스코 문화유산이어서 성 자체에는 포격을 거의 하지 않았다고 한다.

두브로브니크는 아드리아 해의 중심 도시로서 16~17세기에는 베네치아와 어깨를 견주었다. 두브로브니크는 오랜 세월 동안 해적의 노략질, 전쟁, 화재, 대지진, 그리고 최근의 독립전쟁 등으로 피해를 입었지만 그것은 역사가와 그곳에 사는 주민들만이 알 뿐이고 관광객이 보기에는 항상 아름다운 성곽 도시로 남아 있다. 19세기 영국의 시인 바이런은 두브로브니크를 '아드리아 해의 진주'라고 불렀고, 두 번 결혼

한 추리작가 애거사 크리스티는 이곳을 두 번째 신혼여행지로 삼았다. 1929년 두브로브니크를 방문한 조지 버나드 쇼는 이렇게 말했다.

"지상에서 살면서 과연 천국이 어떤지 미리 맛보려면 두브로브니크를 와서 보라……. 두브로브니크는 돈 있는 사람들의 '10일간의 은둔처'다."

두브로브니크의 성문 필레게이트 안으로 들어갔다. 1438년 완성한 오노프리오 분수 둘레에는 먼저 온 관광객들이 둔턱에 빙 둘러 앉아 쉬고 있었다. 수도꼭지가 있는 커다란 16면의 구조물 위에 돔 지붕이 있는 오노프리오 분수는 분수대라기보다는 공공수도 기능을 하고 있다. 바다에 면한 두브로브니크는 일찍부터 수도 시설을 발전시켰는데, 이곳에서 약 11킬로미터 떨어진 산에서 물을 끌어왔다. 오노프리오 분수가 수도 시설의 종착지였다.

분수 바로 왼편에 낡고 작은 성당이 있고 그 옆 골목으로 프란체스코 수도원이 있다. 성당 정면에 있었던 화려한 장식들은 17세기 대지진 때 거의 사라졌고 성당 안에는 1498년에 만든 피에타 조각상이 있다. 복도는 달마티아에서 가장 아름다운 것에 속하는 후기 로마네스크 건축이다. 이중으로 만든 기둥에 사람의 머리와 동물 그리고 꽃 조각이 장식되어 있다.

분수에서 루차 광장까지 200미터 길은 플라차(Placa) 혹은 스트라둔(Stradun)이라고 하는데 양편에 은행, 선물가게, 식당과 카페, 그리고 명품 상점이 들어선 두브로브니크의 번화가다. 길 끝쯤에 바로크식 성 블라이세 교회와 15세기에 건축된 고딕양식의 수도원장 관저 렉터 궁전이 있다. 베네치아로부터 두브로브니크를 지켜낸 신부 블라이세를 기

념하기 위해 매년 2월 3일이면 이곳 성안에서 축제가 열린다. 축제 때는 성인의 머리와 목에서 꺼낸 뼈를 전시하는 엽기적인 풍습도 있었고 이 기간에는 죄인들을 석방해주거나 성안 출입이 금지된 사람들도 들어올 수 있었다. 스폰자 궁전은 성안에 들어오는 상인이라면 누구나 거쳐야 했던 곳이다. 스폰자 궁전에는 천년의 세월이 흐른 문서와 유고 내전 당시의 모습을 담은 사진 등 두브로브니크의 역사적 기록이 보관되어 있다.

두브로브니크 성벽은 13세기에서 16세기 사이에 건설되었으며 전체 길이 2킬로미터, 높이 25미터로, 탑이 16개가 있다. 1979년 유네스코 문화유산으로 등재된 두브로브니크의 상주인구는 4만 5,000명으로 1991년 독립전쟁 이전보다 다소 감소했다.

두브로브니크 성 안은 낮과 밤이 다르다. 낮에는 관광과 쇼핑, 밤에는 카페와 파티로 말이다. 두브로브니크는 1950년부터 여름 음악페스티벌을 개최하고 있는데, 7월 10일에서 8월 25일까지는 노천에서, 그리고 렉터궁 같은 역사적 건축물 곳곳에서 100개가 넘는 공연이 펼쳐진다.

필자의 장기는 빈둥거리며 이곳저곳 아이쇼핑하는 것이다. 두브로브니크 성벽을 걸으면서 수많은 붉은 진흙 기와를 바라보았다. 붉은 기와 지붕이야말로 지중해 건축의 진수인데, 프랑스 인상주의 화가 드가는 그것을 '유구한 세월이 이룩한 합작품'이라고 표현했다. 두브로브니크는 이슬람과 동방정교회를 떠올리게 하는 발칸반도의 도시라기보다는 지중해의 도시다. 성벽 아래 찬란한 햇빛이 쏟아지는 골목길들은 가파른 미궁 같았으며 오렌지 꽃과 널려 있는 빨래들이 그렇게 보였다.

늦은 오후 나는 오노프리오 분수 기단에 앉아, 바로 맞은편 건물 벽

조그맣게 튀어나온 돌 받침대 위에 올라가 떨어지지 않으려고 기를 쓰는 사람들을 보며 즐겼다. 그 건물 왼쪽은 오래된 작은 성당이었는데 성당 입구에 별 볼품없이 생긴 작은 A자 입간판 하나가 서 있었지만 아무도 쳐다보는 사람이 없었다. 그 앞으로 갔다. 타이프로 친 조그만 종이에 그날 저녁 성당에서 연주할 음악 프로그램이 적혀 있었다. 피아노, 첼로, 바이올린, 콘트라베이스로 구성된 4중주단이 모차르트의 「피가로의 결혼」 서곡을 들려주고, 소프라노가 '구노의 아베 마리아', 헨델의 「리날도」 아리아 '울게 하소서' 등을 부른다는 안내문이었다. 나는 일행에게 함께 보자고 권유했다.

우리는 바다를 바라보며 와인을 곁들여 저녁을 먹고는 다시 그 작은 성당으로 가서 작은 연주회를 즐겼다. 작은 성당은 대략 60명으로 추산되는 청중들로 가득 찼고 연주도 좋았다.

두브로브니크 대성당

두브로브니크 대성당의 정식 명칭은 성모승천 성당(Katedrala Marijina Uznesenja)이고 6~7세기 비잔틴양식으로 처음 건축되었다. 12~14세기에 로마네스크 양식으로 재건되었는데, 재건 자금을 사자왕 리처드가 제공했다는 전설이 있다.

전설에 따르면 1192년 사자왕 리처드는 제3차 십자군 전쟁을 마치고 귀국길에 풍랑을 만나 난파당해 이곳에 밀려와 구조되었다고 한다. 이 이야기는 역사적으로 증명된 것은 아니다.

대성당은 1667년 대지진으로 크게 파손되어 이탈리아 건축가 안드레아 부팔리니와 파올로 안드레오티가 1672년부터 1713년까지 바로크식으로 다시 세웠다.

가운데 돔 모양의 지붕이 높이 솟아올라 있어 아름답다. 두브로브니크의 수호성인으로 추앙받는 성 블라이세의 유물을 포함한 수많은 보물들이 있는 것으로 유명하다. 금으로 된 작은 보석상자에는 그의 유골과 발이 보관되어 있다.

라파엘 천사에게 봉헌된 제단화는 베네치아 화파의 창시자 티치아노의 화실에서 작업된 것으로 추측되는 것이다.

두브로브니크 혹은 라구사

두브로브니크라는 도시 이름은 1909년 이 지역이 오스트리아-헝가리 이중제국의 점령 하에 있을 때 정식으로 채택되었다. 이런 이름은 크로아티아어 두브라바(dubrava), 즉 떡갈나무 또는 참나무 숲에서 유래했는데, 과거 두브로브니크 주변에 오크 나무들이 많이 있었다고 한다.

원래 그리스식 이름은 라이이아(Raiyia)였고, 이탈리아 지배를 받을 때는 라구사(Ragusa)였다. 이탈리아 사람들이 처음 이곳에 정착했을 때 지형이 바위로 이루어진 곳이어서 라틴어로 바위라는 뜻을 가진 'Ragusa'가 도시 이름이 되었다.

그러나 도시 이름의 유래에 대해 다른 설이 제기되었다. 그리스 시대 하루 항해 거리는 45~50해리였다. 선원들은 도중에 휴식처가 필요했는데 휴식처의 조건은 배를 정박하고 또 물을 비롯한 식품을 조달할 수 있어야 했다. 지금의 두브로브니크가 그런 조건에 부합했다. 게다가 이 지역은 그리스가 개척한 식민도시 부드바(Budva)와 코르출라(Korcula) 중간에 있었다. 그리스 선원들은 'Budva'와 'Korcula'를 따서 이 지역을

'dubrovacke'로 부르게 되었고, 'dubrovacke'가 'Dubrovnik'로 정착되었다는 것이다.

또 다른 이야기에 따르면, 7세기 초 614년경 오늘날 카브타트(Cavtat)에 해당하는 지역인 로마 식민지 에피다우룸(Epidaurum)이 슬라브인들의 침략을 받았는데, 생존한 라틴계 달마티아 사람들 중 일부가 북쪽으로 25킬로미터 떨어진 라우사(Lausa)라는 바위섬에, 일부는 건너편 육지로 와서 정착했다. 뒷산은 높고 떡갈나무 숲은 깊어서 외적 방어에 적합했고 앞은 바다여서 해적이 나타나는 것을 일찍 알 수 있었기 때문이다. 사람들은 차츰 육지와 섬 사이의 좁은 바다를 메워 지금의 메인 스트리트인 스트라둔에서 만났고 두 집단이 하나의 도시를 만든 것은 12세기였다.

그러나 최근 고고학적 발견에 따르면 도시의 기원은 더 오래된 것으로 밝혀졌다. 발굴된 비잔틴 교회 유물 규모로 미루어보건대 도시는 이미 5세기에 번창했고, 또 성안을 개축할 때 밝혀진 사실은 바위 밑에 천연 모래가 나온 것으로 보아 석조건축은 그 후에 이루어진 것으로 추정할 수 있다. 따라서 두브로브니크의 시작은 기원전까지 거슬러 올라간다는 주장이 가능하다.

두브로브니크는 도시가 형성된 이후 비잔틴제국의 지원을 받았고, 866년 사라센으로 불리는 이슬람 해적이 이곳을 점령했는데, 마케도니아 출신 비잔틴제국 황제 바실 1세의 지원으로 15개월 후 도시는 해방되었다. 비잔틴제국이 쇠퇴하자 948년 베네치아가 이곳을 침공했으나 이곳의 수호성인 성 블레이세의 도움으로 도시를 방어할 수 있었다.

1205년 제4차 십자군 전쟁 때 베네치아는 달마티아 지역 전체를 지배했고 두브로브니크는 베네치아군의 보급지로 전락했다. 당시 두브로브

니크는 베네치아와 경쟁 도시가 아니어서 큰 갈등 없이 자치도시로서 역할을 했다. 12~13세기 십자군 전쟁으로 동서 간에 왕래는 더욱 잦아졌고, 지중해와 아드리아 해 연안 지역은 해양업과 무역업이 발전했는데 두브로브니크도 예외가 아니었다.

그러나 두브로브니크 사람들은 공납물의 규모가 커지자 베네치아에 대해 차츰 적개심을 키웠고 동시에 도시 규모도 넓혀갔다. 그리고 1348년에는 당시 유행하던 흑사병이 이곳까지 전염되었다.

베네치아의 재현 라구사공화국

브로델은 라구사를 베네치아의 재현이라고 했다. 라구사의 상인들은 발칸반도와 레반트 지역의 모든 대도시에서 장사를 했다. 그들은 시칠리아의 밀과 소금을 싣고 티레니아 해를 건너 멀리 에스파냐까지 수송하는 일을 도맡았고, 그 이윤을 나폴리, 로마, 베네치아에 있는 은행으로 보냈다. 라구사는 교황과 터키의 술탄 사이에서 중립을 지켰기 때문에 그들의 선박은 아무 피해 없이 운항할 수 있었다.

1358년 2월 18일 헝가리 왕국은 베네치아와 자다르 협약(Treaty of Zadar)을 맺고 달마티아 지방을 지배하게 되었는데, 이때부터 이 지역은 라구사공화국(Republic of Ragusa)으로 헝가리 왕국의 자치구가 되었다.

계몽주의가 서부 유럽에서 구체적으로 부각되기도 전에 라구사는 이미 계몽주의적인 정책을 도입했다. 1389년 오스만제국이 코소보 평야에서 세르비아와 벌인 전쟁에서 이긴 후, 라구사는 오스만제국의 동맹이었음에도 패퇴한 세르비아의 왕자들이 망명할 권리를 인정해주었다.

노예무역이 지중해에서는 수지맞는 사업이었지만 라구사에서는

1418년 노예무역을 철폐했다. 1458년 라구사는 오스만제국에게 점령당했고 공납품을 정기적으로 보냈다. 그러나 도시는 무역으로 번창했다. 많은 나라와 도시들과 특별 협정을 맺었고 세금을 내지 않고 물건 판매나 중개무역을 했다. 200개가 넘는 상선들을 거느린 대상선들을 포함해 막강한 상선단과 전투함대를 보유했고, 전성기 때는 주변과 북부지역의 크고 작은 많은 섬들과 120킬로미터에 달하는 해안선 지역이 두브로브니크의 영토였다.

15세기에는 시민 건강을 돌보는 체계와 무상 공교육 제도가 수립되었고, 16세기가 되자 시내 쓰레기 처리 체계와 도시 계획이 생겼으며 베네치아처럼 허세를 부리는 데 낭비하는 일은 거의 없었다. 스트라둔에서 볼 수 있는 바로크 양식 건물들의 앞면이 소박해 보이는 것도 바로 이런 규제의 결과였다.

지금 두브로브니크 사람들은 과거 라구사공화국처럼 도시 국가를 꿈꾸는지도 모른다.

"우리는 영리한 외교관이랍니다. 그래서 다시 독립하기를 희망합니다. 1991년에 전쟁이 시작한 이래로 우리는 자그레브의 지배를 받아왔습니다. 하지만 자그레브 정부는 마피아 기질의 사람들과 헤르체고비나에서 온 크로아티아 농민들로 가득합니다. 물론 두브로브니크에 사는 우리도 모두 크로아티아인이지요. 그러나 이곳 사람들은 코스모폴리탄 삶을 갈망한답니다. 벨그라드의 가장 좋은 동네에 살면서 여름철마다 이곳을 찾아오던 교양 있는 세르비아 사람들이 그립군요. 오늘날에는 낮은 계층의 사람들만이 민족주의자지요. 두브로브니크가 다시 독립 도시국가가 된다면 우리는 부유해질 것입니다."

크라바트를 아십니까?

신대륙이 발견되고 무역 중심이 지중해에서 대서양으로 이동하면서 라구사공화국도 위축되었다. 그러자 라구사공화국은 프랑스에 접근해 무역을 했고 일부 두브로브니크 사람들은 프랑스 군대에 입대했는데, 1600년대 루이 13세는 크로아티아인들로 구성된 부대를 충성스런 크로아티아 군대라는 의미로 로열-크라바테스(Royal-Cravates)라고 불렀다. 로열-크라바테스는 자신들의 고유한 복장으로 목에 스카프를 둘렀고 그 스카프가 넥타이로 발전했기 때문에 크로아티아 사람들은 크로아티아를 넥타이의 시조라고 부른다.

약간 다른 설로는, 크로아티아 부대는 자신들이 크로아티아 아군(Croats)임을 표시하는 '크라바트(Cravat)'를 목에 둘렀고, 그것이 넥타이로 발전했다고 한다. 간혹 가게에는 다음과 같은 문구를 써놓고 있다.

"크라바트가 크로아트에서 유래한 사실을 알고 계셨습니까?(Did you know that the cravat originates from the Croats?)"

1606년 이 도시에 큰 지진이 발생했다. 1684년 라구사공화국은 자국 영토에 대해 오스트리아 황제의 주권을 인정함과 동시에 오스만제국의 주권도 인정했다. 이런 이중 주권은 당시 통치력이 미약했기 때문에 종종 있는 현상이었다. 이것은 육상통행 자유와 해상 정박 등 실질적으로 유리한 점이 많았다.

1699년 앞서 말한 바 있는 카를로비츠 조약에서 오스만제국은 달마티아 지역을 베네치아에 양도했다. 그 후로도 라구사공화국은 여러 나라와 외교관계를 맺고 정보 채널을 가동했으며, 또 여러 가지 목적으로 오스만제국에게 두 지역을 조차지로 제공했는데, 하나는 네움(Neum)으로 지금은 보스니아–헤르체고비나가 아드리아 해로 나오는 유일한 해안이다. 다른 하나는 오늘날 몬테네그로가 바다를 면하고 있는 수투리나(Sutorina) 해안이다.

그러나 아드리아 해의 보급기지로서 그리고 무역중계 지역으로서 라구사공화국의 가치가 증대하자 1806년 러시아제국이 3,000발의 포탄을 퍼부면서 서너 달 동안 두브로브니크를 공략했다. 그렇게 되자 라구사공화국은 나폴레옹이 지배하는 프랑스에 구원을 요청했고 나폴레옹 군대는 이 도시를 구했다.

오귀스트 드 마몬트

1806년부터 라구사공화국은 프랑스의 장군 오귀스트 드 마몬트가 통치하게 되었고 1808년 마몬트는 라구사공화국을 프랑스 식민지로 만들어버리고 마몬트는 라구사 공작이 되었다. 그리하여 라구사공화국은 공식적으로 역사에서 사라졌다. 그러나 1811년까지 지속된 마몬트의 통치는 효과적이어서 그가 남긴 각종 제도나 공공건축은 당시 두브로브니크 주민에게 좋은 인상을 남겼다.

마몬트는 그 후 나폴레옹의 부름을 받아 여러 지역에서 지휘관으로 활약했다. 그러나 나폴레옹이 러시아 전선에서 패배하고 1814년 3월 말 최후로 파리전투를 벌일 때 마몬트는 나폴레옹을 배신하고 오스트리아, 프로이센, 러시아 연합군에 투항한다. 그 후 마몬트는 동향 사람들에게는 배신자로 불리고 국왕 편으로부터는 항상 의심을 받아 국외 추방을 당했다.

그는 프랑스로 돌아가려고 애를 썼으나 뜻을 이루지 못하고 중부와 동부 유럽을 떠다녔다. 오스트리아 황실은 그를 잘 대해주었고 황실은 그를, 참으로 기이한 인연인데, 한동안 나폴레옹 2세의 개인교사로 일하도록 했다. 1832년 나폴레옹 2세가 사망하자 마몬트는 다시 유럽을 떠돌다가 1852년 나폴레옹 휘하 최후의 장군으로 76세에 베네치아에서 사망했다. 그 무렵 프랑스에서는 '배반하다'라는 뜻을 가진 'raguser'라는 동사가 사용되고 있었고 '배반'이라는 의미의 명사는 'ragusade'였는데, 물론 그것은 'Duke of Ragusa'에서 유래된 말이고 마몬트를 빗대어 하는 말이었다. 마몬트는 남은 인생을 회고록을 포함해 여러 권의 전쟁사를 집필하면서 보냈는데, 이는 군사적으로 높은 평가를 받았다.

1814년 1월 프랑스 군대가 철수하자 영국과 오스트리아 군대가 들어왔다. 오스트리아 군대는 베네치아에서 코토르까지 완벽하게 합병했다. 1815년 라구사는 제1차 세계대전에서 오스트리아-헝가리 이중제국이 패배한 1918년까지 오스트리아-헝가리 이중제국이 다스리는 달마티아 왕국이 되었다.

라구사공화국은 절대왕조였다. 주민들은 계층별로 귀족, 시민, 기능인 또는 하층 평민 순으로 구별되었다. 모든 힘은 귀족들 손에 집중되어 있었고, 다른 사회계층 사이의 결혼은 엄격히 금지되었다. 행정관료들은 대평의회(Grand Council)인 최고실권자와 소평의회(Small Council)인 집행관, 그리고 상원의원으로 구성되었고, 국가수장은 대공 신분으로 한 달 주기로 선출되었다.

최고실권자(Grand Council)는 왕족이었다. 집행관인 소평의회는 수도원장이 뽑았다. 수도원장의 임기는 한 달이었으며 적격인 사람이면 2년 뒤에 재임되었다. 수도원장은 렉터 궁전에서 일하며 살았지만 그의 가족들은 그들 집에서 살았다.

1918년 이후 두브로브니크는 세르비아, 크로아티아, 슬로베니아 왕국의 일부로 귀속되었다. 1929년 세르비아-크로아티아-슬로베니아 왕국은 8개 지역을 아우르는 유고슬라비아 왕국이 되었다.

제2차 세계대전 중 1943년 두브로브니크는 나치가 통치하는 독립국가가 되었고, 1944년 10월 티토의 파르티잔은 두브로브니크를 해방시켰다. 그러나 파르티잔은 재판도 없이 가톨릭 사제를 포함해 78명을 처형했다.

1963년 유고슬라비아 연방인민공화국의 명칭은 6개 공화국이 존재하는 유고슬라비아 사회주의 연방공화국으로 바뀌었고, 따라서 두브로브니크는 크로아티아 사회주의공화국의 일부가 되었다.

1991년 10월 크로아티아가 유고연방에서 탈퇴할 때 두브로브니크는 유고연방군인 세르비아-몬테네그로 군대로부터 7개월간 무차별 공격을 받았고 또 포위되었다. 1992년 5월 크로아티아 방위군이 두브로브니크를 탈환했다.

09
...

코토르와 페라스트,
아드리아 해의 비밀도시

코토르는 두브로브니크에서 버스로 4시간가량 걸린다. 지도에서 코토르를 찾아보면 마치 숨바꼭질하는 듯이 바다 깊숙이 숨어 있다. 마치 해적을 피해서 도망가고 싶은 듯 말이다. 아드리아 해는 베네치아 상인들의 바다이기도 했고 사라센 해적의 바다이기도 했다.

해적 이야기

사라센(Saracen)이라는 말은 고대 그리스어 '사라케노이(Sarakenoi)'에서 유래했는데, 이 명칭은 아랍인 전체를 가리키는 것이 아니라 아랍 민족 가운데 사막에 사는 베두인족을 지칭하는 이름이었다. 고대 사라센은 사막의 배인 낙타를 타고 오가는 카라반(caravan)을 습격해 물건을 빼앗거나 보호료 명목으로 통행료를 뜯어내는 것을 생업으로 삼았지만, 차츰 바다로 나와 해적이 되었다. 중세시대에는 '사라센'은 아랍인만이 아니라 아랍인에게 정복되어 이슬람교도가 된 베르베르인과 무어인 등 북아프리카에 사는 무슬림 전체를 의미했다.

바다에 나가서 일용할 양식을 얻는 방법에는 세 가지 길이 있다. 무역이나 어업 등 근면의 길과 해적과 같은 약탈의 길이다. 그러나 생물의 보존이 어렵던 시대에 어업은 제외되고 무역과 약탈의 길만 남는다. 농업이 번성하기 위해서는 평화와 안전이 중요한데, 즉 외침을 막아주어야 한다. 하지만 중세는 그런 것이 보장되지 않은 시대였다. 농업을 할 수 있다면 굳이 파도나 바람에 목숨을 맡길 사람은 없다.

코토르와 페라스트 같은 무역 도시는 배후에 경작지가 없기 때문에 바다로 나갈 수밖에 없었다. 그리고 이곳들은 천혜의 요새였기 때문에 다른 여러 나라들에게는 물론이고 해적들에게도 좋은 먹잇감이었다. 코토르와 페라스트 같은 도시의 지도자는 주민들에게 완전한 자유를 주고 통상이나 교역에 나서게 하는 것이 지도자에게도 주민들에게도 이득이다.

하지만 조금 부를 축적했다 하면 해적이나 외적이 나타났다. 그래도 베네치아의 지배를 받을 때는 좀 나았다. 따라서 농업도, 어업도, 무역도 할 수 없으면, 그리고 그런 것을 할 수 있어도, 손쉽게 노략질을 하는 해적질이 더 매력적이다.

기독교에서 포교활동은 대체로 교회 성직자의 직무였다. 그 반면 이슬람교에서 포교는 일반 신자의 책무였다. 따라서 무슬림이 포교를 받아들이지 않는 이교도에 대해 칼을 드는 것은 당연하다. 그 결과 무슬림 해적, 즉 사라센에게 해적질은 악이 아니라 포교활동이고 생업이 되는 것이다. 사막에서 카라반에게 통행료를 받는 것과 같이 말이다.

사라센이 아드리아 해 연안을 노략질한 것이 언제부터인지는 정확히 알 수 없지만 7세기 중반부터로 알려져 있다. 이집트의 알렉산드리아를

출발한 사라센 선박이 시칠리아 섬에서 가장 큰 도시 시라쿠사를 습격
해 파괴하고 약탈해서 800명이나 되는 남녀를 납치해 알렉산드리아의
노예시장에서 팔아버린 것이 652년으로 기록되어 있다. 그 후 지중해는
사라센 해적의 무대였다. 그때부터 북아프리카에 사는 무슬림은 사라센
이고 그들이 해적으로 알려지게 된 것이다.

　도둑이 행동을 할 때는 어느 집을 털어 얼마나 많이 도둑질할 것인가
도 중요하게 생각하지만, 도둑질한 후 발각되어 처벌을 받을 상황도 고

려한다. 그래서 어느 집을 털어야 붙잡히지 않을까를 먼저 생각한다. 그런 점에서 해적들이 노략질하기에 가장 좋은 표적은 수도원이었다.

수도원은, 수도사들이 청빈하게 살면서 기도와 노동에 몰두하며 평생을 하느님에게 바치기 위해 지은 집이다. 하지만 그것은 시작할 때 그랬을 뿐이고 신자들이 천국에 가기 위해 많은 헌금을 하고 또 유산을 수도원에 기증했기 때문에 수도원은 차츰 부유해졌다. 역설적으로 가난을 밑천으로 한 프란체스코 수도원이 수도원 중에서는 가장 부유하다. 이런 말이 있다.

"수도원들 중 예수회에는 박사가 가장 많고, 프란체스코 수도원에는 돈이 제일 많다."

중세 수도원은 위세가 커져서 그 지방의 주교와 봉건영주도 손을 댈 수 없을 정도의 독립한 종교 조직이 되었는데, 로마 교황의 명령에만 복종했다.

게다가 중세시대에는 처자식을 둔 성직자들이 간혹 있었지만, 원칙적으로 수도사는 독신이고 또 급료도 없으므로 수도원은 재산이 분산되지도 않는다. 신자들은, 하느님에게 기도를 했는데도 일이 뜻대로 되지 않는 경우 대부분 자신의 신앙심이 불충분한 탓으로 여긴다. 그 반면에 기도가 성취되기라도 하면, 그 은혜에 감사하고 또 제물을 봉헌한다.

해적이나 산적은 때로는 수도원을 습격해 파괴하는 것이 아니라 말로 협박한다. 쳐들어가서 빼앗고 죽이고 모조리 불태워버리겠다고 위협하는 것이다. 성 베네딕투스가 창설한 몬테카시노 수도원은 해적에게 금화 3,000냥을 주고 타협한 적도 있었다. 하지만 한번 돈을 내면 또다시 표적이 된다. 따라서 수도원도 요새 같은 구조로 바뀌어갔다. 기도하는 곳이어야 할 건물이 점점 군사적인 외관을 띠게 된 것이다.

수도원은 도시 바깥에 있어 노략질을 해도 잡힐 염려도 적었다. 그 반면 교회는 도시 안에 있기 때문에 붙잡힐 염려가 있었지만 도시를 노략질하기로 작정한 해적에게는 역시 좋은 표적이 되었다. 주민들은 '주님은 나의 피난처'이기 때문에 가장 먼저 교회로 피신했다. 고딕 성당은 물론이고 중세시대 성당은 정말이지 방어요새였다. 그러나 노예로 팔아먹기 위해 사람을 생포하려는 해적에게 교회는 가장 손쉬운 목표였다.

베네치아가 사는 법

바다에서 풍요로워지는 길이 두 가지 있다. 하나는 교역에 종사하는 것이고, 또 하나는 해적질을 업으로 삼는 것이다. 해양국가 베네치아는 첫 번째 길을 택했다. 베네치아공화국의 통치 이념은 무역보국(貿易報國), 즉 국익 최우선이었다. 다른 나라 통치자들이 신앙심이나 명예욕 때문에 움직일 때도 베네치아 통치자들만은 현실적인 국익을 우선적으로 판단해서 행동했다.

베네치아 상선의 항해 안전을 위협하는 해적이 그들에게 첫 번째 대결 상대가 되는 것은 당연한 일이었다. 해적 퇴치, 이것이 바다로 나가기로 결정한 베네치아인에게는 나라 만들기에 버금가는 국가 규모의 사업이 되었다. 베네치아의 방식은 같은 이탈리아의 다른 해양 도시국가들과 달랐을 뿐만 아니라 그 후 지중해 세계의 주요 국가로 등장하는 에스파니아와 프랑스와도 달랐다. 베네치아의 해적 대책은 특이했다.

이탈리아 반도의 오른쪽 해안은 완만한 선 하나로 그릴 수 있을 정도로 눈에 띄는 후미가 없다. 그러나 오늘날 슬로베니아, 크로아티아, 몬테네그로, 알바니아 영토로 나뉘어 있는 아드리아 해의 달마티아 해안은 후미가 매우 많고 또 그 구조도 들쭉날쭉 복잡하다. 해적에게는 절호의 지형이었다. 후미에 숨을 곳도 많아 그곳에 숨어 있다가 상선이 다가오면 급습했다.

지중해, 특히 아드리아 해는 조용한 바다 같지만 사실은 풍향이 자주 바뀐다. 따라서 일정 방향의 무역풍이 장기간 부는 대서양과 달리 지중해에서는 순풍에 돛을 달고 며칠씩 항해를 계속할 수 없다. 돛을 단 무역선들은 아드리아 연안을 따라 자주 기항하며 바람의 방향이 바뀌기를 기다리고 또 물품도 보급받았다. 달마티아 해안은 그런 유리한 조건을 갖추고 있었다. 해적에게 편리한 지형은 선원에게도 편리한 지형이었던 것이다.

베네치아는 아드리아 해의 가장 북쪽에, 그리고 안쪽에 위치한다. 베네치아가 동양과 교역을 하려면 아드리아 해를 빠져나가는 길밖에 없었다. 아드리아 해 연안에 해적이 우글거린다고 해서 아드리아 해 중앙을 가로질러 항해할 수도 없다. 게다가 겨울의 지중해는 상냥하지 않았다. 지중해 남부에서도 '마에스트랄레(maestrale)'라고 불리는 북서풍이 휘몰아치는 겨울바다는 혹독하다.

베네치아는 해적질이라도 하지 않으면 먹고살아갈 수 없는 이들에게 먹고살아갈 수 있는 길을 제공했다. 배는 베네치아에서 상품을 싣고, 상급과 중급 선원만 태우고 출항한다. 그 후 당장 키를 돌려 아드리아 해 동안으로 간 다음, 거기서부터는 항구에 자주 기항하면서 남하한다. 동안의 항구도시에 기항하는 목적은 항해하면서 소비하는 신선식품을 사들이는 것만이 아니라, 갤리선에는 반드시 필요한 노잡이를 승선시키기 위해서였다. 군용 갤리선도 이 방식은 마찬가지다. 상품을 싣지 않아도 속도가 중요한 군용선에서는 상선보다 많은 수의 노잡이가 필요했다. 그래서 베네치아의 배는 아드리아 해를 나갈 때까지는 항해에 필요한 것을 모두 갖추고 있지 않았다. 이오니아 해의 출구를 지키는 코르푸(Corfu)섬까지 와서야 비로소 항해할 수 있는 태세가 갖추어졌고, 오리엔트로 가는 배도, 북아프리카로 가는 배도, 지브롤터 해협을 건너 영국의 사우샘프턴으로 가는 배도 모두 코르푸 섬을 기점으로 해서 동서로 흩어져간 것은 코르푸에 도착할 때까지는 항해할 수 있는 태세가 갖추어지지 않았기 때문이다.

베네치아는 이 방식으로 일관해, 아드리아 해 동안에 사는 슬라브족을 노잡이로 고용하거나 그들이 생산한 농산물을 사주는 것으로 그들의 생활을 보장해주었다.

코토르

해적이 가까운 해안에 상륙해 육로로 습격해올 위험은 항상 존재한다. 그것을 고려해서, 도시 구조까지도 쾌적성을 희생하고 방어를 최대 목표로 삼게 되었으니, 구불구불한 골목길을 미로처럼 만들었다. 그 좋은 예가 코토르(Kotor)인데, 집들 옆으로 빠져나가는 비좁고 어두운 골목을 걷다보면 갑자기 눈앞에 작은 빈터가 나타난다. 이 빈터는 주변 집들의 채광을 고려해서 만들어진 게 아니었다. 거기에 서면 누구나 생각할 것이다. 방금 지나온 골목과 이 빈터 건너편에 뚫려 있는 철문 같은 것으로 막아버리면, 쳐들어온 해적을 독 안에 든 쥐로 만들 수 있다고. 코토르의 골목은 미로처럼 복잡하게 얽혀 있을 뿐만 아니라, 곳에

따라서는 갑자기 좁아지도록 되어 있다. 또한 골목들은 항상 여러 방향으로 길이 갈라진다. 어느 골목길을 택해도 도시 밖으로 달아날 수 있도록 되어 있다.

코토르는 아드리아 해에서 가장 깊은 피요르드 지형인 몬테네그로 코토르 만에 위치한 해안 도시인데, 고대 로마시대부터 사람들이 정착해 살았고, 유스티니아누스 1세 때 이곳에 요새가 건립되었으며, 중세 세르비아 네만이치 왕조(House of Nemanjic, 1166~1371)가 코토르를 지배할 때, 병풍처럼 둘러싸여 있는 1,747미터의 로부첸(Lovcen) 산 중턱까지, 지금 볼 수 있는 것과 같은 4.5킬로미터에 달하는 고대 성벽을 쌓았다.

코토르 인구는 1만 4,000명가량이고, BC 168년 고대 로마시대에 그

이름이 등장하는 고대 도시다. 몬테네그로에서 가장 잘 보존된 중세도시 중 하나로 1979년 유네스코 세계문화유산으로 지정되었지만, 같은 해 해안지역에 발생한 대지진으로 구시가에 있는 12~13세기 건축물이 절반가량 파괴되었는데, 1166년에 건립된 성 트뤼폰(St. Tryphon) 성당도 크게 파괴되었다. 광장 중앙에 있는 종탑은 1602년 재건축된 코토르의 상징인 건축물이다.

이 조그만 도시도 많은 역사를 가지고 있다. 1002년 불가리아제국의 통치를 받았고, 1420~1797년 사이 오랫동안 베네치아공화국의 지배를 받아서 도시 곳곳에서 베네치아식 건축물들을 볼 수 있다. 베네치아공화국의 통치를 받던 중에도 1538~1571년과 1657~1699년 사이에는 오스만제국의 지배를 받았다. 이후 오스트리아-헝가리 이중제국 등의 지배를 받았고, 제2차 세계대전 당시는 이탈리아에 병합되었다. 1945년 유고슬라비아 연방 몬테네그로공화국의 도시로 편입되었다.

페라스트의 두 섬

코토르에서 버스로 30분가량 걸리는 페라스트의 인구는 350명인데 몬테네그로인이 146명이고 101명이 세르비아인이다. 이런 조그만 마을에 관광객들이 몰려드는 이유는 페라스트 앞 바다에 떠 있는 두 개의 아름다운 섬 때문이다. 페라스트 앞 바다로 가까이 오면서 바다 중간 섬에 파란색 돔 지붕의 교회가 보였다. 나는 그 모습으로 미루어 당연히 그리스정교회 성당이거니 했다.

베네치아는 옛날 넓은 바다 습지에 말뚝을 박고 도시국가를 건설했다. 두바이는 모래벌판에 거대한 미래형 해상도시를 만들고 있다. 그러

나 페라스트는 바다에다 인공섬을 만들고 교회와 수도원을 지었다. 그 옛날 조그만 마을 사람들이 말이다. 페라스트는 오랜 옛날부터 무역업에 종사하던 마을인데, 달마티아의 다른 마을과 마찬가지로 해적과 이민족의 침입을 자주 받았다. 1420년부터 1797년까지 베네치아공화국의 식민지였다.

두 섬까지는 먼 도시에서 큰 배로 오는 경우도 있지만, 페라스트 부두에서 작은 모터보트로 10분이면 닿는다. 선착장도 별도로 없고 선원도 사람이 부르면 한 명이 달려온다. 조금 과장하면 수영을 잘하는 사람은 헤엄을 쳐서 올 수 있는 거리다.

페라스트 부두에서 가는 방향으로 왼편에 있는 성 조지 수도원은 큰

사이프러스 나무에 둘러싸여 있는 적색의 수도원으로 남성적이다. 반면 바위 위의 성모성당은 나무 한 그루 없는 섬에 푸른색 지붕을 가진 하얀색 성당으로 여성적이다.

　바위 위의 성모성당(Our Lady of the Rock, Gospa od Skrpjela)은 1452년 두 명의 베네치아 선원이 바다 위의 한 작은 바위 위에서 성모상을 발견하고 그 자리에 성당을 세웠다는 전설이 있다. 그러나 이 교회 건물은 처음에는 세르비아정교회로 건립되었고, 1632년 개축할 때 가톨릭 성당으로 바뀌었으며 1722년에 증축되었다. 그러니까 바위 위의 성모성당 섬은 인공섬인데, 매년 7월 22일 해질 무렵 주민들은 보트에 돌을 가득 싣고 이곳으로 와서 바다에 던지는 행사 겸 축제를 벌인다. 섬을 조금

이라도 더 키우기 위해서.

12세기에 건립된 성 조지 베네딕트 수도원(St. George Benedictine Monastry, Ostrvo Sveti Dorde)은 페라스트 유지들의 무덤이 있다. 성 조지 섬은 자연섬이다. 성 조지 수도원은 일반에게 잘 개방하지 않는다.

바위 위의 성모성당 교회 건물에는 미술관이 붙어 있고 관광객들로 붐빈다. 성당 지붕은 이슬람 건축처럼 푸른색 돔이고, 벽은 로마네스크 식이어서 창문이 없고 동방정교회 분위기가 풍기는 벽화로 장식되어 있다. 성당 제단 뒤쪽으로 들어가면 작은 미술관이 나오는데, 해양도시의 오래된 유물들을 볼 수 있다. 16세기 당시의 어부와 주민들 삶의 방식을 추측할 수 있는 유물들이 꽤 많이 보관되어 있었다.

　한쪽 벽에는 멀리 고기를 잡으러 나갔다가 돌아오지 않는 남편을 기다리며 한 여인이 수십 년 동안 자신의 머리카락을 이용해 짠 성모상 레이스가 액자에 담겨 있었다. 많은 관람객이 그 앞에서 사진을 찍거나 우두커니 섰다가 지나갔다.

　두 개의 성당과 수도원에는 전설이 내려온다. 페라스트를 점령했던 프랑스 군인과 한 처녀가 사랑에 빠졌다. 어느 날 군인은 명령에 따라 그녀가 사는 마을을 포격했는데 포격으로 사랑하는 처녀가 죽고 말았다. 괴로워하던 그 군인은 결국 수도사가 되어 죽을 때까지 성 조지 섬에서 살았다고 한다.

　인구 350명의 페라스트 시내에는 16세기에 건축된 바로크식 궁전이

발칸, 시간이 멈춘 곳

있고, 가톨릭교회가 17개나 되고 두 개의 정교회가 있다. 그러니까 교회 하나당 인구 17명이다. 그 이유는 이렇다. 18세기 이 도시가 베네치아 지배 하에 있을 때 조선소가 네 개나 있었고 범선이 100척이 넘었으며 상주인구는 1,643명이었다. 그 후 증기선이 등장하자 도시는 쇠퇴해 1910년 430명으로 줄어들었다. 1943년에는 무솔리니의 이탈리아 군대가 또 점령했고 인구는 350명으로 줄어들었다. 1945년 다시 유고슬라비아 연방 도시가 되었다.

갑자기 나는 이은상의 시 「장안사」가 생각났다.

"장하던 금전벽우(金殿碧宇) 찬 재 되고 남은 터에 이루고 또 이루어 오늘을 보이도다.

흥망이 산중에도 있다 하니 더욱 비감하여라."

10
•••

스플리트,
디오클레티아누스의 꿈

"세상에는 스플리트 같은 스플리트는 없다"라는 말이 있다. 어법상 타당하지 않은 이 말은 아마도 이 세상에 스플리트만한 도시도 없을 것이라는 뜻이리라.

고대 로마 도시 스플리트

스플리트(Split)는 찬란한 태양이 연평균 7시간가량 내려쬐는, 다시 말해 일조량이 유럽에서 가장 많은 도시 중의 하나이고, 눈부신 푸른 바다, 반짝이는 흰 대리석이 깔린 산책로, 그 길을 따라 늘어선 야자수, 길 옆 노천카페 등이 있고 도심에서 조금 벗어나면 해수욕장도 많기 때문에 얼핏 휴양도시로 보이지만, 사실은 전형적인 고대 로마 도시다.

로마 시대의 웅장한 궁전, 중세에 개축된 대성당과 종탑, 르네상스와 바로크 양식의 건물들이 뒤섞여 있는 스플리트. 이 고풍스런 도시는 두브로브니크에서 북쪽으로 약 150킬로미터 떨어져 있다. 고대 그리스 정착민들은 이곳을 아스팔라도스(Aspalathos)라 불렀는데 이탈리아어로는 스팔라토(Spalato)다.

디오클레티아누스 궁전

스플리트에 온다는 것은 곧 디오클레티아누스의 궁전을 본다는 것이다. 디오클레티아누스 황제는 313년(311년 설도 있음) 사망했으므로 그래도 이 궁전에서 8년 이상 살았다. 디오클레티아누스 궁전은 스플리트 구시가의 중심지로서 야외박물관이나 다름없다. 디오클레티아누스 궁전의 이끼 낀 성벽은 틈새에서 자라는 덤불로 얼룩져 있고 아치 모양의 창은 오래전에 벽돌로 막혀 있었다. 성벽은 로마시대의 것 위에 비잔틴시대와 그 후대의 것이 덧쌓여 있다.

황제는 노년을 편히 지내기 위해 자신의 고향 근처인 스플리트에 이 궁전을 만들었다. 동서 181미터, 남북 215미터 규모의 궁전 건물은 두께 2미터, 높이 20미터가 넘는 성벽으로 둘러싸여 있는데, 295년부터 스플리트 앞 바다 브라체(Brac) 섬에서 채굴한 질 좋은 석회암, 그리스와 이탈리아에서 수입한 대리석으로, 그리고 기둥과 스핑크스는 이집트에서 가져와 305년, 그러니까 10년이라는 짧은 기간에 완성되었다. 브라체 섬의 회색 사암(砂岩)은 1,500년 후 워싱턴 백악관을 지을 때도 공급되었다.

궁전의 구조는 로마군 진영의 구조로 이루어졌는데, 중앙을 동서와 남북으로 넓은 도로가 지나가면서 도시를 4구역으로 나누고, 구역 끝에는 각각 문이 있다. 북쪽은 금문, 동쪽은 은문, 서쪽은 철문, 남쪽은 청

동문이라고 부른다. 궁전 사방에는 원래 16개의 감시탑이 있었는데, 지금은 3개만 남아 있다. 바다 쪽으로 향한 남쪽 청동문은 황제의 주거 공간과 직접 통한다. 황제의 주거 공간이 작은데다 방어시설도 하지 않은 것은 황제가 직접 배로 접근하기 쉽도록, 그리고 보급물품을 들여오기 쉽도록 하려는 것으로 추정된다.

바다에 면한 쪽으로 디오클레티아누스 황제와 가족들이 살았고, 42개의 창문(지금은 대부분 막았지만)이 있어 바다를 볼 수 있었다고 한다. 반대편은 700명의 하인들과 병사들의 거처로 사용되었다. 궁전의 중심은 페리스틸(Peristyle) 광장이다. 페리스틸 광장은 정문에서 올라오는 길보다 세 계단 낮게 지어졌다.

　궁전 정문인 남문은 상인들로 왁자지껄한 지하 통로다. 통로 끝 계단을 올라가 바로 만나는 둥근 돔 지붕은 전쟁 통에 파손되어 뚫린 틈으로 파란 하늘이 보였다. 돔 아래 비교적 넓은 원형 공간에는, 늘 그런 것은 아니겠지만, 4명으로 구성된 남성 아카펠라 그룹이 노래를 부르고 있었다. 조금 더 가면 페리스틸 광장인데, 관광객들로 북적인다. 매년 여름 이곳에서 오페라 「나부코」가 공연된다.

　광장은 지금도 중세 분위기를 느낄 수 있다. 16개의 원기둥들이 가로 35미터, 세로 13미터의 콜로네이드(colonnade)를 형성하고 있다. 콜로네이드는 (그리스 로마 건축에서 자주 보이는) 지붕 덮인 보도(步道) 혹은 (건물 윗면에서 튀어나와 건물 입구를 보호하는) 현관(porch)을 받치는, 로마 바티칸

대성당 광장에서 보는 것과 같은 기둥 주랑(柱廊)이다.

　광장 오른쪽 대성당은 원래 디오클레티아누스 황제의 영묘였지만 중세시대 지오반니 다 라벤나 주교는 황제의 영묘를 가톨릭교회로 개조하고, 그 맞은편 주피터 신전은 세례당으로 바꿔버렸다. 해서 영묘와 신전은 황제가 박해했던 그 기독교도들이 믿는 교회와 세례당으로 바뀌었다. 대성당 입구에는 60미터 높이 신로마네스크식 종탑이 있다. 종탑 전망대에 올라가면 스플리트 구시가는 물론이고 아드리아 해가 멀리까지 보인다.

　스플리트 구시가를 둘러보면 각종 건축양식이 혼재되어 있음을 알 수 있는데, 중세 시대에는 종종 로마 유적지를 헐어버리고 고딕 양식의

건물을 지었고, 이후에는 르네상스와 바로크 양식 건물을 덧붙여 지었기 때문이다. 스플리트 구시가는 콜로네이드 옆에 주거지를 만들면서 형성되었다. 그 후 고딕, 르네상스, 바로크 등 다양한 양식의 건물이 들어서 지금의 모습을 갖추었다.

광장 왼쪽 후미진 곳에 주피터(그리스어로는 제우스) 신전이 있는데, 디오클레티아누스는 자신을 모든 신들 가운데 가장 힘이 센 주피터의 아들이라고 믿었고 당시 사람들 역시 황제를 신으로 여겼다. 황제는 계절이 바뀔 때나 중요한 행사가 있을 때마다 주피터 신전에서 신하들과 주민들의 알현을 받았다.

신전을 장식하기 위해 이집트에서 가져온 검정색 스핑크스는 머리가

깨어져 있고, 신전 내부에는 전혀 어울리지 않는 색다른 청동조각이 하나 있다. 수심에 가득 찬 얼굴에 오른손을 내밀고 손가락은 무엇을 가리키려는 듯 힘이 들어가 있는데, 조각의 작가가 바로 메슈트로비치다.

디오클레티아누스 황제가 사망한 후 313년부터 궁전에는 황제의 가족들이 살았다. 궁전 안에 있는 200개 건물에는 지금도 3,000명가량의 사람들이 살고 있다.

궁전 골목길을 따라 북쪽 금문으로 나오면 10세기 크로아티아의 그레고리 닌 주교가 성경을 들고 있는 거대한 동상이 서 있다. 그는 로마 교황에게 미사와 설교를 라틴어가 아닌 크로아티아어로 해달라고 설득한 사람이다. 그레고리 닌 주교의 오른발 엄지발가락을 만지면 행운

이 찾아온다는 전설이 있어서 이곳을 지나가는 사람들은 재미로도 한 번씩 만지고 가는 바람에 주교의 엄지발가락은 반질반질하다. 로마 바티칸 대성당의 베드로 성인 조각의 발이 그렇듯이 말이다. 이 조각 역시 메슈트로비치가 1929년 제작한 작품이다. 원래는 페리스틸 광장에 있었으나 1941년 이탈리아 점령군이 철거했고, 1954년 현재 자리에 세워졌다.

골목길을 따라 서문으로 나오면 만나는 곳이 나로드니 광장이다. 광장 주변에는 노천카페가 자리 잡고 있고, 조금 더 서쪽으로 나가면 수산물 시장이 있다.

발칸반도에서 태어나 로마제국 황제가 된 디오클레티아누스

3세기 말 디오클레티아누스 황제는 로마 역사에서 '군인황제 시대'라 부르는 혼란기를 종식시키고, 이민족들을 몰아냈으며 또 지중해를 정복한 강력한 황제였다. 에드워드 기번에 따르면 최초의 발칸 출신 황제였던 그는, 선대 황제들 중 그 누구보다도 더 뛰어났으며 초창기에 계속되던 무질서 상태 끝에 로마를 재편하는 수완을 발휘했기 때문에 '새로운 제국의 창시자'로 볼 수도 있다고 한다. 디오클레티아누스 황제는 기독교 신자를 박해한 황제로 유명하다.

디오클레티아누스는 스플리트 근처 살로나의 하층민 집안에서 태어난 것으로 추정된다. 황제 누메리아누스의 경호대장으로 재직하던 중 284년 황제가 사망하자 부하들이 디오클레티아누스를 황제로 옹립했다. 당시 로마제국은 북유럽의 상당 부분과 근동 이외에도 지중해 지역을 전부 포함하고 있었는데, 이제는 이 제국도 한 사람이 통치하기에는 너무 광대해졌다고 생각한 디오클레티아누스는 293년 로마제국을 동서로 양분해 두 명의 정제(Augustus)가 맡고 각각의 정제는 부제(Caesar)를 하나씩 두어 방위분담을 나누어 통치하는 사두정치체제(Tetrarchy, leadership of four people)를 시작했다. 295년 디오클레티아누스는 장군 막시미아누스를 부제로 임명하고 밀라노를 새 수도로 삼았다. 이듬해에는 그를 다시 정제로 승격시키고 공동으로 제국의 동쪽을 통치했다. 갈레리우스에게 발칸 지역을 관할하게 했고, 콘스탄티우스 1세에게는 에스파냐, 갈리아, 영국 등지를 관할하게 했다. 사두정치체제 아래에서 4명의 황제 위치가 동등한 것은 아니었다. 디오클레티아누스는 자신을 세니오르라고 부르면서 다른 황제들과 구별했고 중요한 결정은 직접 내렸다.

디오클레티아누스의 로마 복원 정책과 사두정치체제는 매우 인상적이지만 그다지 성공을 거두지 못했고 로마의 쇠퇴를 막지 못했으며 오직 그 쇠퇴기를 연장하는 역할만 했을 뿐이다. 사두정치체제에서 로마군단은 병력을 증강시켰는데, 제국을 안전하게 보호하기 위한 이유도 있었지만 네 명의 황제가 각각 자기 휘하의 병력을 증강시켰기 때문이다. 이는 필연적으로 재정 확대를 수반했기 때문에 세금면제 혜택을 받아오던 본국 로마에도 세금을 부과했다. 그것은 인플레를 유발했는데, 디오클레티아누스는 기축통화인 데나리우스 은화를 폐지하고 새로운 은화와 동화를 발행했고, 301년 인류역사상 최초의 가격통제제도라고 할 수 있는 가격통제칙령을 공포하고 상품과 서비스의 최고 가격을 정했으나 인플레이션을 막을 수 없었고, 로마 경제는 서서히 위축되었다.

디오클레티아누스는 가장 강력하게 기독교도를 박해한 황제로 알려져 있다. 실은 그 박해를 자행한 사람은 발칸 지역의 통치자 갈레리우스였다. 303년 기독교도 탄압을 위한 칙령을 발표하고 기독교회와 성물을 파괴하고 기독교도의 집회를 불허했다. 그러자 동방과 소아시아에서 봉기가 일어났다. 디오클레티아누스는 그들을 단호하게 진압했고, 사제들과 주교들을 체포해 감옥에 가두었다. 304년에는 기독교도를 고발이 없어도 추적해서 고문할 수 있도록 했고 모든 사람이 로마 이교도신을 위한 제사를 올려야 한다고 명령했으며 이를 어기면 사형이나 강제노역에 처했다. 당연히 기독교도 중에는 순교자가 많이 나왔고 배교자도 역시 많이 나왔다. 기독교 역사에서는 이 시기를 '대박해시대'라고 부른다. 기독교 박해는 309년까지 지속되었고, 313년 디오클레티아누스의 사망과 콘스탄티누스 1세의 밀라노 칙령으로 완전히 끝났다.

305년 5월 1일 디오클레티아누스와 막시미아누스는 각각 니코메디아(Nicomedia)와 밀라노에서 돌연 은퇴를 선언한다. 로마 역사상 황제 직위에서 스스로 물러난 것은 그가 최초이자 또한 마지막이었다. 그 이전의 어느 황제도 이렇게 자진 퇴위를 한 적이 없고, 그 후의 황제나 가톨릭 교황들 중에서도 그 본보기를 따랐던 사람은 없었다. 그가 그런 결심을 하게 된 데는 병세가 원인이 되었을지도 모르지만, 그 결심이야말로 군인으로서의 경험과 의무감으로 학식의 부족을 충분히 보완한 한 인간의 지혜와 겸허함을 보여준다. 황제는 남은 나날을 질병 치료와 채소재배로 보냈다. 308년 부하들이 황제에게 복위를 요청하자 황제는 이렇게 대답했다.

"내가 손수 가꾸어놓은 채소밭을 그대가 황제에게 보여줄 수만 있다면, 황제는 내가 누리는 평화와 행복을 끝없는 욕망의 폭풍과 바꾸라고 말하지 않을 걸세."

그러나 역사적 진실은 잘 알 수 없는 것이어서, 디오클레티아누스는 자살로 생을 마감했다고 한다. 그는 결코 행복하지 않았는지도 모르겠다(디오클레티아누스 황제 이야기는 손근홍 사장이 들려준 것을 바탕으로 작성했다).

항구도시 스플리트

스플리트는 중부 달마티아 지역에 위치해 있는 항구도시이며 인구 약 19만 명으로 크로아티아 제2의 도시이고, 달마티아 지역 산업과 행정 문화의 중심지다. 또한 승객과 화물수송에 유리한 항구 도시로서 연안과 섬을 연결하는 해양 교통의 중심지이자 내륙과 연결되는 철도의 종착역이다. 증기선의 발달, 그리고 발칸 내륙 지역과 철도가 연결되면서 스플리트는 공업화로 경제가 활성화되고 도시 인구도 늘어났다. 조선, 플라스틱, 시멘트, 식품 등을 주로 생산하고, 상업용 부두와 군사 항구가 도시 외곽에 자리 잡고 있다.

스플리트는 또한 문화 및 교육도시인데, 지중해 지역 환경보호(Regional Activity Centre for the Priority Actions Programme)를 위한 UN 기관이 있다. 여름에는 '스플리트 팝음악 페스티벌' 등 각종 음악회가 개최된다. 스플리트에는 스포츠 보트용 항구와 도시 중심 항구 등 4개의 항구가 있다. 이탈리아의 안코나와 베네치아, 그리스, 두브로브니크와 연결된 배편이 있으며, 공항은 10킬로미터 떨어진 레스닉(Resnik)에 있다.

지정학적으로 요지에 있고 자체 방어능력이 부족했기 때문에, 3세기 말 디오클레티아누스 황제가 궁전을 만들면서부터 번성하기 시작한 스플리트도 여러 민족의 지배를 받았다. 로마 군단이 있었던 고대도시 살로나(Salona, Solin)가 614년 슬라브족에게 함락되자 살로나의 로마 시민들은 인근 섬으로 피신했고 일부는 디오클레티아누스 궁전 안으로 피신했다. 수십 년 후 슬라브족들이 떠나고 살로나 시민들이 돌아왔을 때 그들이 기거할 수 있는 곳은 궁전밖에 없었다. 그들은 궁전의 높은 벽 옆에 또 다른 벽을 쌓고 살았는데 아직까지 그들 후예가 이곳에 살고 있다. 그때 이후 궁전은 스플리트 시청이 되었다. 그 뒤 슬라브족들이 들어와 살았다. 오랫동안 슬라브족과 도시 주민들이 섞이면서 새로운 문화가 들어왔고 번영했다.

7세기경 스플리트라는 지명도 붙여졌다. 812~1069년까지는 비잔틴 제국이 지배했고, 그 뒤 크로아티아에 합병되었다. 1105년에는 헝가리-크로아티아 왕국에 주권이 넘어갔다. 1402년부터 베네치아의 보호령이 되었고, 베네치아 왕국이 이곳을 통치하면서 도시의 경제력은 쇠퇴하기 시작했다. 16세기에는 오스만제국의 위협을 받게 되었다. 1805년 스플리트를 포함해 달마티아 지역은 나폴레옹이 이끄는 프랑스에 주권이 넘어갔다. 1813년에서 1918년까지 다시 오스트리아—헝가리 이중제국의 통치를 받았다.

다양한 민족들이 섞이고 통치자들이 자주 바뀌었고 외침도 잦았기 때문에 이곳에는 로마식 성벽에서부터 오스트리아의 신고전주의 양식에 이르기까지 여러 형태의 문화가 섞여 있다. 1882년 스플리트는 크로아티아 왕국의 일부가 되었으며, 19세기 후반 스플리트의 경제가 발달하면서 주요 공업도시로 자리 잡았다. 20세기 이곳은 발칸의 중요한 항구가 되었다.

달마시안

달마티아는 점박이 개 달마시안(Dalmatian)의 원산지로 주장되는데, 고대 그리스와 고대 이집트의 조각이나 그림에 반점이 있는 비슷한 개가 등장하고 있어 수천 년의 역사가 있는 것으로 추정되고, 날씬한 외관 때문에 이탈리아의 포인터와 그레이트 덴과 잡종이라는 설, 그리고 인도의 테리어와 터키의 개를 교배시켜 번식된 종이라는 설 등 여러 가지 주장이 있다.

18세기 중엽부터 달마시안이라는 이름이 정착되었는데, 특히 집시들이 이 개를 좋아해서 여러 지방으로 데리고 다녔으며, 또 독특한 반점 때문에 많은 사람들이 좋아한다. 지역에 따라 잉글리시 코치 독(English Coach Dog), 캐리지 독(carriage dog), 플럼 퍼딩 독(Plum Pudding Dog), 퍼스트 하우스 독(First House Dog), 스포티드 딕(Spotted Dick) 등으로 불린다.

개의 종류는 200여 가지인데, 수렵견, 조렵견, 테리어, 실용견, 사역견, 애완견, 군견 등으로 나뉜다. 달마시안의 용도는 처음엔 군견으로서 달마티아와 유고슬라비아 국경을 지키는 경비견이었다. 소방견으로서 소방서의 마스코트이기도 하고, 또한 작업견, 목양견, 사냥견, 그리고 마차 호위견으로도 사용되었다. 특히 기억력이 뛰어나서 종종 서커스단에서 익살꾼 역할도 하고 훈련견의 역할도 한다. 따라서 달마시안은 거의 모든 역할을 다할 수 있는 다목적 용도의 개로 인정받는데, 그중에서도 훈련견으로서 역할이 뛰어나다.

1961년 디즈니랜드에서 도디 스미스의 1956년도 소설을 바탕으로 애니메이션 「101마리의 달마시안 개」를 만들었고, 1996년에는 같은 제목으로 글렌 클로스가 주연한 영화가 제작되었으며, 2000년에는 속편 「102마리 달마시안」이 제작되었다.

우리는 스플리트에서 점심을 먹고는 이반 메슈트로비치 갤러리가 있는 곳으로 갔다.

발칸의 로댕, 이반 메슈트로비치

소용돌이치는 변화가 일어나는 변경에서 아직도 그 정체성을 확립하지 못한 민족의 자손이었으므로, 로댕이 프랑스인으로 자처할 필요가 없었던 것과는 달리, 이반 메슈트로비치는 자기가 크로아티아인임을 확인할 필요가 있었다.

성모승천축일 들판에서 태어나다

크로아티아 사람들은 메슈트로비치를 '크로아티아의 미켈란젤로(Croatian Michelangelo)'라고 부른다. 정말이지 메슈트로비치는 조각의 거장일 뿐만 아니라 미켈란젤로처럼 거친 세월을 열심히 살았다. 그는 평생 150개가 넘는 전시회에 참가했다. 이반 메슈트로비치는 발칸전쟁, 제1차 세계대전, 러시아 혁명, 제2차 세계대전으로 이어지는 예상치 못한 변화가 일어나던 혼란의 시대에 살았다. 뿐만 아니라 그의 태어남도 예상치 못한 것이었다.

1883년 8월 15일 자그레브 동쪽 브르폴예(Vrpolje) 마을, 이날은 가톨릭
교회에서 마리아가 승천한 날을 기념하는 성모승천축일이었으므로 마을
사람들은 휴일을 즐기고 있었다. 그러나 가난한 농부의 아내 마르타는
수확기를 놓치지 않기 위해 만삭인데도 들판에서 일을 하다 갑자기 산기
를 느꼈고 함께 일하던 아낙들이 출산을 도왔다. 산모는 들판에서 성모
승천축일에 태어난 이 아이는 성공할 운명을 타고났음을 확신했다. 이날
태어난 아이가 바로 이반 메슈트로비치였다.

메슈트로비치 가족은 곧 시베니크 동북쪽 드르니스(Dmis)에서 가까운
작은 마을 오타비체(Otavice, 자그레브와 트리에스테 사이에도 같은 이름의 도시
가 있다)로 옮겼다. 하지만 가난한 집안 형편으로 제대로 교육을 받지 못
했다. 1899년 메슈트로비치는 드르니스에서 가까운 스플리트에 사는 석
공 파블 빌리니츠의 눈에 띄어 그의 공방에 도제로 들어갔다. 보수는 하
루 한 끼 식사를 공짜로 제공받는 것뿐이었지만 일을 잘했고, 틈나는 대
로 고대 그리스 로마 예술을 모방해 작품도 만들었다. 게다가 행운이었
던 것은 고등학교 교사였던 빌리니츠의 부인이 메슈트로비치가 정규교
육을 받도록 도와준 것이다.

메슈트로비치는 고대 그리스 로마시대 신화, 성서 이야기, 애국적인
스토리를 바탕으로 작품을 만들었다. 그 결과, 나중의 일이지만, 그의
작품들은 사회적, 정치적, 종교적 메시지를 강렬하게 담고 있다.

이반 메슈트로비치 갤러리

스플리트와 리예카 사이에 있는 이반 메슈트로비치 갤러리(Ivan Mestrovic
Gallery, Mestrovic Gallery Split) 정원에서는 지중해가 굽어보인다. 이곳에 수집

되어 있는 청동 누드 조각들은 지금까지 보아온 공공 기념물들과는 달리 사사롭고도 보다 글로벌한 모습을 보여준다. 로댕과 마찬가지로 메슈트로비치도 큰 주제를 단순한 몸짓으로 표현한다. 여인이 목을 길게 빼고 하늘을 보며 두 손을 맞잡고 있는 「희망」(1925), 견딜 수 없는 고통에 빠진 인간의 모습을 하고 있는 「욥」, 여인이 웅크린 자세로 곰곰이 생각에 젖은 「명상」(1924), 두 손을 머리 뒤로 해서 불안정하게 몸을 뒤로 젖힌 「몸을 기대고 있는 여인」(1932) 등을 볼 수 있었다.

갤러리 1층 오른쪽 끝방 안쪽에 있는 회반죽 상태의 「로만 피에타」(1942~1943)는 압권이다. 한눈에 미켈란젤로의 「피에타」를 연상시키는 이 작품은 아리마데 사람 요셉이 선 채로 예수를 안고 있고, 막달라 마리아가 옆에서 예수를 애절하게 받치고 있다. 메슈트로비치는 아리마데는 자신을, 그리고 막달라 마리아는 딸을 모델로 삼았다.

이 건물은 메슈트로비치가 고대 그리스 로마 유적이 많은 스플리트에 자신의 주택 및 작업장으로 사용하기 위해 1931년 직접 설계해서 1939년 완성한 건물이다. 원래 넓은 방은 가족이 사용하고 작은 방은 전시실로 사용했다. 메슈트로비치와 가족은 실제로 이곳에서 살았고 메슈트로비치는 1941년 자그레브로 떠났다.

1952년 메슈트로비치는 자그레브의 아틀리에, 스플리트 갤러리, 스플리트 예술단지, 오타비체의 가족묘지, 그리고 자신의 작품을 크로아티아공화국에 기증했다. 스플리트의 메슈트로비치 갤러리는 같은 해 9월 9일 개관식을 가졌다. 처음에는 70여 점의 작품으로 문을 열었다. 갤러리 건물은 주거공간과 전시관 그리고 예술가들을 위한 아틀리에로 나뉘어 있으며, 그의 대부분 작품이 전시되어 있다. 커다란 청동 조각상은 정원

에 전시되어 있고 작은 대리석, 석조, 나무, 청동으로 만든 작품과 유화나 스케치 작품 등은 전시관에 있다.

갤러리는 제2차 세계대전과 크로아티아 독립전쟁 등 혼란기 동안 폐관되었다가 1995년부터 복구해서 1998년 5월 18일 재개관했다. 갤러리는 작업실, 전시실, 별채 등으로 나뉘어 있다. 지금 갤러리가 소장하는 작품들은 메슈트로비치와 그의 후손들이 기증한 것이 대부분이며 후손들 소유인 것도 있다. 현재 갤러리가 보유하고 있는 작품들을 종류별로 보면 조각 192개, 드로잉 583점, 그림 4개, 건축설계도 291개(1898~1961년 사이 작품), 그리고 2점의 가구세트 등이다. 가구 중 하나는 과거 식당으로 사용했던 자리에 전시되어 있다.

메슈트로비치의 우상 미켈란젤로

고딕 양식에 뒤이어 르네상스 운동이 일어난 피렌체는 르네상스 조각의 본거지였다. 르네상스의 시작을, 피렌체 대성당 세례당의 청동문 조각을 맡을 조각가를 선정하는 공개경쟁이 있었던 1401년으로 보기도 하고, 1408년 도나텔로가 대성당 정면에 놓을 4명의 성인 조각을 만들기 시작한 때로 보기도 한다. 청동문 조각 입찰경쟁에서 이긴 로렌초 기베르티는 그것을 1403년 착수해서 1424년에 완성했다. 미켈란젤로가 '천국의 문'으로 명명한 기베르티의 작품은 10개의 부조로 되어 있다.

도나텔로는 고대 이래 처음으로 벽에서 완전히 독립된 조각을 만들었는데, 그것이 청동으로 만든 「다비드」다. 그리고 파도바의 산 안토니오 성당 광장에 역시 청동으로 거대한 기마상 「가타멜라타」를 완성했다. 「다비드」와 「가타멜라타」는 고대 그리스 로마의 정신을 보여주는 대표적인 작품들이다.

미켈란젤로는 조각을 도나텔로의 제자 베르톨도 디 조반니로부터 처음 배웠고, 그 후 메디치 가에 기거하면서 조각을 했기 때문에, 메디치 가의 후원을 받고 또 메디치 가에 자주 방문했던 도나텔로의 작품을 일찍이 접했다. 미켈란젤로는 23세 때인 1498년 바티칸 대성당으로부터 예수의 시체를 무릎 위에 놓고 애도하는 마리아를 표현한 「피에타」를 주문받아 1500년 완성했는데, 한 개의 대리석 덩어리에 예수와 마리아 두 인물을 조각해 그의 명성은 확고해졌다. 다음해 1501년 미켈란젤로는 피렌체 정부로부터 「다비드」를 주문받았고, 29세 때인 1504년 높이 5.49미터의 「다비드」를 완성하고 피렌체 시뇨리아 광장에 세웠다.

미켈란젤로가 「피에타」를 완성한 지 꼭 400년 후인 1900년 말 17세의 달마티아 청년 메슈트로비치는 조각을 공부하러 빈에 도착했다. 메슈트로비치는 1901년부터 1904년까지 1692년 설립된 유서 깊고도 유명한 빈 예술 아카데미(Academy of Fine Arts Vienna, Akademie der bildenden Künste Wien)에서 조각과 회화와 건축을 배웠다.

메슈트로비치가 1900년 말 빈에 도착한 직후 빈 예술 아카데미에 입학한 것은 아니었다. 그는 독일어도 몰랐고 미술의 기초도 약했으며 문학과 역사와 기하학은 더욱 몰랐다. 해서 1901년 여름 내내 그런 과목들을 공부했다. 그런 노력 덕분에 메슈트로비치는 나중에 종종 시도 썼고 책도 발표했다.

그런 지루한 것을 배우면서 메슈트로비치는 자주 빈 주변의 무덤으로 가서 낡은 묘비석이나 목수들이 버린 나무를 이용해서 조각을 했다. 메슈트로비치는 어느 날 비교적 좋은 묘비석을 하나 얻어 미켈란젤로의 「피에타」를 본떠 조각을 하고는 빈 예술 아카데미에 제출했다. 1901년 가을 메슈트로비치는 빈 예술 아카데미에 입학하게 되었다.

빈 예술 아카데미에는 현대 건축의 거장 오토 바그너가 1894년부터 교수로 재직하고 있었는데, 오토 바그너는 메슈트로비치보다 40세나 많았지만 메슈트로비치의 재능을 인정하고 그를 아르누보, 즉 빈 분리파의 지도자 클림트에게 소개했다. 메슈트로비치는 1903년 분리파에 입회해 1910년까지 분리파가 개최하는 전시회에 출품했고 또 분리파 예술가들과 교분을 맺었다.

메슈트로비치는 이탈리아 피렌체와 로마를 여행하면서 본 「노예」 시리즈 조각에 큰 감명을 받았고 작품을 직접 만져보지 못한 것을 평생 한스럽게 여겼다. 미켈란젤로는 「반항하는 노예」와 「죽어가는 노예」를 제작한 후 네 점의 노예를 더 제작하다가 미완성으로 남겼다. 이것들은 1520년에서 1530년 사이에 제작된 것들로 피렌체 아카데미아 박물관에 소장되어 있으므로 간혹 '아카데미아 노예'라고 부른다. 이 작품들에 붙여진 제목은 「큰덩이 머리 노예」, 「젊은 노예」, 「잠에서 깨어나는 노예」, 「수염난 노예」 등이다. 메슈트로비치는 로마에서는 「피에타」와 시스틴 경당의 벽화들에 심취했다.

재미있는 한 가지 에피소드. 1907년 한 젊은 화가가 빈 예술 아카데미에 입학을 신청했으나 거절당했다. 그는 다음 해에 입학을 신청했지만 또 거부당했고, 그 후 그는 빈 시내에서 주로 수채화를 그려서 팔았다. 1918년 제1차 세계대전이 발발하자 화가로서의 꿈을 접고 그는 바이에른 군대에 지원했다. 그가 바로 아돌프 히틀러였다. 지나간 역사에

'만약'이라는 말은 의미가 없기는 하지만, 그래도 만약에 히틀러가 빈 예술 아카데미에 입학해 화가가 되었다면 제2차 세계대전은 일어나지 않았을까?

1911년 로마에서 개최된 국제 전시회에서 메슈트로비치는 조각부문에서 1등을 해 국제적 명성을 얻기 시작했는데, 이때 그가 제출한 작품이 앞서 이야기한 코소보 전쟁을 배경으로 한 「코소보 여인(Maiden of Kosovo)」 시리즈였다.

1924년 그가 처음으로 미국에서 작품을 전시했을 때 한 평론가는 '르네상스 이후 최고의 조각가'라고 칭했다. 그 무렵 메슈트로비치는 뉴욕에서 발명가 니콜라 테슬라를 만났고 두 동향 사람은 곧 친하게 지냈다. 10년이 지난 뒤인 1939년 테슬라는 자그레브에 있는 메슈트로비치에게 자신의 흉상을 만들어달라고 전보를 쳤다. 지금 테슬라의 흉상은 벨그라드에 있는 테슬라 박물관(Museum of Nikola Tesla in Belgrade)에 있다.

1930년대 나치 독일은 메슈트로비치의, 강력한 힘을 가진 기념비적 형태의 작품 가치를 인식하고 베를린에서 작품 전시를 할 것을 요청했다. 그 전시회에 히틀러가 직접 참가해서 테이프커팅을 할 예정이었다. 메슈트로비치는 그 요청을 거절했다.

제2차 세계대전이 진행되는 중에 크로아티아의 나치 괴뢰 정부는 메슈트로비치에게 손을 내밀었으나 메슈트로비치는 협조를 거절했다. 메슈트로비치는 자그레브 인근의 악명 높은 사브스카 체스타 감옥에 투옥되었다. 수개월 후 메슈트로비치는 로마 교황청의 도움으로 베네치아 비엔날레에 참가할 수 있었고 틈을 타서 스위스로 피신했다. 스위스에서 『나는 아직도 희망한다(Dennoch Will Ich Hoffen)』를 독일어로 출판했다.

제2차 세계대전 후 티토 정부는 그의 명성을 활용하려는 목적으로 메슈트로비치가 귀국하도록 종용했다. 티토 개인도 메슈트로비치에게 자유와 부를 약속했다. 하지만 메슈트로비치는 거절했다. 제2차 세계대전 후 메슈트로비치는 미국 시라쿠스대학교에서 조각을 가르쳤고, 1954년 미국 시민권을 취득했는데, 아이젠하워 대통령은 그를 백악관으로 초청해 축하했다. 1955년부터 미국 노트르담대학교의 예술교수로 초빙되어 사망할 때까지 재직했다.

1962년 1월 16일 메슈트로비치는 79세로 인디애나 사우스밴드에서 사망했고, 그의 유해는 드르니스 오타비체 마을에 있는 가족 납골당에 안장되었다.

메슈트로비치에게 영감을 준 로댕

근대 미술은 주제와 양식 면에서 전통을 거부한 데서 시작되었다. 1860년대 후반 프랑스에서 일어난 인상주의 회화운동은 내재적인 성질과 형체를 색채와 붓질로 탐구했는데, 인상파의 확장된 시각 개념은 조각에도 혁명적인 결과를 가져왔다.

오귀스트 로댕은 전통적 양식의 통합을 꾀했고 실물을 모델로 한 초상(조각의 기초)의 길을 열었다. 빅토르 위고와 오노레 드 발자크의 기념상이 대표적인 초상(肖像) 조각이다. 1880년 의뢰받아 제작한 「지옥문(La Porte de l' Enfer)」은 결국 미완성인 채 남겨졌지만, 「지옥문」의 한 구성 부분인 「생각하는 사람(Le Penseur)」, 「입맞춤(Le Baiser)」 등은 그것들만으로도 걸작이다.

로댕은 조각가이자 만화가였던 오노레-빅토랑 도미에로부터 모델링을 배웠는데, 로댕의 작품은 완성된 것이라 해도 마치 마무리되어가는 상태를 보여주는 듯한 조각들이 많이 있다. 이런 경향 역시 도미에의 영향이다. 도미에는 생존 당시에는 별로 알려지지 않았지만 근대미술에 인상주의 기법을 도입하는 데 큰 역할을 했다. 도미에는 1830년경부터 당시 특정 유형의 인물을 풍자하는 흉상(胸像)들과 석판화를 제작했다. 도미에의 작품들을 본 발자크는 그에게는 미켈란젤로의 기질이 있다고 평가했다.

도미에는 시사만화와 드로잉을 주로 했지만, 1848년 프랑스의 모든 지방 정부건물에 걸려 있는 왕의 초상화를 대신할 공화국의 상징물을 선정하는 공모전에 참여했다. 그러나 그림을 미완성으로 제출했다. 심사위원들은 도미에의 밑그림이 아름다웠기 때문에, 그가 그림을 완성할 것에 동의하기만 했다면 상을 받았을 수도 있었다. 그러나 도미에는 그림 완성에 동의하지 않았다. 도미에는 새로운 기법의 그림 그리기 연구에 몰두하기 시작했고, 얼굴과 몸이 주위 빛에 둘러싸여 주변과 일체가 되는 인상주의를 발견했다.

로댕은 몸통 토르소와 같이 인체의 한 부분을 조각해 인물 조각의 범위를 점차 넓혔다. 로댕에 와서는 주변공간까지도 작품 속에 융합되었다. 로댕의 미완성작 「지옥문」은 그런 새로운 방법을 시도한 대표작이다.

메슈트로비치는 1902년 빈을 방문한 로댕을 만났고 로댕은 메슈트로비치를 파리로 초청했다. 그러나 두 사람의 개인적인 만남은 1907년에 이루어졌고 그 후 만남은 1917년 로댕이 죽을 때까지 계속되었다. 파리에서 메슈트로비치는 로댕의 「생각하는 사람」, 작업을 시작한 지 5년이 지난 「지옥문」의 거대한 모델을 보고 열광했다. 메슈트로비치의 그런 모습을 본 로댕은 이렇게 말했다.

"자네는 지옥에 대해 잘 알고 있는 것 같군. 젊은이, 자네 나이의 인생은 말이지, 천국에서 살고 있다네."

메슈트로비치가 보기에 로댕은 「지옥문」을 완성할 뜻이 없는 것 같았다. 물론 당시는 「지옥문」을 함께 작업했던 카미유 클로델의 정신병이 심해져서 격리된 원인도 있었다.

메슈트로비치는 로댕에게 자신의 작품들을 보여주었다. 작품을 본 로댕은 이렇게 말했다.

"자네는 정말 태고난 자질을 갖고 있군, 메슈트로비치, 엄청난 재능이야. 자네를 또 만나고 싶군, 그리고 자네의 발전된 작품도 말이야."

그러고는 로댕은 한 마디 덧붙였다.

"조각에서 가장 잘 표현해야 하는 것이 무엇인지 아는가? 그것은 다리와 팔일세, 왜냐하면 우리 조각가들로서는 가장 재현하기 어려운 부분이기 때문이지."

그 후 로댕을 다시 찾아간 메슈트로비치는 매주 단 몇 시간이라도 배우게 해달라고 로댕에게 요청했다. 로댕은 정중히 이렇게 말했다.

"자네에게 뭘 가르칠 수 있겠나? 자네는 근래 내가 만난 조각가들 중 가장 뛰어나다네."

로댕의 많은 제자 중 가장 뛰어난 사람은 에밀 앙투안 부르델이었는데, 그는 1885년부터 로댕의 작업실에서 배웠다. 그러나 메슈트로비치가 로댕을 만났을 때 그의 나이는 이미 68세였고, 더 이상 제자를 두고 싶어하지 않았는지도 모른다. 두 사람의 교분은 그 후 10년 동안 이어졌다.

아르누보

아르누보 예술양식은 19세기 말 절충주의와 아카데믹한 고전주의 흐름에 대한 반작용으로 형성되어 1890년부터 1910년까지 지속되면서 유럽 전역과 북미에 커다란 영향을 준 장식예술 양식이다. 1895년 파리에서 독일인 화상 지크프리트 빙이 '새로운 예술의 집'이라는 뜻으로 'Maison de l' Art Nouveau'라는 갤러리를 열고 새로운 양식의 예술품, 즉 어느 특정 시대를 모방하지 않은 양식의 제품을 판매했다. 새로운 예술을 의미하는 'Art Nouveau'라는 명칭은 여기서 유래했다.

메슈트로비치가 빈에서 배우고 또 활동할 무렵 유럽은 아르누보 미술양식이 유행했다. 아르누보 양식의 장식적인 특성은 파도, 불꽃, 꽃줄기, 꽃봉오리, 넝쿨, 곤충의 날개, 흐르는 듯한 머리카락 등과 같이 파동치고 비대칭을 이루는 곡선이다. 선은 우아하고 품위 있는 것일 수도 있으며, 혹은 리듬 있고 강력하고 채찍과 같이 힘찬 것일 수도 있다. 건축이나 조각과 같은 조형 예술분야에서는 3차원적 형태 전체가 유기적이고 파동치고 선형의 리듬에 휘말리면서 구조와 장식의 융합을 만들어내고 있다. 특히 건축은 이러한 장식과 구조의 통합을 잘 보여주고 있다.

시베니크

메슈트로비치 갤러리를 구경하고 우리는 달마티아 해안을 따라 북쪽으로 한 시간가량 달려가 인구 3만 7,000명가량인 시베니크(Sibenik)에 도착했다. 북부 달마티아에 속하는 도시로서 인근 크라카(Krka) 국립공원으로부터 흐르는 크라카 강 하구에서 가까운 곳에 있다. 강과 시베니크는 아주 좁은 해협으로 연결되어 있다.

이 도시는 달마티아의 전형적인 휴양도시다. 1월 평균 기온은 7도, 7월 평균은 25도, 연평균 일조시간은 2,700시간이다. 국제 아동 페스티벌이 매년 개최된다.

시베니크에는 2000년 세계문화유산으로 등재된 고딕과 르네상스식이 혼합된 성 야곱 성당(Katedrala sv. Jakova, Cattedrale di San Giacomo, Cathedral of St. James)이 있다.

해안길에서 계단을 따라 위로 올라가면 성 야곱 성당이 바로 보이고 왼편으로 심플한 돌기단 위에 망치를 든 석공이 사람들을 내려다보는 조각이 있다. 그 석공의 이름은 이곳 사람들은 유라예 달마티나치로 부르는 조르지오 다 세베니코이고, 이 조각 역시 메슈트로비치의 작품이다.

성 야곱 성당은 1298년 처음 건립 계획을 세웠으나 실제로 작업이 시작된 것은 1402년 시베니크가 교구로 승인되면서부터이고 1431년 베네치아 건축가 안토니오 달레 마세네가 고딕식으로 기초를 놓으면서 시작되어 1535년 완공되었고 1555년 축성되었다. 세베니코는 자다르에서 태어나 베네치아에서 조각을 배워 그곳에서 활동하다가 1441년 성 야곱 건축의 책임자로 와서 시베니크에서 생을 마감했다. 그래서 이 성당은 일명 두오모 세베니코(Il Duomo di Sebenico)로 불린다.

고딕 양식에서 르네상스 양식으로 넘어가는 시기에 지은 이 건물은 두 양식이 조화를 이루고 있고, 지붕은 돔형인데, 나무와 벽돌은 전혀 사용하지 않고 오직 석재만 사용했다. 외벽에는 세베니코가 함께 작업한 72명 사람들의 모습을 조각해두었는데, 남자와 여자, 어린이와 늙은이, 군인 등 다양하다. 세베니코는 시베니크에서 여러 건축물을 지었고, 두브로브니크에서도 활동했다. 세베니코가 사망한 후 피렌체 출신 니콜로 피렌티

나치가 뒤를 이어 돔 등 나머지 부분을 완성했다. 피렌티나치는 세베니코의 제자 안드리야 알레시와 함께 달마티아 지역에서 많은 작업을 했다.

다른 사람들은 성당 안으로 모두 들어간 후로도 나는, 돌로 덮인 지붕, 두 마리의 사자가 각각 아담과 이브를 받치고 있는 사자문 등을 구경하다가 조금 늦게 성당 안으로 들어갔다. 유럽의 성당들 중에는 규모는 작지만 특별한 보물을 간직하고 있거나 건물을 수리하는 경우 입구에서 입장료를 받는 경우도 있는데, 야곱 성당은 제단 오른쪽 복도 끝에 한 아가씨가 탁자 위에 헌금함을 놓고 앉아 뭔가를 읽고 있었다. '입장료를 내고 무엇을 보는가?' 하고 물었더니 아가씨는 오른쪽 반지하에 있는 작은 세례당을 가리켰다. 내용을 물어도 영어로 설명할 것 같지 않아

서 나는 크로아티아 돈 10쿠나를 내고 세례당으로 내려갔다. 그곳에는 세례를 할 때 사용하는, 세 아이가 떠받치고 있는 돌로 만든 아름답고도 오래된 성수대가 있었고, 세례당 내부는 이 성당을 지은 세베니코, 피렌티나치, 그리고 안드리야 알레시가 만든 부조들로 장식되어 있었다.

세베니코, 피렌티나치, 그리고 안드리야 알레시는 달마티아 르네상스 시대 건축가 겸 조각가로서 이반 메슈트로비치에서 정점을 이루고 또 안톤 아우구스틴치츠로 이어지는 크로아티아 조각 예술의 선구자들이었다.

하나의 도시로서 그 이름이 1066년 처음으로 문서에 등장하는 이 도시 역시 달마티아의 여러 해안도시와 마찬가지로 여러 차례 베네치아에

게 정복당했다. 1167년엔 헝가리-크로아티아 왕 스테판 4세가 지배했고, 1412년부터 다시 베네치아가 이곳을 차지했다. 베네치아인들이 방어할 목적으로 쌓은 성이 성 니콜라(St. Nikola)로 시베니크 해협에 들어올 때 보인다. 200년 후 오스만제국이 간헐적으로 침공했다. 오스만제국과는 1699년 조약을 체결해 평화가 왔지만 도시 자체는 베네치아 지배 하에 있었다. 1797년부터 1918년 제1차 세계대전이 끝나기 전까지 이곳을 오스트리아가 차지하게 된다.

이곳 출신 유명인사를 굳이 한 명 더 든다면 「경기병 서곡」으로 유명한 프란츠 폰 주페가 스플리트와 시베니크 중간 지점에서 태어났다.

12
...

플리트비체 호수와 포스토이나 종유동굴

시베니크에는 야곱 성당 외에 프란체스코 성당과 성 바르바라 성당, 그리고 박물관으로 사용되는 백작 궁전, 성 안나 요새와 성 니콜라 요새 등 둘러볼 것들이 많았지만 야곱 성당을 보고 우리는 플리트비체 호수 공원으로 옮겨갔다.

플리트비체 호수공원, 자연은 예술보다 아름답다

1949년에 국립공원으로 지정된 플리트비체 호수공원(Plitvicka Jezera, The Plitvice Lakes National park)은 말라 카페라 산의 단층지역과 리츠카 플 예시비카의 돌출부분 사이에 크고 작은 호수 16개로 이뤄진 자연공원이다. 크로아티아의 8개 국립공원 중 가장 규모가 크다. 1979년 유네스코로부터 세계자연유산으로 지정되었다.

공원의 총 면적은 1만 9,479헥타르이고, 1만 4,000헥타르는 울창한 산림이다. 너도밤나무와 잣나무, 그리고 이끼와 고사리 사이사이로 크

고 작은 여러 갈래의 폭포들은 태곳적 모습 그대로이고, 이곳의 나무숲
은 유럽에서 가장 아름다운 처녀림 중 하나다.

플리트비체 호수의 가장 깊은 곳은 약 636미터 정도인데, 16개의 호
수와 거기서 떨어지는 92개의 폭포, 푸른빛 나는 투명한 물, 그 속에 뛰
노는 송어들이 아름다우며, 그곳에서는 관광객들마저 자연이 된다.
이 호수는 수로학(水路學, hydrography) 연구에, 다시 말해 지구 표면 가운
데 물로 덮인 지역 연구에 있어 대표적인 호수다. 응회암(tufa)과 온천침
전물, 즉 화산재나 먼지가 압축되어 형성된 다공질의 퇴적암을 바닥으
로 하는 호수는 오염되지 않은 탓인지 무서울 정도로 매우 투명했고, 그
곳에 송어가 살고 있다.

유네스코 자연유산으로 지정되어 있는 플리트비체 호수공원은 지구
환경에도 매우 중요한 가치를 지니고 있다. 그래서 이곳을 보호하는 것

이 매우 중요하다. 이 공원은 많은 관광객을 유치하면서도 자연을 보존하는 데 모범적이다. 플리트비체 공원 내의 호텔 예제라(Jezero)는 호텔 등급을 표시하는 별의 수로는 3개이지만 전형적인 리조트 호텔이었다. 곧바로 잠을 이루기 어려웠는지 일행 중 몇몇은 호텔과 호수 사이를 1시간가량 산책했다. 가로등이 끝나는 지점은 문자 그대로 울창한 삼림에 칠흑이었다. 이럴 때 곰이 나와도 전혀 어색하지 않을 듯했다. 빗방울이 조금씩 굵어지고 해서 가로등이 끝나는 지점을 조금 지나가다가 호텔로 되돌아왔다.

갑자기 선회장이 말을 꺼냈다. "너거한테 곰 잡는 법 하나 가르쳐줄게. 곰은 말이야 동면에 들어가기 전에 영양분 섭취가 충분한지 알기 위해 높은 나무에 올라가서 아래로 툭 떨어져. 엉덩이가 아프면 좀 더 먹어. 몇 차례 그렇게 하다가 아무런 통증이 없으면 충분히 살이 찐 것으로 판단하고 동면할 굴로 들어가지. 초겨울에 나무위에 올라간 곰을 찾아서 나무 밑에다 끝이 뾰족한 통나무를 몇 개 박아놓으면 돼."

그러자 이회장이 말을 받았다. "그것은 동면할 때 방법이고, 봄에 동면에서 깨어날 때 잡는 방법을 가르쳐주지. 초봄에 굴이나 큰 나무둥치 안에 잠이 덜 깬 곰을 한 마리 찾아서, 길고 튼튼하고 뾰족한 막대기로 툭툭 건드려. 그러면 곰이 신경질이 나서 앞발로 막대기를 잡고는 자기 몸 쪽으로 잡아당겨. 그럼 힘껏 막대기를 잡아당기라고. 곰은 더 힘껏 당기겠지. 그때 막대기를 탁 놓아버리면, 곰은 뾰족한 막대기를 자기의 가슴에 콱 꽂아버려."

포스토이나, 자연은 최고의 조각가다

플리트비체를 떠나 한 시간가량 달린 후 우리는 슬로베니아 국경을 넘어 슬로베니아의 수도 류블랴나와 트리에스테 중간 지점에 있는 포스토이나로 갔다. 그곳에서 가까운 포스토이나 종유동굴(Postojna Cave)은 1213년 처음 동굴의 존재가 세상에 알려졌고, 본격적으로는 1818년 발굴되었다. 1872년 동굴 속에 철로를 설치했으며, 1884년 세계 최초로 동굴 속에 전기를 가설했다. 1959년 전동 기차를 설치해 관광객들이 이용할 수 있게 했다. 지금도 들어가고 나올 때 사용되고 있다. 동굴 지하에는 피비카(Pivika) 강이 흐른다.

총 길이 20킬로미터이지만 현재 5.2킬로미터만 개방되고 있고 제일

넓은 광장은 콘서트홀로도 사용되며, 연간 50만 명 이상이 구경 온다고 한다. 이 거대한 연주홀의 음향효과는 환상적인데, 1만 명을 수용할 수 있다. 세계적인 거장들, 예컨대 피에트로 마스카니, 엔리코 카루소도 들렀고, 필하모닉 오케스트라와 슬로베니아 오케스트라가 연주를 했다.

동굴에는 눈의 기능이 퇴화된 여러 곤충이 살고 있고, 또 물 속에는 도롱뇽 비슷한 일명 인어(human fish)가 살고 있다. 휴먼 피쉬의 학명은 'proteus anguinus'이고, 길이가 약 30cm로 어둠 속에서 눈이 퇴화된 생명체다. 피부는 백인종과 비슷한 색을 가지고 있으며 인간 수명과 비슷하게 약 80~100년 정도 살 수 있다. 지하에 물이 넘칠 때면 가끔 물 밖으로 쓸려나온다. 이 생물 존재로 인해 동굴 생태학이라는 과학 분야가 생기게 되었다.

고고학자들에 따르면 이곳에는 5만 년 전 선사시대 인류들이 거주했거나 사냥을 했다고 한다. 이 동굴은 지질학적으로 카르스트(karst) 지형인데, 카르스트란 괴상한 모양의 석회암이 지하수에 의해 천장이 붕괴되고 또 공동화 작용을 거쳐 지질학에서 말하는 돌리네(doline), 즉 요철 형태의 돌고드름이 형성된 동굴을 말한다. 원래는 크로아티아 달마티아 지역에만 적용되는 용어지만 현재는 비슷한 형태의 동굴을 포괄적으로 지칭하는 표현이다. 하지만 도롱뇽 비슷한 일명 인어는 이상하게도 완벽한 카르스트 동굴에서만 발견된다고 한다.

돌아나오면서 느낀 점은, 사실은 소설보다 더 기이하다고 하지만, "자연은 인간의 상상력보다 더 괴상하다"는 것이다. 조각가 헨리 무어는 이 동굴을 보고 나서 세계에서 가장 경이적인 자연미술관이라 극찬했다고 한다.

13
...

슬로베니아, 발칸의 자본주의

슬로베니아는 오스트리아, 이탈리아와 국경을 마주하고 있어 인구, 종교, 문화, 경제 등 여러 측면에서 발칸반도 다른 나라와는 확연히 구분된다. 인구는 약 2백만 명인데 거의 슬로베니아인(83퍼센트)이고, 종교는 가톨릭이 58퍼센트, 나머지는 무신론자다. 언어는 라틴 문자로 표기하는 남슬라브어지만 언어적 문화적 특성은 서유럽과 가깝다. 슬로베니아에서는 이곳이 한때 유고슬라비아라는 사회주의 국가의 한 구성원이었다는 느낌을 받을 수 없다. 슬로베니아는 유고슬라비아 사회주의 연방에서 탈퇴한 EU에 가입해 자본주의 국가 대열에 참여했고, 현재 1인당 GNP도 2만 달러가 넘는다.

슬로베니아, 최초로 독립 깃발을 들다

슬로베니아는 서쪽으로는 이탈리아, 아드리아 해, 남쪽으로는 크로아티아, 동쪽으로는 헝가리, 북쪽으로는 오스트리아와 접해 있고 과거

로마제국, 베네치아, 신성로마제국, 합스부르크제국, 오스트리아–헝가리 이중제국의 통치를 받았다. 슬로베니아의 인구분포는 슬로베니아인이 83퍼센트로 압도적이고, 종교는 가톨릭이 58퍼센트로 가장 많다.

1990년 4월 슬로베니아는 최초로 공산주의를 버리고 다당제 민주정부 구성을 위한 선거를 치렀다. 이어서 12월 23일 독립을 묻는 국민투표를 실시했는데, 96퍼센트가 투표에 참여해 92퍼센트가 찬성했다. 슬로베니아는 1991년 6월 25일 정식으로 독립을 선언했다. 같은 날 크로아티아도 독립을 선언했다.

그 과정에 슬로베니아 정부는 벨그라드의 연방정부가 군사적 조치를 취할 것을 미리 짐작하고 있었다. 벨그라드의 유고연방 정부는 티토 이래의 군사정책, 즉 각각의 공화국은 자국의 영토방위군을 보유한다는 정책을 폐기하고 중앙집중식 군사정책을 실시한다고 발표했다. 그러나 슬로베니아는 이에 동의하지 않았다.

벨그라드 연방정부 군대는 슬로베니아 독립에 대해 군사적 대응을 어느 정도로 할 것인지에 대해 두 파로 나뉘었다. 강경파인 유고인민군(JNA)의 지도자 블라고예 아드지츠 장군은 전면전을 주장했고, 신중파인 국방부 장관 벨예코 카디예비치는 슬로베니아의 독립선언을 폐기하도록 군사적 압력만 가하자고 주장했다. 이 과정에 대통령 안테 마르코비치는 아무런 정보나 제안을 듣지 못했다고 했다. 전쟁이 끝난 후 블라고예 아드지츠는 전범 재판에 회부되었고, 벨예코 카디예비치는 러시아로 망명했다.

다음날인 6월 26일 유고인민군 제13연대가 크로아티아의 리예카(Rijeka)를 떠나 슬로베니아의 서부 지역으로 향했다. 물론 슬로베니아 군대도 전쟁준비를 마쳤다. 6월 27일에는 크로아티아의 카를로바흐 (Karlovac)에서 유고인민군의 탱크가 출동했고, 유고연방 비행기는 독립 철회를 촉구하는 전단을 뿌렸다. 그날 슬로베니아 영토방위군은 수도 류블랴나 상공을 선회하는 헬리콥터를 격추했다. 전투는 점차 확대되었다.

그러나 그다지 큰 사상자를 내지 않은 채 7월 3일 휴전에 들어갔고, 영토방위군은 슬로베니아 전역을 회복하고 유고인민군은 각자 부대로 퇴각했다.

소위 10일 전쟁(Ten-Day War)으로 불리는 슬로베니아 독립전쟁은, 유고인민군 측 44명 사망, 146명 부상, 영토방위군 측 사망 18명, 부상 182명을 기록한 것으로 끝나고, 7월 7일 크로아티아의 브리유니섬에서 브리유니 협정(Brijuni Agreement)을 맺었다. 협정 내용은 슬로베니아와 크로아티아의 독립을 인정하되 3개월의 유예기간을 두고 영토방위군의 권리를 인정하고 유고인민군은 철수한다는 것이었다. 슬로베니아는 2004년 3월 나토에 가입했고, 5월 EU에 가입했다.

류블랴나의 유겐트스틸

슬로베니아는 오스트리아-헝가리 이중제국의 지배를 받았기 때문에 오스트리아 분위기가 강하고, 남서쪽의 이스트라 반도는 베네치아 만에 면해 있어 이탈리아 문화가 강하게 남아 있다. 슬로베니아의 역사는 대국에 의한 피침의 역사이자 적응의 역사다. 그래서 슬로베니아는 유럽의 축소형이라거나 '중유럽'이라 해도 그리 틀린 말은 아니다.

슬로베니아의 수도 류블랴나(Ljubljana)에서 우리는 류블랴나 국립미술관을 구경했다. 평일 오전이어서 그런지 미술관 내부를 관람하는 사람은 우리뿐이었다. 주로 슬로베니아 예술가들의 작품이었고 낯익은 거장의 작품은 별로 없었다. 그러나 미술관 내부는 관람객이 쉴 수 있는 공간과 커피숍의 디자인이 심플하면서 기능적이었다. 내가 그런 편의시설에 대해 특히 관심을 가진 이유는 이렇다.

10여 년 전 피터 드러커 박사를 클레어몬트 자택에서 뵈었을 때 박사께서는 내가 그 전날 LA에 머물렀던 것을 알고 LA에서의 일정이 어떤가 물으셨다. LA 근교에 있는 폴 게티 미술관에 들렀다고 했더니, 박물관이나 미술관의 문제점이 무엇인지 아는가 다시 물으셨다. 나는 느낀 대로 대답했다.

"폴 게티 미술관은 입장료는 무료지만, 주차장 예약을 무려 6개월 전에 해야 할 만큼 많은 사람들이 온다고 해요. 어제도 사람이 너무 많아 복잡한데다 피곤해도 앉을 곳도 별로 없고 화장실 찾기도 어려웠어요."

"바로 그거예요. 미술관이나 박물관에 구경 오는 사람과 그것을 설계하는 사람이 너무 다르단 말이에요. 미술관을 가장 많이 찾는 사람은 여자들, 아이들, 그리고 노인들인데, 그들을 위한 시설이 없어요. 첫째 여성용 화장실이 부족하고, 둘째 엘리베이터가 적고, 셋째 휴식공간이 부족하지요. 왜 그런지 아세요? 미술관 설계는 젊은 남자가 하니까요."

그 말에 이어 내가 화답했다.

"베르사유 궁전에도 화장실이 없어서 당시 귀부인들이 베란다 밑이나 계단 램프 아래서 용변을 보거나 하녀들이 요강을 들고 있다가 귀부인의 넓은 치마 밑으로 넣어주었다지요. 냄새가 지독했을 거예요."

드러커는 껄껄 웃으며 말했다.

"그래서 서양에 향수가 발달했지."

그 후 내가 대학을 경영할 때 드러커의 지적을 기억하고 박물관과 도서관 등을 새로 짓거나 개조할 때는 그곳을 이용하는 사람들의 편의를 가장 우선적으로 염두에 두고 추진했다. 해서 외국의 도서관이나 박물관을 들를 때는 자연히 편의시설 디자인에 관심을 갖게 되었다.

미술관을 나와 우리는 점심을 먹으러 구도시 중심가로 걸어갔다. 어느 골목을 돌아서는데 T자 길에 매우 낯익은, 빈에서 종종 보는 바로크식 건물과 유겐트 스타일의 건물들이 줄지어 있었다. 그도 그럴 것이 류블랴나는 북쪽으로 빌라흐(Villach), 클라겐푸르트(Klagenfurt), 그리고 그라츠(Graz) 등 오스트리아의 대도시와 지리적으로 가까워 그 영향을 받았다.

류블랴나는 르네상스, 바로크, 아르누보 양식이 혼재되어 있는데, 제2차 세계대전 이후에는 슬로베니아의 건축가 요제 플레취니크의 작품들이 많다. 류블랴나 시내 중심에 있는 프레세렌(Preseren) 광장은 만남의 장소이자 휴식처로 밤낮 늘 사람들로 북적이고, 광장과 건너편 골목을 연결하는, 이곳 사람들은 '세 개의 다리(Triple Bridge)'라는 뜻으로 트로모스토비예(Tromostovje)라고 부르는 아름다운 다리가 있다. 류블랴나의 신시가와 구시가를 연결하는 트로모스토비예는 1280년경 목조 다리였으나 그것이 불타버리자 1657년 새롭게 만든 것이다. 180년후 1842년 이탈리아 건축가 조반니 피코가 석조 다리로 바꾸고는 다리 이름을 프란츠 요제프 황제의 부친 이름을 따 '프란츠 브리지'로 불렀다. 1929년 요제 플레취니크가 증축하면서 류블랴나가 베네치아와 빈중간에 있다는 것을 상징하기 위해 다리를 세 개로 만들었다고 한다.

프레세렌 광장에는 슬로베니아 국가(國歌)를 쓴 시인 프란체 프레세렌의 동상이 서 있다. 프레세렌은 줄리야 프리미치라는 여인을 사랑했는데 결혼을 하지는 못했다. 프레세렌 동상에서 오른쪽으로 눈을 돌리면 보이는 여인 조각상이 줄리야라고 하는데, 다른 남자에게 시집 간 줄리야를 프레세렌은 항상 그곳에서 그렇게 옆눈으로 바라보며 살았다고 한다. 이곳 주민들은 모두 그렇게 알고 있다.

다리 건너 시장을 지나 노천카페가 많은 골목을 따라 가면 류블랴나 성으로 올라가는 리프트가 나온다. 성 위까지 걸어서도 올라갈 수 있는 거리지만 사방 유리로 된 리프트를 타고 올라가면 류블랴나 시내 전체가 서서히 눈에 들어온다.

류블랴나 성은, 규모는 그다지 크지 않아서 웅장한 맛은 없는 대신 원형으로 방어벽이 높이 쌓여 있는데다 성 안쪽은 넓은 광장이어서 주민들이 결혼식 피로연이나 회식을 하거나 소일하는 등 자유롭게 활용하고 있었다. 우리가 올라갔을 때 신혼부부 두 쌍이 여기저기를 배경으로 다양한 포즈로 사진 찍기에 바빴는데, 그들의 행복한 모습을 보는 우리도 행복했다.

류블랴나에는 아름다운 건축물이 많이 있어서 건축 애호가들이 즐겨 찾는다. 지금은 슬로베니아가 EU에 가입했기 때문에 유로를 사용하지만 과거 지폐에는 류블랴나를 아름다운 도시로 만든 요제 플레취니크의 초상화가 그려져 있었다.

요제 플레취니크는 빈에서 오토 바그너 밑에서 건축을 배웠고 체코슬로바키아의 초대 대통령 토마스 마사리크의 초청으로 프라하 성을 개조했으며 제2차 세계대전 후 유고슬라비아의 주요 건물을 다수 설계했다.

지리적으로 오스트리아와 접해 있고 또 유겐트스틸 운동이 활발했던 도시 그라츠에 영향을 받았기 때문인지 류블랴나 구도시에는, 푸른 색조에다 장식성이 뛰어나고 또 외벽에는 하얀 얼굴을 가진 우울한 표정의 사람이 지붕을 받치고 있는 유겐트스틸(Jugendstil) 건축물이 종종 눈에 띈다.

유겐트스틸은 말뜻 그대로 '청춘 양식', 즉 늙은 것과는 다른 새로운 예술(New Art)을 의미한다. 유겐트스틸은 원래 공예와 조형 예술에서 시작된 미술 양식으로 19세기 말에서 20세기 초, 대체로 1895년경부터 1910년 무렵까지 약 10여 년 동안에 걸쳐 일어난 모던 스타일(modern style) 예술 운동이다.

유겐트스틸은 자연의 아름다운 곡선을, 예컨대 아름다운 공작새와 우아한 백조의 형태, 파도와 물결, 포도넝쿨의 줄기와 꽃봉오리 등을 디자인의 모티브로 삼는다. 따라서 곡선 형태를 가져온 동식물의 이름을 따서 '꽃 양식', '물결 양식' 혹은 '당초무늬 양식' 등으로 부른다. 유겐트스틸은 건축, 공예품, 실내장식, 가구 그리고 조각 등 장식미술에 적용되었는데, 점차 모든 미술 분야에 응용되기 시작하며 전 유럽으로 퍼져나갔다.

티토, 류블랴나에서 죽다

1974년 유고슬라비아에 신헌법이 제정되어 82세라는 고령에 티토는 종신 대통령이 되었다. 그러나 1970년대 초부터 티토는 1952년 결혼한 세 번째 부인 요반카 부디사블레비치와 함께 블레드 호수, 브리오니 섬, 여러 곳의 개인 사냥터 등 휴양지에서 말년을 보냈다. 티토의 말년은 행복하지만은 않았다. 32세 연하의 부인 요반카와는 자주 다퉜고, 1977년 말 두 사람은 별거에 들어갔다.

1980년 1월 지금의 슬로베니아 수도 류블랴나의 대학병원에서 왼쪽 다리 절단 수술을 받았지만 병세가 계속 악화되었고, 5월 4일 병원에서 88세로 타계했다. 티토는 훌륭한 피아니스트였고, 옷을 잘 입는 정치인이었으며, 사진을 잘 찍고 사냥과 낚시를 즐겼으며, 사생활은 검소했고, 자식들을 특별 대우하지도 않았다.

티토가 사망하자 당시 세계의 지도자들, 예컨대 지미 카터 미국 대통령과 대처 전 영국 수상, 그리고 서독의 헬무트 슈미트 수상 등은 티토를 존경하는 조문의 말들을 보냈다. 물론 공산주의 배신자라거나 독재자라는 비난도 받았다. 알바니아 공산당 기관지 「제리 이 포풀리트(Zeri I Popullit)」는 이렇게 논평했다.

"티토의 추악한 음모와 배신이 그리스 인민의 영웅적인 투쟁에 찬물을 끼얹었다."

티토 사후 알바니아계 주민이 많은 코소보에서 인종청소가 일어난 배경에는 그런 감정도 섞여 있었다. 티토의 모험심, 협상능력, 충성심을 불러일으키는 비범한 능력은 칭찬받을 만하지만, 비도덕적인 방법을 통한 경쟁자 제거에 대한 비난도 있었다. 1980년 티토가 사망하자 유고슬라비아의 통치형태는 집단지도체제로 이행했다.

1945년 이후 1980년까지 유고슬라비아는 동구권에서 가장 잘사는 나라였다. 그러나 티토가 사망한 후, 채 한 세대가 지나기도 전에 유고슬라비아는 다섯 개 공화국으로, 즉 유고슬라비아를 계승한 세르비아-몬테네그로(처음에는 신유고연방이었고 2002년 국명을 변경), 크로아티아, 슬로베니아, 마케도니아, 보스니아-헤르체고비나로 분리되었다. 이후 끊임없이 인종청소 전쟁이 발발했다. 이웃이 원수가 되었고, "이웃을 사랑

하라"는 성경 구절이 얼마나 행하기 어려운지 실존적으로 보여주었다.

20만 명의 사상자와 실종자를 내고 430만 인구의 절반 이상을 난민으로 전락시킨 보스니아—헤르체고비나의 내전은 피로 얼룩진 유고슬라비아 분열의 끝이 아니었다. 곧 이어 세르비아와 몬테네그로가 분리되었고, 세르비아에서는 코소보 사태가 발생했다. 세르비아의 자치주 코소보는 알바니아계가 주민의 80퍼센트를 차지하고 있었기 때문에 시대적 조류에 따라 독립을 원했다. 다른 한편, 세르비아의 수도 벨그라드에서는 코소보의 독립을 거부하면서, 코소보 독립을 지지하는 서방 국가의 대사관을 공격하는 폭력적 데모가 벌어졌다. 1998년 3월 초 코소보의 알바니아 분리주의 반군들이 세르비아 경찰을 공격하면서 코소보 사태가 발발했다. 100만 명이 넘는 난민이 발생한 코소보 사태 과정에서 일어난 학살과 인종청소의 후유증은 지금도 아물지 않고 있다.

유고슬라비아 붕괴 후 각 공화국들은 저마다 민족주의를 내세우면서 티토 격하의 움직임이 일었고, 티토의 동상이 철거되거나 티토의 이름을 딴 지역이나 거리가 다른 이름으로 개칭되었다. 그러나 일각에서는 공화국들의 분리 독립과 그로 인해 발생한 전쟁과 학살 등을 경험하자 티토를 다시 재평가해야 한다는 움직임도 있다.

블레드 호수의 성모 마리아 성당

우리는 류블랴나 서쪽으로 55킬로미터 떨어져 있는 인구 6,000명의 휴양도시 블레드(Bled)로 갔다. 슬로베니아 북서쪽 트리글라브 산기슭으로 이탈리아와 오스트리아 국경까지는 45킬로미터를 남겨두고 있다. 블레드에서 멀리 보이는 트리글라브 국립공원은 슬로베니아 국립공원

중 가장 넓은 면적을 가지고 있는데, 슬라브 전설에 의하면 높이 2,684
미터의 트리글라브 산 정상에는 머리 3개가 달린 신선이 살았고 지상
과, 천국, 지옥을 지키고 있었다고 한다.

　블레드 마을의 역사는 얼마 되지 않는데, 1855년 스위스 의사 아르롤
드 리클리가 이곳의 물과 공기, 그리고 온천수와 태양을 이용해서 환자
를 치료하면서부터 마을이 시작되었다. 철도가 인근 도시까지 들어오자
마을은 점차 커져갔다. 지금은 슬로베니아뿐만 아니라 유럽에서 아주
유명한 휴양지로 여름엔 골프와 수상 스포츠, 등산을, 그리고 겨울엔 스
키와 빙상 스포츠를 즐길 수 있는 곳이다.

　블레드 마을에서 조금 떨어진 곳에 빙하의 흔적으로 생긴 호수와 울

창한 숲, 그리고 호수 남쪽으로 호수를 끼고 솟아 있는 바위산에 오래된 아름다운 블레드 성이 있다. 호수는 지름 2,120미터, 최고 수심 30미터다.

1004년 독일지역의 왕이자 신성로마제국 황제로 유일하게 가톨릭 교회에서 성인으로 추앙받는 하인리히 2세는 블레드 지역을, 이탈리아 브레사노네(Bresanone, 독일어로는 Brixen) 교구를 관장하는 알부인(Albuin) 대주교에게 선물로 주었다. 당시는 경사진 언덕 꼭대기에 로마네스크 탑 하나만 있었지만 중세 말엔 더 많은 탑을 만들었고 바로크식 건물도 추가해 지금처럼 윗마당과 아랫마당으로 구성된 아름다운 성채가 되었다. 성벽 문을 지나 들어올릴 수 있는 나무다리를 건너면 곧 아랫마당인데, 기념품 가게, 레스토랑, 우물, 거주가 가능한 집, 그리고 포도주 저장소 등이 있고, 계단을 따라 윗마당으로 가면 16세기에 지어진 것으로 벽면엔 퇴색된 벽화가 있는 조그만 성당이 있다. 성당 제대 뒷부분에는 이곳을 교회에 기부한 하인리히 2세와 쿠니군다 왕비의 그림이 있다. 성당 옆 공간은 박물관이다. 성당 맞은편 마당에는 정자가 하나 있는데 이곳에서 결혼식이 자주 열린다. 우리가 올라갔을 때도 신혼부부와 들러리 그리고 주례 모두가 중세시대 전통적인 복장을 하고, 역시 전통복장을 입은 악사가 류트를 타면서 진행하는 결혼식을 보았다. 턱시도를 입은 몇몇 하객들이 그 주변에 샴페인을 들고 빙 둘러서서 축하해주고 있었는데, 영화 속 한 장면이었다.

블레드 호수 한가운데에는 섬이 하나 있는데, 마치 페라스트 앞바다 바위섬에서 본 성모 마리아 성당과 같은, 그러나 규모는 훨씬 큰 성당이다. 호숫가에서 조그만 배를 타고 블레드 섬으로 갔다. 조그만 섬에

비해 성모 마리아 성당(Church of Mary the Queen on Bled Land)의 규모는
매우 컸고 나름의 건축 역사를 갖고 있었다.

마당에는 바로크식으로 조각된 성모상이 오랜 풍상을 견디고 서 있
었는데, 우리가 자주 접하는 평화롭고 자비로운 모습이 아니라 뭔가 하
고 싶은 말이 가득한 여인의 모습이었다. 이 작은 섬에 7세기부터 몇 가
구가 살았고, 8세기경 그들은 공동묘지 겸 작은 경당을 지었다. 그 후
기존 경당에 덧대어 예배당을 지었고 11세기에는 평신도들이 기도하는
중심 공간, 즉 회중석이 둘인 성당으로 완성되었다. 15세기 들어 기존
성당을 헐고 지금과 같은 고딕식 성당과 종탑을 만들었고, 16세기 들어
와 성당 내외부를 바로크식으로 개조했다.

입구에서 걸어가서 회중석이 끝나는 지점과 제대 사이 공간에는 긴 밧줄 하나가 천장에서 내려와 있는데, 이것이 바로 '소망의 종'을 치는 밧줄이다. 전설에 따르면 블레드 성에 사는 한 젊은 부인이 남편이 산적에게 피살당하자 몹시 슬퍼하면서 그들이 소유하고 있던 모든 재산을 팔아 금과 은으로 바꾸고 이를 종으로 만들어 블레드 섬에 있는 성당에 기증했다고 한다. 그러나 종을 배에 싣고 성당으로 가는 도중 심한 풍랑을 만나 배가 뒤집어졌다. 애석하게도 뱃사공은 익사했고 종은 물밑에 가라앉고 말았다. 그러자 젊은 과부는 더욱더 비탄에 빠졌고 로마로 가서 수녀원에 들어갔다. 그녀가 죽고 나서 교황은 이 성당에 다른 종을 하나 봉헌했다. 그 후 믿거나 말거나 한 이야기인데 이 종을 치면서 성모 마리아에게 기도를 올린 사람들에겐 그 소원이 이루어졌다고 한다.

우리가 성당에 갔을 때 다른 곳에서 결혼식을 막 끝낸 젊은 부부들이 성당 안으로 들어와서 종을 치고 또 성당 주변에서 사진을 찍고 있었다. 믿거나 말거나 한 이야기 한 가지 더. 지금도 몹시 비바람이 부는 날에는 호수 밑에서 종소리가 난다고 한다.

빌라 블레드에서 회갑잔치를

블레드 성 맞은편에 하얀색조로 별다른 장식은 없지만 기품 있어 보이는 빌라 블레드 호텔이 있는데, 이곳은 한때 티토 대통령의 별장이었던 곳으로, 티토 대통령이 외국 국가원수들을 자주 초대했던 곳이다.

우리는 블레드 호수가 내려다보이는 빌라 블레드 호텔에서 저녁을 먹었다. 마침 한미파슨스 김종훈 회장의 회갑이 며칠 뒤라 우리는 저녁을 김 회장의 회갑연으로 삼고 축하하며 즐겁게 시간을 보냈다. 신필렬

사장의 사회로 일동은 차례로 한 마디씩 덕담을 했다.

 음식은 세 가지 코스에다 이곳의 특산 와인을 곁들였다. 우리는 와인 레벨을 벗겨 그 위에다 각자 이름을 써서 김 회장에게 기념으로 주었다. 화려하지는 않았지만 격조 있고 오래 기억될 회갑연이었다.

14
....

자그레브, 발칸의 가톨릭 도시

오늘은 일요일이어서 아침 7시쯤 나는 블레드 성 바로 밑에 있는, 지붕이 모자이크로 된 성당으로 갔다. 그런데 성당 게시판에는 아침 첫 미사가 9시에 시작하는 것으로 되어 있었다.

나는 성당을 둘러보고 호수를 따라 천천히 되돌아왔다. 낚시꾼 두 명이 낚시장비를 풀고 있었다. 한 사람은 리모트콘트롤되는 건전지로 움직이는 조그만 장난감 보트에다 미끼를 가득 싣고는 그것을 호수 멀리까지 보내 미끼를 풀어놓고 보트를 다시 오게 했다. 그다음에는 거기다가 낚시줄을 매달고는 또 멀리 보냈다. 필자는 낚시에 대해 아는 것이 없었으므로 민물 낚시를 그런 식으로 하는 것은 처음 보았다.

블레드 호텔에서 버스는 9시경 떠나 크로아티아의 수도 자그레브로 향했다.

스테피나츠 추기경

크로아티아의 독특한 정치적 상황을 조금 설명하자. 티토가 제2차 세

계대전을 성공적으로 마무리 지은 뒤에도 남은 문제들이 산적해 있었다. 티토는 독일군을 퇴각시킨 후에도 우스타세와 체트니크 등 반공산주의 세력에 대한 토벌을 계속했다. 우스타세의 지도자 안테 파벨리치는 스페인으로 망명했고, 체트니크의 지도자 미하일로비치는 체포되었다.

　전쟁이 끝난 후 늘 그렇듯이 나치협력자에 대한 처벌도 남아 있었다. 앞서 말한 크로아티아 독립 테러조직 우스타세, 크로아티아 지역 가톨릭 사제들, 그리고 반공주의를 표방한 드라자 미하일로비치 등에 대한 재판이 벌어졌다. 드라자 미하일로비치는 공개재판 끝에 1946년 처형당했다.

　1945년 6월 4일 티토는 크로아티아 가톨릭 지도자 알로이시우스 스테피나츠 주교를 만나 협상을 벌였으나 성과가 없었다. 같은 해 9월 스테피나츠 주교는 파르티잔의 전쟁범죄를 고발했고, 다음해 임시정부는 스테피나츠 주교를 체포해 재판에 회부했다. 1심에서 스테피나츠 주교에게 75년 형을 구형하자 이에 항의해 바티칸은 티토를 파문했다.

최종심에서 스테피나츠 주교는 16년 형을 선고받았는데, 죄목은 그가 우스타세를 지원했고, 나치 괴뢰정권에 협조했으며, 또 세르비아정교회 신자들을 강제로 가톨릭으로 전향하게 했다는 것이었다. 이 재판은 유고슬라비아의 국론을 양분했다. 스테피나츠 주교는 망명 혹은 가택연금을 제의받고 후자를 택했다. 스테피나츠 주교는 1952년 비오 12세로부터 추기경에 임명되었고, 1960년 2월 10일 자그레브 서남쪽 크라시치(Krasic) 자택에서 사망했다.

1998년 요한 바오로 2세는 스테피나츠 주교를 복자로 시복했는데, 이 조치 역시 여론을 둘로 나뉘게 했다. 스테피나츠 주교의 시신은 자그레브 대성당 제단 뒤에 안치되어 대성당을 찾는 사람들이 볼 수 있다.

크로아티아 독립전쟁

BC 229년 로마제국은 달마티아 지방을 포함해 일리리아 지방을 침공했으며, 285년 디오클레티아누스 황제가 스플리트에 요새를 구축했다. 5세기 말 서로마제국이 망하고 625년 슬라브족이 오늘날 폴란드 지역으로부터 크로아티아 지역으로 진출했다. 그 무렵 크로아티아족도 이 지역으로 들어왔다. 925년 토미슬라브 1세가 이 지역을 정복하고 크로아티아 왕국의 기틀을 다졌다. 1242년 타타르족의 침략을 받았고, 이어서 오스만제국이 발칸반도를 휩쓸었으며, 그다음에는 합스부르크제국이 1918

년까지 통치했다.

내륙은 그랬고 달마티아 해안은 15세기에는 베네치아의, 18세기 말에는 나폴레옹의 지배를 받았다. 1929년 크로아티아 왕국은 세르비아-크로아티아-슬로베니아 왕국으로 통합되었고 연합 왕국은 곧 유고슬라비아 왕국으로 명칭을 바꾸었다. 그러나 크로아티아 민족주의자들은 벨그라드를 수도로 정하는 것을 거부했고, 1934년 알렉산다 1세의 암살을 모의했다.

1941년 독일이 유고슬라비아를 침공하고 크로아티아에 나치 괴뢰정권 우스타세를 세웠다. 우스타세는 크로아티아 내의 세르비아인, 유대인, 집시 등 35만 명을 살해했다. 물론 모든 크로아티아 사람들이 우스타세에 동참한 것은 아니었고 일부는 반우스타세 세력인 티토의 파르티잔에 참가했다. 전쟁이 끝나자 크로아티아와 보스니아-헤르체고비나 지역에서 100만 명 이상이 죽었다. 전후 크로아티아는 유고슬라비아 사회주의 연방의 일원이 되었다.

1980년 티토가 죽고 1990년 5월 프라뇨 투드만이 크로아티아 대통령으로 선출되자, 이제 '민족통합'이라는 말 대신에 '소수 민족'이 부각되었다. 1990년 7월 크로아티아의 소수파인 세르비아계는 크로아티아 의회를 탈퇴하고, 세르비아계가 많은 북부 달마티아 및 리카(Lika) 지역을 중심으로 인구 약 43만 명이 독자적인 세르비아 국민의회를 구성했다. 그들은, 만약 크로아티아가 유고슬라비아 연방에서 분리하면, 자신들은 크로아티아에서 분리하겠다고 선언했다.

1991년 6월 25일 크로아티아가 슬로베니아와 같은 날 유고슬라비아 사회주의 연방에서 독립을 선언했다. 1991년 12월 19일 세르비아계는 국

가 명칭을 레푸블리카 스르프스카 크라예이나(Republika Srpska Krajina), 즉 세르비아 지역공화국(Republic of Serbian Krajina)으로 정하고, 크닌(Knin) 출신의 밀란 바비츠가 대통령으로 취임했고 크닌을 수도로 삼았다.

1991년 12월 19일 아이슬란드를 필두로 해서 1992년 1월 15일 UN으로부터 크로아티아는 독립국으로 승인받았다. 그러자 세르비아인이 주도권을 잡고 있는 유고인민군과 크로아티아군 사이에 전쟁이 일어났다. 1991년 10월 유고인민군은 두브로브니크를 공격했다. 자그레브 대통령궁에도 포격했다. 1992년 1월 유엔군이 크로아티아에 진출했고 5월 유고인민군은 퇴각했다.

일부 세르비아 군대는 크라예이나 지역에 남았고, 크라예이나와 크로아티아 사이에 내전이 일어났다. 세르비아공화국은 크라예이나를 더 이상 지원할 수 없었고, 크로아티아 군대가 크닌을 점령했다. 1995년 레푸블리카 스르프스카 크라예이나의 해체로 크로아티아 내전은 끝났다. 내전 중 크라예이나에 거주하던 크로아티아인 8만 명이 삶의 터전을 빼앗겼고, 반대로 전후에는 그 지역에 거주하던 20만 명의 세르비아인들이 크로아티아군을 피해 수세기 동안 그들의 조상들과 그들이 살던 집과 재산을 두고 피난 갔다. 그 후로도 귀환한 사람들은 상당히 적다고 한다.

2006년 밀란 바비츠는 전범 재판 도중에 죽었다. 그는 자신의 행동이 세르비아 민족주의에 영향을 받았다고 인정했다.

미마라 박물관과 자그레브 현대미술관

우리는 자그레브에 도착한 후 제일 먼저 루스벨트 광장에 크로아티아의 작가이자 정치인 유진 쿠미치치의 동상이 정면에 서 있는 미마라 박물관(Mimara Museum)으로 갔다. 크로아티아의 유명한 수집가인 안테 토피치 미마르가 일생 동안 수집한 개인 소장품을 1987년 7월 유언으로 기증해 탄생한 박물관이다.

신고전 스타일의 건물은 원래 학교 겸 체육관이었는데 자그레브 출신 건축가 쿠노 바이드만이 설계한 것이다. 총 3,750여 점의 예술품은 예술적 가치가 뛰어나다고 평가받고 있으며, 1,500점이 상설 전시되고 있다. 수집품은 시대적으로는 선사시대부터 20세기까지, 지역적으로는 전 세계의 예술품을 망라한다.

선사시대와 고대이집트, 콜럼버스 이전의 아메리카 대륙, 중국의 유물 300여 점을 포함해 아시아의 유물도 다수 소장되어 있다. 그리고 시에나 화파의 피에트로 로렌제티, 전성기 르네상스 시대 베네치아 화파의 조르지오네와 파울로 베로네제, 카나레토, 로마 출신의 천재 화가 카라바조 등 이탈리아 화가를 비롯한 거장 화가들의 작품을 소장하고 있다.

1910년대 개관한 자그레브 현대미술관(Zagreb Moderna Galerija)은 18~19세기에 지은 고풍스런 3층 건물로서 시내 중심가에 위치해 편리하게 관람할 수 있다. 소장품은 주로 크로아티아 출신 작가와 이곳으로 이주해온 작가들의 근대 미술작품들, 그리고 에도 무티치, 페르디난도 쿨메르, 밀로슬라브 슈테 등 현대 작가들의 작품이다. 회화, 조각, 그래픽, 공예 등 500여 점이 시대별, 양식별로 정리되어 있다.

자그레브와 자그레브 대성당

자그레브(Zagreb)라는 도시이름은 1094년 문헌상 처음으로 등장했는데, 13세기경부터 문화와 예술이 발달한 곳으로 1557년부터 크로아티아의 수도였다. 자그레브는 시내 한가운데로 사바 강이 흐르고 있고, 반옐라치치 광장(Ban Jelacic Square)을 중심으로 구시가와 신시가로 나뉜다. 제2차 세계대전 이후 공산주의자들에 의해 '공화국 광장'이라고 불린 반옐라치치 광장은 1991년 원래 이름을 되찾았다. 광장에는 17세기 샘터의 흔적이 있는데, 과거 이곳은 웅덩이였다. 광장의 작은 분수대는 자유시간을 즐긴 단체 관광객들이 다시 만나는 장소로 이용되고 있다.

자그레브의 '자(Za)'는 뒤쪽, '그레브(greb)'는 언덕을 뜻하는데, 반옐라치크 광장에서 언덕으로 올라가면 구시가다. 구시가는 역사의 마을로서 고딕 양식과 바로크 양식의 교회와 공공건물이 많이 남아 있다.

자그레브의 구시가는 11세기에서 13세기에 걸쳐 두 개의 마을로 시작되었다. 서쪽 마을 그리치(Gric)는 민간 마을로 13세기에 투르크인들을 막기 위해 성벽으로 마을을 둘러싸면서 요새라는 뜻의 그라데츠(Gradec)로 개칭되었고, 동쪽 카프톨(Kaptol) 마을은 성직자들이 살면서 두 마을은 서로 경쟁했다. 19세기에 새 건물들이 많이 세워져 두 마을의 경계가 사라지고 구시가가 되었고, 남쪽 낮은 곳 원래 농지였던 자리에 반 옐라치치 광장과 공공건물들이 들어서 신시가를 형성했다. 구시가와 신시가를 통합한 사람이 반 요시프 옐라치치(Ban Josip Jelacic)이다. 'Ban'은 크로아티아에서 장군 또는 지도자를 가리키는 말인데, 요시프 옐라치치 장군은 헝가리로부터 크로아티아의 독립을 주도했다.

자그레브 기차역 바로 앞 토미슬라브 광장에는 크로아티아의 초대 국왕 토미슬라브의 동상이 서 있다. 동상 뒤로 좌우 대칭을 이룬 공원이 길게 자리잡고 있고 양옆으로 길을 끼고 바로크식 건축물들이 줄을 섰다. 공원 끝이 반옐라치치 광장이다.

카프톨 언덕에 있는 자그레브 대성당의 현지 이름은 성모승천 대성당(Katedrala Marijina Uznesenja)이지만, 대성당이 성모 마리아와 스테판 성인에게 봉헌되었기 때문에 간혹 스테판 대성당으로 불리기도 한다.

대성당은 1093년 헝가리 왕 라디슬라스 1세가 건설하기 시작해 1102년 완공하여 1217년 성모 마리아에게 봉헌되었다. 높이 77미터, 넓이 46.2미터로서 과도기적 로마네스크 양식이며 두 개의 첨탑이 있는데, 북쪽 탑은 105미터, 남쪽 탑은 104미터다. 성당 내부는 최대 5,000명이 동시에 예배를 드릴 수 있는 규모다.

성당 안쪽 입구 벽에는 1,000년 전, 성당을 지을 당시 상황을 기록해

둔 크로아티아의 고대언어로 된 비문이 있다. 제단 뒤편에는 스테피나 츠 추기경의 시신이 안치되어 있다. 그는 제2차 세계대전 당시에 비(非)로마가톨릭교도들에게 지독한 박해를 가하면서 세계적으로 논쟁의 중심에 섰었지만 크로아티아인들에게는 정신적 지주로 남은 인물이다. 메슈트로비치는 예수가 무릎 꿇고 기도하는 스테피니츠 대주교의 머리를 쓰다듬는 모습을 대리석으로 조각했다.

성당 내부에는 13세기 무렵에 그려진 벽화, 바로크 양식의 설교단, 대리석으로 꾸며진 제단 등 중세시대 유물들이 있고, 보물급 유물이 10개 이상 보관되어 있다.

대성당은 1242년 타타르족의 침공으로 심하게 훼손되어 1264년부터 20년에 걸쳐 고딕 양식으로 복구되었고, 15세기 중반에서 16세기 초까지 성당 주위에 성벽을 쌓아 또 다른 침공에 대비했다. 그러나 17세기에 발생한 두 번의 큰 화재로 또다시 훼손되어 17세기 중반까지 복구되었다. 그 무렵 종탑을 남쪽에 세워 감시대로도 활용했다.

1899년 증축한 100미터가 넘는 신고딕 양식의 쌍둥이 첨탑은 자그레브 시내 어디서나 볼 수 있는 랜드마크다. 유럽의 오래된 교회 건물이 그렇듯이 이 성당도 보수공사 중이다. 대성당 앞 성모상과 분수대, 식당과 선물가게, 그리고 그 앞 골목 과일과 채소와 꽃을 파는 재래시장은 주민들과 관광객들로 붐빈다.

니콜라 테슬라

반옐라치치 광장에서 신시가 거리를 따라가면 저지대에 있는 신시가와 고지대에 있는 구시가를 연결해주는 교통수단으로 1888년에 만들어진 작은 등산열차가 보인다. 등산열차는 55초 만에 그라데츠 지역까지 올라간다. 걸어서 올라가도 5분이면 된다. 언덕길을 올라가면 성 마르크 교회가 눈에 들어온다.

13세기에 만들어진 성 마르코 교회의 지붕은 빈의 슈테판 대성당처럼 모자이크 타일 지붕인데, 크로아티아와 자그레브를 상징하는 문장이 매우 인상적이어서 발걸음을 멈추게 한다. 교회 바로 앞에 위치한 망루는 자그레브를 빙 둘러볼 수 있다. 성당 제대에는 이반 메슈트로비치가 만든 십자가가 있다.

성 마르코 교회 광장으로 올라가는 길은 두 갈래인데 카프톨에서 시작해 건너편 시장을 지나 아래 골목으로 내려와 다시 골목으로 올라오면 건물 밑으로 지나가는 곳에 기도소가 하나 있다. 곧장 언덕으로 올라가면 광장이다.

나는 광장 앞 등산열차 골목으로 내려가다가 어느 건물 벽에 붙은 니콜라 테슬라의 부조(浮彫)를 보았다. 교류 전기와 라디오 분야의 위대한 발명가인 니콜라 테슬라는 그 이름 'tesla'가 자기력선속밀도(磁氣力線束密度, magnetic flux density)의 국제단위로도 사용될 정도로 뛰어난 과학자이지만 일반인들에게는 잘 알려져 있지 않다.

테슬라는 1856년 크로아티아 고스피(Gospi)에서 가까운 스밀란(Smiljan) 마을에서 태어났다. 당시 크로아티아는 오스트리아−헝가리 이중제국의 속국이었다. 테슬라의 아버지는 세르비아 혈통이었고 그리스 정교회 사제였다. 5형제 중 넷째였던 테슬라는 어릴 때부터 시적 감수성을 지닌 몽상가였지만 오스트리아 그라츠 공과대학과 프라하대학교에서 공학 교육을 받았다. 1882년 파리로 가서 콘티넨탈 에디슨 회사에 취직하고는 토머스 에디슨의 아이디어를 개선하는 일을 했다.

1884년 단돈 4센트와 습작시 몇 편, 그리고 콘티넨탈 에디슨 회사의 사장이 에디슨에게 쓴 추천장을 들고 뉴욕으로 왔다. 사장의 추천장에는 이런 구절이 있다.

"나는 세상의 두 천재를 안다. 한 명은 물론 에디슨 당신이고 다른 한 명은 바로 이 청년이오."

테슬라는 곧 토머스 에디슨의 연구소(Edison Machine Works)에 주급 18달러에 고용되었다. 나중에 테슬라는 에디슨에게 주급을 25달러로 인상해 달라고 요청했지만 거절당하자 그와 결별했다.

테슬라는 1891년 라디오 기술에서 널리 쓰이는 유도 코일을 발명했고, 1900년 J. P. 모건으로부터 15만 달러의 벤처자본을 공급받아 일기예보, 주식시세, 화상 대화 등을 할 수 있는 세계무선방송탑을 추진했으나, 경제공황과 노동쟁의, 그리고 모건의 지원 철회 등으로 실현되지 못했다. 그 후로도 테슬라는 터빈, 우주 에너지 이용, 날개가 없는 비행물체, 우주 순간이동 등 다양한 프로젝트를 연구했지만 자금 부족으로 그의 아이디어는 노트 속에 남아 있다. 1915년 그와 에디슨이 노벨상을 공동수상하게 될 것이라는 보도가 오보임이 판명되자 그는 크게 실망했다. 1917년 테슬라는 미국 전기공학자협회가 주는 에디슨 메달을 받았다.

테슬라는 늘 고향을 잊지 않았는데, 1936년 크로아티아의 정치가로서 제2차 세계대전 중 크로아티아 농민당을 이끈 블라드코 마체크에게 다음과 같은 전보를 보냈다.

"나는 세르비아 사람이고 또 나의 고향이 크로아티아라는 사실을 자

SMATRAM SVOJOM DUŽNOSĆU·DA KAO
ROĐENI SIN SVOJE ZEMLJE POMOGNEM
GRADU ZAGREBU U SVAKOM POGLEDU
SAVJETOM I ČINOM–REKAO JE U OVOJ ZGRADI
NIKOLA TESLA
24 SVIBNJA 1892·GODINE
KAD JE GRADSKOJ OPĆINI PREDLOŽIO IZ-
GRADNJU CENTRALE IZMJENIČNE STRUJE

랑스럽게 생각합니다. 유고슬라비아 만세."

1943년 1월 12일 맨해튼의 세인트 존 대성당에서 수많은 숭배자들이 보는 가운데 장례식이 거행되었다. 언론은 위대한 천재를 잃었음을 알렸고 몇몇 노벨상 수상자들은 '현대의 기술 발전에 기여한 세계의 탁월한 지성'에게 조문을 했다. 1957년 그의 유해는 다시 화장되어 항아리에 담겨 당시 유고슬라비아의 수도 벨그라드로 옮겨져 테슬라 박물관에 보관되어 있다. 그의 연구유품 등은 벨그라드에 있는 니콜라 테슬라 박물관에 기증되었다.

테슬라가 무명으로 전락한 이유는, 필자의 생각으로는 두 가지인데, 하나는 에디슨과 관계가 있다. 전기가 막 발견되어서 본격적으로 전기사업이 시작될 시기에 테슬라는 에디슨의 조수로 일했다. 에디슨은 이미 직류를 이용해 모든 시스템을 만들어놓고 있었다. 그런데 테슬라는 전기 전송방식에서 에디슨과 의견이 달랐다. 에디슨은 직류방식을 주장했지만 테슬라는 교류가 훨씬 효율적이고 안전한 방식임을 주장했다. 결국 테슬라는 에디슨의 회사를 나와서 웨스팅하우스와 손잡고 교류전기사업에 뛰어들게 된다. 전류전쟁(war of currents)은 테슬라와 웨스팅하우스의 승리로 돌아가게 되었는데, 이로 인해 에디슨은 테슬라를 평생의 적으로 삼게 되어 계속 괴롭히게 된다. 테슬라의 이름은 전기분야에서는 서서히 사라져갔다.

두 번째 이유는 그가 했던 연구들이 너무나 앞서 갔기 때문이다. 예컨대 무선전기전송시스템, 전파무기, 전파빔을 이용한 무기개발, 전자기파 등을 이용해 지진을 일으키는 지진병기 연구, 자연계에 존재하는 우주 에너지(氣)를 동력화해서 움직이는 자동차 제작 등은 묵살되었다.

제임스 맥스웰이 전자기장을 통일하는 위대한 업적을 쌓았다는 사실은 많은 사람들이 알고 있으나, 보다 뛰어난 테슬라의 전자기학에 대한 이론은 잘 알려지지 않고 있다. 테슬라는 말년에 자신이 발명한 문명의 이기를 스스로 파기해버렸다. 테슬라는 그 얼굴이 유고슬라비아 화폐에 실릴 정도로 존경을 받고 젊은이들에게 꿈의 메시지를 던져주고 있지만, 과학과 경영의 역사에서 주역은 아니었다.

마리보르 와이너리

우리는 자그레브 대성당 맞은편에 있는 크로아티아 전통 식당에서 점심을 먹고 호텔로 들어갔다. 신시가 중심에 있는 자그레브 인터내셔널 호텔은 객실 205개로 검은색 유리로 된 우리나라의 삼일빌딩을 닮은 현대식 건물이었다. 썩 디자인이 좋아 보이지는 않았지만 지금까지 보아온 발칸반도의 고층건물과는 너무 달라서 김종훈 회장에게 건물에 대해 설명을 해달라고 부탁했다. 김 회장은, 철과 유리를 소재로 사용해 우아하고 단순한 직선미를 살린 이런 스타일의 고층건물은 이미 다소 유행에 뒤처지고 있지만 독일 태생의 미국 건축가 미스 반 데어 로에가 시도한 것으로, 어느 나라에서도 보편적으로 추진할 수 있는 일종의 국제주의 양식이라고 설명해주었다. 그러니까 미스 반 데어 로에는 1920년대 세계적으로 가장 창조적인 건축가로 이름을 날렸던 것이다. 그 반면 오토 바그너나 요제 플레취니크의 건축철학은 유럽의 벽을 넘어 국제주의로 확산되지 못했다.

우리는 그동안 발칸의 큰 도시와 유적지와 해변 도시들을 즐겼는데, 오늘 오후에는 느긋하게 시골의 와이너리를 둘러보고 또 그런 곳에서 저녁을 먹기로 결정하고, 가방만 체크인하고 슬로베니아 북쪽 오스트리아의 그라츠와 가까운 국경도시 마리보르(Maribor)에 있는 로컬 와이너리로 갔다. 자그레브에서 마리보르까지는 두 시간이 채 걸리지 않는다.

마리보르로 가는 길에, 슬로베니아 국경을 넘기 전 크로아티아의 마지막 마을들인 쿰로베츠와 클란예츠에는 각각 티토와 안툰 아우구스틴치츠 생가가 있다. 우리는 시간이 없어서 그 두 곳을 모두 지나쳤다.

오스트리아 남부와 슬로베니아 북부는 주업이 와인산업이라고 할 만큼 와이너리가 많다. 이곳의 와이너리는 와인시음 및 식사는 물론이고 규모는 작지만 호텔을 겸하고 있다. 우리는 규모가 별로 크지 않은 요한네스 와이너리

(Joannes, 주소 Vodole 34 SI~2229 Malecnik)로 가서 포도밭도 구경하고 포도주 저장소와 와인제조시설 등을 둘러보았다. 치즈와 버터를 안주삼아 화이트 와인도 시음했다.

저녁은 생선요리에다 화이트 와인을 마셨다. 식사는 돈을 받지만 와인은 무료였다. 그러나 우리 일행은 술이 그다지 세지 않아 겨우 대여섯 병밖에 마시지 못했다. 무료인지 알고도 말이다.

일행 중 한분이 포도주 상표가 'Joannes'이고 머리에 별표가 있는 왕관을 썼는데, 어떤 유래인지 물었다. 주인의 설명은 대강 이랬다. 보헤미아의 네포묵(Nepomuk) 지방에서 태어난 요한네스 네포묵 신부는 가문 이름인 뵐플라인 대신에 고향 네포묵을 따서 자신의 별명으로 삼았다.

프라하 카를 다리 중간에 서 있는 요한 네포묵 성인

그는 왕비의 고해신부였는데, 국왕 벤체슬라오가 고해 비밀을 털어놓으라고 요구했을 때 거부해서 미움을 받아 참살당하고, 물통인지 술통에 넣어져 몰다우 강에 던져졌다. 그날 밤, 요한네스 네포묵의 유해가 가라앉은 부근에는 이상하게도 별이 광채를 내며 맴돌고 있었다. 다음날 아침 사람들은 그 유해를 찾아내 대성당으로 운반해 안장하고 곧 고해성사의 신성함을 옹호한 순교자로서 특별한 공경을 드리기 시작했다. 요한네스 네포묵은 고해의 비밀을 지키고 순교했기 때문에 336년 후인 1729년 3월 19일 교황 베네딕토 13세는 그를 성인품에 올렸다. 그 10년 전에 시성조사를 했을 때 그의 무덤을 열어 시체를 검사했더니 전신은 모조리 썩었지만 혀만은 마른 채로 그대로 남아 있었다. 그것은 고해의 비밀을 지킨 증표이기 때문에 프라하 대성당의 보물로서 영구히 보존되고 있다.

보헤미아 사람들은 요한네스 네포묵을 자신들의 수호성인이자 고백자들의 수호성인으로 떠받들고 있다. 또한 다리의 성인이라 칭하고 수많은 다리 위에 그의 초상이나 조각상을 세워두고 있다. 프라하의 카를 다리에는 요한네스 네포묵을 포함해 30개의 성상이 있는데, 요한네스 네포묵의 서 있는 조각상 밑 순교장면이 그려진 부조에 손을 대고 소원을 빌면 소원이 이루어진다고 한다. 소원이 안 이뤄지면 믿음이 부족한 것이다.

우리는 각자 포도주 한두 병을 사갖고 호텔로 돌아왔다.

자그레브의 메슈트로비치 갤러리

우리는 다음날 그러니까 월요일 오후 2시 40분 자그레브 공항을 떠나 귀국길에 오를 예정이었다. 그런데 오전 시간을 이용해 자그레브 구시가로 가서 구경도 하고 쇼핑도 하자는 의견이 많아서 우리는 반옐라치치 광장으로 갔고 거기서 각자 두어 시간 보내고 다시 만나기로 했다.

자그레브는 크로아티아의 수도지만 1991년 크로아티아가 유고슬라비아로부터 분리될 때 전쟁의 참화를 겪지 않았다. 크로아티아의 남부 지역 두브로브니크와 스플리트, 그리고 시베니크 지역이 세르비아군의 폭탄 세례를 받고 있을 때도 자그레브는 다섯 번 정도의 공습 피해만 입었다. 전쟁 기간 동안 많은 사람들이 가까운 유럽국가로 피신했었고, 최근에 대부분 돌아왔다.

오랫동안 오스트리아–헝가리 이중제국의 지배를 받았기 때문에 자

그레브의 구도심은 얼핏 오스트리아의 중소도시와 얼른 구분이 되지 않는다. 사실 이런 표현은 선입견일지도 모른다. 왜냐하면 대부분의 유럽 도시들에는 바로크식 건물과 교회가 많이 있기 때문이다. 해서 유럽 여행에서 찍은 사진만 볼라치면 사진 속의 도시가 어디인지 잘 구분이 안 되는 경우가 많다.

나는 달리 할 일이 있는 것도 아니어서 어제 일행과 함께 행동하느라 가보지 못한 메슈트로비치의 자그레브 갤러리를 보기로 작정했다. 우선 카프톨로 올라가서 자그레브 대성당 오른쪽 맞은편 바로크식 성당을 들러 조배를 하고 골목길을 내려가 성 마르코 성당 광장으로 향했다. 광장으로 올라가는 동굴 같은 스톤게이트(Stone Gate)는 13세기에 만든

옛 성벽의 출입구로서는 유일하게 원형 그대로 남아 있는 것이고 16세기에 오스만의 침공에 대비해 개조되었다.

스톤게이트 입구에 성 조지 기마상이 있는데, 기마상 밑의 용은 긴 수염이 있어서 마치 메기 같아 보인다. 스톤게이트의 터널 중간에는 성모 마리아를 모신 기도소가 있는데, 1731년 대화재 때 성모님과 아기예수님이 그려진 그림이 타지 않고 남아서 이 성화의 기적을 인식한 많은 시민들이 촛불을 켜고 기도하고 있고, 지나가던 관광객들도 발걸음을 멈추기도 한다.

마르코 성당 정문을 지나 동쪽으로 방향을 바꾸자 믈타츠카(Mletacka) 골목이 곧고 길게 이어졌다. 나는 번지수를 따라 8번지 대문이 육중한 집 앞에 섰다. 벨을 눌렀다. 아무런 인기척이 없었다. 혹시 개관 시간이 늦어서 그런가 하고 골목 안으로 더 걸어가 아틀리에 외관 사진을 몇 장 찍었다. 골목 가게에서 커피 마시고 담배를 피던 두 늙은이가 나의 그런 모습을 보고 오늘 월요일이어서 갤러리는 개관하지 않는다고 알려주었다. 아뿔싸, 오늘이 월요일이지.

한 늙은이가 벨을 계속 누르면 간혹 관리인이 문을 열어주는 일도 있다고 귀띔했다. 나는 대문으로 가서 벨을 길게 눌렀다. 인기척이 없었다. 조금 더 있다가 발걸음을 돌렸다. 그런데 뒤에서 문을 여는 소리가 들렸다. 젊은 아가씨가 나와서 오늘은 휴관이라고 말했다. 나는, 한국에서 오늘 일부러 메슈트로비치를 보러 왔고 오후에는 다른 장소로 옮긴다고 사정을 했다. 조금 있으니 약간 나이 든 점잖게 생긴 부인이 나왔다. 또 같은 애원을 했다. 그 부인은 일단 들어오라고 했다. 내가 입장료를 내겠다고 하니까, 영수증 발급기 등 모든 기기와 서류를 사용할 수 없으니 그냥 구경만 하고 가라고 말했다. 그래도 뭔가 기여를 해야겠고 또 자료도 필요해 나는 메슈트로비치의 딸이 쓴 『이반 메슈트로비치』와 자그레브 갤러리를 설명한 책자 『From Home to Museum』과 다른 팸플릿을 현금을 주고 샀다. 내게 친절을 베푼 그 부인은 시니어 큐레이터였고 이름이 다니카 플라지바트(Danica Plazibat)였는데, 다니카는 갤러리 안팎으로 시간이 허용되는 동안 설명해주었다. 물론 나는 양해를 구해 사진도 찍었다. 흡족했다.

트리에스테와 두이노,
발칸과 이탈리아 사이에서

우리 일행은 여정을 바꾸어 발칸반도 북서쪽 끝과 이탈리아 동쪽 끝 국경에 있는 트리에스테(Trieste)로 갔다. 정준명 사장의 강력한 권유 결과였다. 이곳은 한때 합스부르크제국이 지배했기 때문에 'Triest'라고도 하고, 슬로베니아어로는 'Trst'라고 한다. 바다로 나가는 항구가 없었던 오스트리아-헝가리 이중제국은 이 도시를 매우 중요하게 생각했다.

트리에스테, 이탈리아인가 발칸 국가인가

인구 20만 명의 트리에스테는 휴양지일 뿐만 아니라 전략적으로 매우 중요한 곳이어서 국경분쟁이 자주 있었다. 1719년 신성로마제국 황제 카를 6세가 인구 5,700명에 불과한 이곳을 자유항구로 선포한 이래 1891년에는 인구가 15만 6,000명으로 증가했고, 1910년에는 23만 명가량 되었다.

1943년 독일군은 이곳을 제3제국의 해상진출을 위한 남부 출구로 삼고자 점령했고, 1945년 티토가 이끄는 파르티잔이 독일군을 물리치고 유고슬라비아의 영토라고 주장했다. 1947년 파리에서 서명된 이탈리아와의 평화조약에 따라 트리에스테는 자유도시가 되었다. 1954년 이탈리아와 유고슬라비아 사이에 영토를 분할했다.

트리에스테 시에는 로마시대 유적들이 많은데, 1719년 건설되기 시작한 현재 도시는 전형적인 18세기 바로크 양식 및 19세기 신고전주의 양식의 건축물들이 많은 것이 특징이다.

트리에스테와 슬로베니아 국경 사이 석회암 구릉지 카르소 지역(Carso Kras)은 남쪽으로 지중해를 바라보고 있고 북동쪽으로부터 늘 시원한 바람을 받기 때문에 D.O.C급 드라이 와인을 생산하는 조나 비니콜라(Zona Vinicola), 즉 우수한 와인생산지다.

우리 부부는 해양박물관과 요트 정박장과 부두를 따라 트리에스테 앞바다를 조금 걸은 후 시청 광장 뒤쪽으로 가서 고대 로마의 원형경기장 유적 등을 둘러보고 오후 5시경 트리에스테에서 가장 규모가 큰 연주홀인 주세페 베르디 극장으로 갔다. 벌써 표를 팔고 있었다. 그날은 마침 가을 시즌의 첫날이었다. 트리에스테는 주세페 베르디 극장 말고도 미라마레 성, 두이노 성, 무지아 성 등에서 연극과 오페라 콘서트가 개최된다.

프로그램은 두 곡의 교향곡인데, 하나는 독일어로 'Felix Mendelssohn Bartholdy'의 'Die Hebriden Fingalshohle', 즉 멘델스존의 「핑갈의 동굴 서곡」으로 되어 있었고, 다른 하나는 'Petr Il'ic Cajkovkij'의 'Concert n. 1 in si bemolle maggiore per pianoforte e orchestra op. 23'이라고 되어 있었다. 'Cajkovkij'가 누구인지 도무지 알 수 없었다. 표

값은 10유로에서 45유로 사이였다. 나는 20유로짜리 두 장을 샀다. 'Cajkovkij'를 유고슬라비아 지역 현지 작곡가로 짐작하는 나는 콘서트에 관심 많은 친구들에게 함께 관람하자고 권유하지도 못했다.

7시경 저녁을 먹으러 우리 부부는 시청 광장에 면해 있는 두치 다오스타(Duchi D'aosta) 호텔로 갔다. 호텔은 규모는 크지 않았으나 분위기는 주변 건물과 잘 어울리는 신고전 스타일이었다. 호텔 콘시에즈(concierge)는 우리를 입구 왼쪽 식당으로 안내했다. 웨이터가 한참 있다가 메뉴를 갖고 왔다. 우리는 메뉴에서 가장 간단한 3가지 코스 요리를 시켰다. 웨이터는 메뉴를 받아들고는 와인을 주문하지 않겠느냐고 물었다. 나는 콘서트가 8시 30분에 시작되므로 와인은 시간이 없으니 음식만 가능한 빨리 달라고 부탁했다.

하지만 음식은 매우 천천히 나왔다. 노부부 두 쌍은 와인을 곁들여 식사를 즐기고 있었지만 우리는 마음이 바빴다. 나는 음식을 기다리다가 호텔 내부를 둘러보았다. 그리고 프론트에 가서 바구니에 담긴 사탕 몇 개를 줍고는 방값을 물어보았다. 계절에 따라 다르지만 대략 220~300유로라고 대답했다.

식당의 테이블과 식기는 깨끗했고 음식도 좋았다. 극장 오픈 시간이 다 되었기 때문에 나는 디저트가 나올 때 계산서를 부탁했다. 디저트를 먹는 둥 마는 둥 우리는 극장으로 갔다.

2층 출입구는 정면 입구에 있지 않고 옆길에 있었는데, 표를 사면서 사전에 확인한 것이 그나마 다행이었다. 우리가 자리를 잡자 곧 연주는 시작되었다.

길 모르고 말 모르면 바보

두 번째 곡이 연주되자마자 깨달았으니, 아뿔싸 우리에게 그토록 익숙한 차이코프스키(Tchaikovsky)를 Cajkovkij로 표기한 것을. 어쨌거나 말 모르면 바보 아닌가.

바보 노릇은 한 번 더 했다. 연주가 끝나고 극장에서 시청 광장으로 나왔다. 그런데 도중에 택시가 한 대도 보이지 않았다. 택시 정류소도 없었다. 광장 앞에 몇 분 서 있었지만 빈 택시는 지나가지 않았다. 한참 기다리다 아이스크림을 빨며 지나가는 두 여학생에게 택시를 어디서 타느냐고 물었다. 두 사람은 우리를 보고 "콜택시를 부르지 않았느냐?"고 되물었다. 황당했다. 관광지 어디든 흔한 게 택시인데. 당황해하는 우리를 보고 한 여학생이 택시회사에 전화를 했다. 그리고 우리를 보고 일본 사람이냐고 했다. 나는 그렇다고 대답했다. 그러자 그 여학생은 일본 사람이 시청 광장에서 기다린다고 했으니 곧 콜택시가 올 것이라고 말하면서 아이스크림을 빨며 가던 길로 갔다.

집사람은 왜 일본 사람이냐고 할 때 그렇다고 했느냐고 물었다. 나는 달리 생각할 겨를이 없었고, 이탈리아 여학생이나 이탈리아 택시기사가 보기에 우리가 일본인인지 한국인인지 어떻게 구분하겠는가? 이 근처에 동양사람은 우리뿐인데, 굳이 한국인이라고 말하면서 시간을 지체할 필요가 없다고 대답했다.

2분 후 택시가 왔다. 마리아 테레지아 호텔 명함을 주었다. 대략 20유로쯤 나올 것으로 생각했으나 8유로가 나왔다. 주소를 제대로 찾아왔는지 운전기사에게 재차 물었다. 안심이 안 된 나는 기사에게 10유로를 주면서 조금 기다리게 하고 호텔을 확인하고 보냈다.

다음날 아침 버스를 타고 시내를 지나가는데, 시청과 호텔은 걸어서도 20분이면 되는 거리였다. 황당했다. 물론 처음부터 지도를 잘 챙겼으면 될 일이었지만 극장에 갈지 혹은 일행과 함께 식사를 할지 알 수 없는 상황에서, 그리고 여행 안내원도 처음 오는 이곳으로 일정을 변경해서 왔기 때문에 생긴 해프닝이었다. 나는 속으로 말했다.

"말 모르고 길 모르면 바보야."

두이노 성

트리에스테에서 슬로베니아로 가는 길에 우리는 잠시 두이노 성(Castello di Duino, Duino Castle)에 들렀다. 인구 8,000명가량의 두이노에 있는 이 성은 개인 가문이 소유한 것으로 일반인에게 공개되고 있는데, 성 자체도 아름답지만 얽힌 이야기도 재미있다.

바다 쪽에서 보면 두이노 성은 두 개인데, 하나는 11세기에 건조된 망루이고, 다른 하나는 1363년 완성된 일반적으로 말하는 두이노 성이다. 두이노 성은 지금은 아름답고 평화롭지만 건축 당시에는 베네치아와 사라센 해적과 터키 군대의 침입에 맞서 피를 흘린 성곽이었다. 그러니까 11세기 건조된 망루는 소위 '토레 사라체노(Torre Saraceno)'라고 부르는 해적선 감시용 탑이었다.

아퀴레이아(Aquileia) 지역의 봉건영주가 처음 세운 이 성의 주인은 여러 차례 바뀌었다. 1508년 합스부르크의 막시밀리안 황제가 베네치아로부터 이 성을 빼앗았는데, 당시 큰 공을 세운 호퍼(Hofer von Hohenels) 가문에게 이 성을 하사했다.

토레 에 타소 혹은 투른 운트 탁시스

12세기 이탈리아 북부 롬바르디 평원에서는 여러 가문들이 밀라노의 지배권을 손에 넣기 위해 자주 전쟁을 했다. 그들은 각자 성(de la Torre)을 짓고 진지로 삼았다. 그들 중 타소(Tasso)라는 한미한 가문은 베르가모에서 가까운 조그만 산악도시 코르넬로 데이 타소(Cornello dei Tasso)에 근거지를 삼았다. 많은 세월이 흘러 프란치스코 타소는 동생 루지에로, 레오나르도, 그리고 자네토와 함께 이탈리아 밀라노와 오스트리아 인스부르크 사이를 오가는 우편 사업을 시작했다.

사업이 번성하자 타소는 인스부르크 사업장을 동생 자네토에게 맡기고 자신은 이름을 독일식으로 프란츠 탁시스(Franz Taxis)로 바꾸고는 벨기에 브뤼셀로 가서 브뤼셀과 오스트리아 빈을 연결하는 역마차 우편 사업을 벌였다. 우편사업은 합스부르크 황제들이 제국을 다스리는 데 매우 큰 도움이 되었다. 따라서 1490년 프리드리히 3세는 프란츠 탁시스에게 우편사업 독점권을 부여했다. 게다가 황제는 프란츠 탁시스의 조상이 델라 토레의 후예라고 인정하고, 가문의 문양에 'Torre(탑, Thurn)'와 'Tasso(오소리, Taxis)'를 사용하는 것을 허용했다. 따라서 이 가문의 명칭은 독일어로 'Thurn und Taxis'가 되었다.

1512년 막시밀리안 1세는 이 가문에게 합스부르크 왕가의 우편 사업 독점권을 주었다. 1516년 11월 이 가문은 우편사업을 브뤼셀에 기반을 두고 확장하여 로마, 나폴리, 스페인, 독일, 프랑스를 잇는 우편운송 사업을 벌인다. 그리고 1534년 카를 5세에 의해 합스부르크 왕가의 우편 업무 독점권을 다시 한 번 확인받았다. 투른 운트 탁시스 가문은 1608년 남작 지위를, 1624년에는 백작 지위를 하사받는다. 대공(prince)의 지위는 1681년 스페인 합스부르크 왕가로부터, 그리고 1695년에는 오스트리아 합스부르크 왕가의 신성로마제국 황제 레오폴트 1세로부터 수여 받았다.

투른 운트 탁시스의 배달의 신뢰성과 속도는 경쟁자들이 따라잡을 수 없었다. 말을 거점역에 항상 대기시키고 릴레이 방식으로 브뤼셀에서 파리까지는 2일 이내, 브뤼셀에서 인스부르크까지는 5일 이내 배달했다. 투른 운트 탁시스 가문의 우편사업은 18세기 스페인 왕가가 이를 인수할 때까지 지속되었다. 1748년부터 이 가문은 레겐스부르크 상트 에머람(St. Emmeram) 성에 주요 거주지를 장만하고 박물관, 맥주 양조장 등 각종 사업을 지금까지 유지하고 있다. 나폴레옹 이후 유럽에서 독점적인 우편사업의 지위를 위협받게 되고 19세기말에 이르러서는 경쟁력을 잃게 되었지만, 그전에 이미 사업을 다양화했다.

투른 운트 탁시스 가문은 6대째가 되자 독일 유력 왕가의 공주를 며느리로 맞아들이게 되었다. 막시밀리안 안톤은 바이에른(Bayern) 왕국의 공주 헬레네와 결혼했다. 헬레네는 다름 아닌 '씨씨'의 언니였다. 앞서 '여자의 야심 혹은 비운'에서 이야기한 대로, 헬레네는 원래 당시 오스트리아의 젊은 황제 프란츠 요제프의 황제비로 간택되어 있었다. 그러나 헬레네는 젊은 황제가 자신의 여동생을, 지금도 오스트리아의 아이콘인 엘리자베트를 더 좋아하는 바람에 황제비가 될 기회를 놓치고 투른 운트 탁시스의 대공비가 되었다. 엘리자베트와 헬레네 두 자매는 각각 1888년과 1890년, 그러니까 동생이 언니보다 2년 먼저 세상을 떠났다.

호퍼 가문과 투른 운트 탁시스 가문

앞서 말한 호퍼 가문은 이탈리아 델라 토레 가문의, 즉 투른 운트 탁시스 가문의 라이몬도(Raimondo)를 사위로 삼았고 가문의 이름은 투른–호퍼(House of Thurn–Hofer)가 되었다. 1849년 투른–호퍼 가문의 테레사는 독일 호헨로헤 가문의 에곤 폰 호헨로헤(Egon von Hohenlohe)와 결혼했다. 테레사는 예술 애호가로서 요한 슈트라우스, 프란츠 리스트, 일명 '씨씨'로 불렸던 오스트리아의 황후 엘리자베트 등을 이곳에 초청했다.

1875년 테레사의 딸 마리는 투른 운트 탁시스 체코 지파의 알렉산더와 결혼했다. 알렉산더는 1808년 체코슬로바키아 라우츠친(Lautschin) 지역에서 우편사업으로 큰 재산을 축적한 막시밀리안 투른 운트 탁시스(1769~1831)의 증손자였다. 그러니까 두 사람은 아주 먼 친척이었다.

투른 운트 탁시스 가문의 후예라 해도 그동안 많은 자손들이 재산을 나누어 가져갔기 때문에 알렉산더와 마리 두 사람의 재산은 그다지 큰 규모는 아니었다. 그러나 알렉산더는 피아노와 바이올린을 잘 연주했고, 마리는 화가, 음악가, 조각가로서도 손색이 없었다. 두 사람은 서로 좋은 배필이었고 또 예술을 후원하는 데 적극적이었으며, 두이노 성에 많은 작가와 예술가들을 초청했다. 그 가운데 체코의 작곡가 스메타나, 독일의 시인 라이너 마리아 릴케, 그리고 미국의 작가 마크 트웨인 등이 있었다. 그리고 오스트리아의 비운의 황태자 프란츠 페르디난트는 사라예보로 가기 전 이곳에 머물렀다. 스메타나는 알렉산더를 위해 「바이올린과 피아노를 위한 Z 도모비니(Z domoviny for violin and piano)」를 헌정했다.

라이너 마리아 릴케

릴케의 어린 시절은 참으로 비정상적이었다. 결혼생활이 원만하지 못했던 부모의 외아들로 태어난데다 어머니는 신분이 낮은 남편과 결혼했다는 느낌을 갖고 있었고, 항상 귀부인같이 차려입기를 좋아했다. 게다가 어머니는 릴케보다 먼저 난 딸이 죽자 릴케를 여자아이처럼 키웠다. 결국 릴케의 부모는 헤어졌고 릴케는 프라하의 피아리스트 수도원 학교, 오스트리아 장크트폴텐의 육군 소년학교, 보헤미아의 육군 사관학교를 전전하다가 건강상의 이유로 중도 포기하고 오스트리아에서 김나지움을 마쳤다.

릴케는 김나지움을 마칠 무렵 『삶과 노래(Leben und Lieder)』를 출판해 문재(文才)를 인정받았다. 1895년 프라하 카렐대학교의 독일문학 및 미술사 과정에 등록한 릴케는 자신의 선택에 실망한 부친을 위로하기 위해 1학기 동안 법학강의를 들었다. 그것도 잠시, 릴케는 1896년 뮌헨으로 가서 작가로서의 삶을 시작한다.

1897년 5월 루 안드레아스 살로메를 만나 곧 사랑하는 사이가 되었는데, 살로메와의 만남은 릴케의 인생에서 전환점이 되었다. 하지만 살로메는 릴케에게 연인이라기보다는 오히려 어머니 같은 존재였다. 두 사람은 1899년 봄 처음으로 러시아를 방문했으며, 다음해 여름 다시 러시아를 여행했다. 릴케는 러시아에서 톨스토이를 만나 강한 시적 영감을 얻었다. 릴케는 러시아 여행을 마친 후 브레멘 근교의 베스터베데(Worpswede) 예술가촌에 합류했고, 1901년 4월 오귀스트 로댕에게 사사한 조각가 클라라 베스토프와 결혼하고는 근처의 한 농가에서 가정을 꾸몄다. 1901년 12월 딸 루트가 태어났으나 두 사람은 각자 자유로이 활동하기 위해 헤어졌다. 그러나 두 사람은 남은 일생 동안 계속 좋은 동반자 관계를 유지했다.

1902년 릴케는 한 독일인 출판업자 부탁으로 로댕에 관한 책을 쓰기 위해 파리로 와서 로댕을 만났고 로댕의 작품에 큰 감명을 받았다. 로댕과의 우정은 1906년 봄까지 지속되었다. 로댕은 릴케에게 루브르 박물관, 사르트르 대성당, 그리고 파리를 구경시켰고 예술을 새롭게 볼 수 있는 통찰력을 심어주었다. 1903년 7월 릴케는 살로메에게 보낸 편지에 "공포로부터 구체적 대상을 만들어내는 것이 나의 방식"이라고 썼다.

그 후로도 파리는 중심 활동지였지만 릴케는 이탈리아의 여러 도시와 스웨덴, 프랑스, 스페인, 튀니지, 이집트 등을 여행하면서 글을 썼다. 왕성하게 집필활동을 하던 릴케는 1910년 대작 「말테의 수기」를 완성한 후 집필장애를 얻게 되었고, 한동안 펜을 놓았다. 그 무렵, 1911년 10월 알렉산더와 마리 백작부부의 초청으로 트리에스테 근처 두이노 성에 온 릴케는 1912년 5월까지 머물며 「두이노의 비가」 2편을 썼다. 그러나 출판하지는 않았다.

제1차 세계대전이 발발하자 릴케는 1915년 12월 오스트리아 군대의 소집으로 빈의 육군본부에서 복무했으나 이듬해 6월 전역했다. 전쟁이 끝나자 릴케는 또다시 무기력해지고 말았다. 그러나 최후의 정착지인 스위스에서 7년을 보내면서 창조적 재능을 되살려 1922년 2월 「두이노의 비가」 8편을 완성했다.

1925년 1월 릴케는 자신의 성공적인 삶을 재확인하기 위해 파리로 가서 앙드레 지드, 폴 발레리 등 옛 친구들과 숭배자들로부터 열렬한 환영을 받았다. 그러나 파리 방문으로 인한 과로로 릴케는 그 해 8월 스위스로 조용히 되돌아왔다. 수년 전부터 릴케는 쇠약해 있었지만 1926년 12월 29일 죽기 몇 주 전에야 그 원인이 백혈병이라는 사실을 알았다. 그는 제네바 호숫가 테리테트(Territet)의 요양소에서 51세로 세상을 떠났고, 그곳에서 가까운 비스프(Visp)의 라론 공동묘지에 묻혔다.

릴케의 산책길과 「두이노의 비가」

두이노 성 아래로 내려가면 아드리아 바다를 따라 작은 마을 시스티아나까지 걷는 1.7킬로미터의 '릴케의 산책길'이 있다. 원래 이름은 두이노의 길(Passeggiata duinese)이었던 이 산책길은 지중해의 찬란함과 카르스트 지형의 바위들이 보여주는 거칠고도 기이한 풍광을 동시에 즐길 수 있다. 왕복 한 시간 반이 걸리는 산책길은 경치가 사철 다르다.

봄 여름 가을에는 괴상하게 생긴 바위틈으로 월계수, 은매화, 샐비어, 테레빈, 사르사파릴라, 털가시나무, 꼭두서니, 옻나무, 노간주나무, 떡갈나무 등 온갖 색의 꽃들이 사람들을 반기고, 겨울에는 이곳 말로 보라(Bora)라고 하는 차가운 북동풍이 자연의 매서운 맛을 보여준다. 카르스트 지역의 관목 숲은 매과의 팔코 페레그리누스(Falco peregrinus)를 비롯해 새들의 천국이다. 릴케는 1911년 눈보라가 세차게 부는 어느 겨울날 혼자 이 길을 따라 걷던 중 갑자기 떠오른 영감을 바탕으로 「두이노의 비가」 두 편을 썼다.

릴케의 10편 연작 장시 「두이노 비가(Duineser Elegien, Duino Elegies, Elegie duinesi)」는 부인 마리에게 헌정된 것이다.

「두이노의 비가」는 천사와 인간 사이의 극명한 대립과 인간의 비탄으로 시작한다. 릴케는 인간이 삶과 죽음에 대한 그릇된 인식 때문에 올바르게 존재하지 못하고 또한 그 소명을 다하지 못한다고 분석하고, 인간존재의 새로운 가능성을 모색한다. 언젠가는 죽어야 하는 시인 자신이나 그가 시에 표현하는 현세의 대상들이 속절없음을 다룬 이 비가는 후대의 서정시인들에게 커다란 영향을 미쳤다. 「두이노의 비가」 제1편은 다음과 같다.

Die erste Elegie

Wer, wenn ich schriee, hörte mich denn aus der Engel Ordnungen?

und gesetzt selbst, es nähme einer mich plötzlich ans Herz: ich verginge von seinem stärkeren Dasein.

Denn das Schöne ist nichts als des Schrecklichen Anfang, den wir noch grade ertragen, und wir bewundern es so, weil es gelassen verschmäht, uns zu zerstören. Ein jeder Engel ist schrecklich.

Und so verhalt ich mich denn und verschlucke den Lockruf dunkelen Schluchzens. Ach, wen vermögen wir denn zu brauchen?

Engel nicht, Menschen nicht, und die findigen Tiere merken es schon, daß wir nicht sehr verläßlich zu Haus sind in der gedeuteten Welt.

비록 내가 큰소리로 외친다 한들, 그 많은 계급의 천사들 중 누가 들어줄까?

그리고 천사 하나가 느닷없이 나를 가슴에 껴안는다 해도, 훨씬 더 강한 존재 속으로 나는 사라지고 말 터인데.

아름다움이란 공포의 시작일 뿐이고, 또 인간을 파멸시키면서도 침묵으로 아랑곳하지 않기 때문에, 여전히 그것을 받아들이고 또한 그다지도 숭배한다.

모든 천사는 하나같이 공포의 대상이다.

그리하여 나는 뒤로 물러나 암흑 속에서 흐느끼면서 울분을 삼킨다.

아, 도대체 우리는 누구에게 호소할 수 있을까?

천사는 아니야, 사람도 아니고, 현명한 사람들은 분명 알고 있지, 인간은 정말이지 믿을 수 있는 세상에 안식처를 갖고 있지 않다는 것을.

16

· · ·

사라진 나라 유고슬라비아

·

다인종 국가 유고슬라비아 왕국

1991년 다인종 국가인 유고슬라비아가 와장창 무너져내린 것은 과거 로마제국의 분할을 연상시킨다. 그 까닭은 슬로베니아와 크로아티아의 전통과 문화는 오스트리아–헝가리 이중제국이 계승한 서로마제국의 가톨릭으로 거슬러 올라가는 반면, 세르비아는 비잔틴–오스만제국의 선조인 동로마제국의 동방정교회로 거슬러 올라가기 때문이다.

제2차 세계대전 이전에는 사실상 유고슬라비아라는 나라는 없었고, 발칸반도는 세르비아–크로아티아–슬로베니아 왕국과 마케도니아, 몬테네그로, 보스니아 등 여러 소국으로 분리되어 있었다. 제2차 세계대전 발발과 함께 발칸반도는 전쟁의 소용돌이 속에 빠져든다.

1941년 독일은 유고슬라비아를 침공해 크로아티아의 민족주의 조직 우스타샤(Ustasa 혹은 Ustashi)를 내세워 괴뢰 파시스트정권을 크로아티아에 세운다. 우스타샤는 크로아티아에 있는 모든 세르비아인을 몰아내려고 했으나 실패하고 대신 인종청소를 추진하여 약 35만 명의 세르비아인, 유대인, 집시를 학살하는 비극이 일어났다.

여기서 좀 더 부연 설명을 하면, 세르비아 왕 페타르 카라도르데비치의 차남 알렉산다 1세는 젊었을 때 세르비아에서 추방되어 유년시절을 제네바에서 보낸 뒤 1909년 형이 왕위계승권을 포기하자 법적 추정 왕위계승권자가 되어 세르비아로 돌아와 가족과 합류했다.

알렉산다 1세는 1912~1913년 발칸전쟁에서 탁월한 지휘력을 발휘했고 제1차 세계대전 때는 세르비아군 총사령관을 맡아 승자가 되어 1918년 10월 31일 벨그라드에 개선했다. 1918년 12월 1일 '세르비아–크로아티아–슬로베니아 왕국'의 창건이 선포되었고, 왕국의 초대 왕은 페타르 카라도르데비치가 등극했다. 영토는 과거의 독립 왕국 세르비아와 몬테네그로, 과거 오스트리아—헝가리 이중제국에 속해 있던 남슬라브 지역의 달마티아, 크로아티아, 슬라보니아, 슬로베니아, 보스니아–헤르체고비나, 보이보디나를 포함했다. 1919년 스트루미차 (Strumica)를 포함한 남동부 불가리아의 4개 공국이 새로 편입되었다. 1925년에는 성 나움 수도원이 알바니아에서 세르비아로 이양되었다.

1921년 8월 16일 알렉산다 1세는 부왕의 뒤를 이어 왕이 되었다. 그러나 그 무렵 알렉산다 1세에 대한 암살기도가 일어나는 등 정국은 불안했다. 알렉산다 1세는 서로 경쟁하는 소수민족 집단과 정당들을 통합해 통일국가를 수립하는 데 힘썼지만, 1928년 의회 회기 중 몬테네그로 의원들이 크로아티아 의원 몇 명을 살해하는 사건이 일어났다. 곧 크로아티아 의원들은 의회에서 탈퇴했고 알렉산다 1세는 의회를 해산한 후 1929년부터 독재체재를 수립했다. 그리고 같은 해 10월 3일 국명을 유고슬라비아 왕국(Kingdom of Yugoslavia)으로 바꾸고는 인종적, 종교적, 지역적 특성을 바탕으로 하는 모든 정당을 불법화했다.

1934년 알렉산다 1세는 그리스, 터키, 루마니아와 발칸 협약(Balkan Entente)을 맺었고, 이 과정에서 군사적인 힘을 바탕으로 하는 경찰국가를 만들었다. 알렉산다 1세의 정책은 부분적으로 효과를 보았으나 세계 대공황으로 인한 경제위기와 정치적 불만이 겹치면서 민주주의로의 복귀를 요구하는 목소리가 높아졌다. 알렉산더 1세는 의회제로의 회귀를 진지하게 고려했다. 그러나 알렉산다 1세는 프랑스를 공식방문하던 중 크로아티아 분리주의자에게 암살당했다.

후임으로 알렉산다 1세의 아들 피터 2세가 국왕이 되었으나 나이가 어렸기 때문에 당분간 삼촌이 섭정을 했다. 제2차 세계대전 중 1943년 티토에 의해 '유고슬라비아 사회주의 연방공화국'이 출범했다.

티토는 틀렸다

티토는 유고슬라비아를 출범하면서 이렇게 말했다.

"누구도 누가 세르비아 사람인지, 크로아티아 사람인지, 혹은 이슬람을 믿는 사람인지 또는 정교회나 가톨릭을 믿는 사람인지 물어서는 안 된다. 우리는 모두 같은 사람이다. 과거에도 그랬고, 오늘날도 여전히 그렇다고 생각한다……. 강력한 유고슬라비아 없이는 힘 있고 행복한 크로아티아도 없다……. 우리가 통합하지 않고는 어떤 공화국도 홀로 설 수 없다. 따라서 우리는 우리의 역사를, 통일 유고슬라비아의 역사를 세워야 하고 또 미래에도 그래야만 한다."

그러나 티토의 말은 틀렸다. 오늘날 발칸반도는 민족별로 분리되었고, 각각의 나라들은 과거 통일 유고슬라비아보다 훨씬 더 잘살고 있다. 마치 100년 전에 분리된 스탠더드 오일(Standard Oil)의 후손들처럼, 그리고 30년 전 AT&T에서 분리된 베이비 벨처럼 말이다.

티토는 문화적으로 절충적이던 발칸반도의 여러 전통과 문화를 국가 사회주의라는 불모의 껍데기 아래 묻어버리고 유고슬라비아를 만들었으나 그것은 별로 저항을 받지 않고도 조만간 허물어질 운명이었다.

SANU 문서

1980년 티토가 사망하자 '유고슬라비아 사회주의 연방공화국'(Soci-alist Federal Republic of Yugoslavia, 1943~1992, 1991년부터 지도자가 없었다. 이하 유고연방) 소속 공화국들 내부에서는 그동안 잠재해 있던 정치적, 인종적, 종교적, 경제적 긴장과 갈등이 서서히 표면화되기 시작했다.

1981년 코소보 지역의 다수파인 알바니아계는 세르비아계를 축출하고 또 자치권을 요구하는 폭동을 일으켰고, 1986년 세르비아에서 SANU 문서(SANU Memorandum, Memorandum of the Serbian Academy of Sciences and Arts)가 발표되자 각국의 민족주의 운동이 더욱 확산되었다.

SANU 문서는 1985~1986년 사이 세르비아 아카데미의 한 위원회가 발표한 논문의 초안 일부가 1986년 출판된 것으로, 유고연방의 지방분권은 유고연방의 해체를 유발할 것이고 여러 지방에 흩어져 사는 세르비아인들은 소수파로 전락해 결국 유고헌법의 정신과는 달리 차별을 받게 될 것이라는 내용을 담고 있었다(그 분석은 정확했다.). 그리고 은연중에 티토가 인구의 다수를 차지하는 세르비아인을 분산시키고 세력을 약화시켰다고 암시했다. 그것은 '세르비아 민족주의'와 '위대한 세르비아주의(Greater Serbia)'를 선언하는 것으로 비쳐졌다.

1989년 슬로보단 밀로셰비치가 유고연방에서 가장 인구가 많은 세르비아공화국의 대통령이 되었다. 밀로셰비치는 세르비아가 패권을 쥐고 유고연방을 지속해야 한다고 생각했다. 밀로셰비치는 보이보디나(Vojvodina), 코소보, 몬테네그로 등 자치구에 자신에게 충성하는 인물을 지도자로 앉혔다. 그러나 이런 억압 통치는 여러 공화국들을 더욱 자극했다.

제2의 티토를 꿈꾼 밀로셰비치

슬로보단 밀로셰비치는 제2차 세계대전 중인 1941년 벨그라드 동쪽 인구 4만 명가량의 포자레바츠(Pozarevac)에서 태어났다. 밀로셰비치의 부친과 모친은 그가 각각 20세, 30세 때 자살했다. 밀로셰비치는 벨그라드 법대에서 법학을 전공했고, 유고슬라비아 공산당에 가입했으며, 1986년 세르비아 공산당 당수가 되었다.

1987년 밀로셰비치는 코소보 자치구의 다수파인 알바니아계 통치자들이 권력을 남용하고 코소보의 소수파 주민들인 세르비아계를 억압하므로 그곳의 세르비아계 주민을 지원해야 한다고 역설했고, 코소보의 자치권한을 축소하고 알바니아계 분리를 사전에 분쇄해야 한다고 주장해 세르비아 정치계에서 두각을 나타냈다.

반대파는, 밀로셰비치의 주장은 티토가 유고슬라비아 사회주의 연방을 창설한 이래 금기였던 민족주의를 끄집어낸 것이고, 그것은 유고슬라비아 공산당의 이념, 즉 "유고슬라비아는 형제이고 통일된 국가다(Bratstvo i jedinstvo, Brotherhood and unity)"라는 슬로건을 깨트리는 정치 범죄라고 비난했다.

물론 밀로셰비치는 자신은 민족주의자가 아니며 민족주의를 정치적 목적으로 사용하지 않았다고 반박했다.

이 무렵 유고연방의 대통령은 안테 마르코비츠였는데, 그는 밀로셰비치와의 권력투쟁에서 밀려나 1991년 12월 사임했다. 그리하여 티토 이래의 '유고슬라비아 사회주의 연방'이라는 명칭은 그대로 있지만 잠시 통치자가 없는 권력 공백기를 맞았다. 1992년 '유고슬라비아 사회주의 연방공화국'은 '유고슬라비아 연방공화국(Federal Republic of Yugoslavia, 1992~2003, 세르비아와 몬테네그로 두 공화국과 코소보 자치구로 구성)이 되었다. 유고슬라비아 연방공화국은 우리나라에서는 '신유고연방'으로 통한다.

'신유고연방'의 초대 대통령으로 도브리카 코시치가 취임했다. 그는 세르비아 작가 출신 정치인으로서 세르비아의 이익을 강조했고 밀로셰비치와 카라지치를 지원했다. 1993년 말 코시치는 한 세르비아 텔레비전에 출연해, 서구 국가들로부터 그 국적민에 대한 치외법권적 재판을 할 수 있는, 치외법권 요구가 있을 것을 경고하며 다음과 같이 주장했다.

"만약 우리가 그 치외법권을 허용하지 않으면 우리 모두 수용소에 감금될 수도 있다. 그리고 지구상에서 가장 강력한 국가들의 공격을 받게 될지도 모른다."

코시치는 나중에 그 강력한 국가들은 세르비아 사람들을 무슬림의 지배 하에 두려고 계획하고 있다고 말했다. 코시치의 주장은 일관성이 부족했다. 코시치는 처음에는 밀로셰비치를 지지했으나 곧 지지를 철회했고, 그로 인해 1993년 신유고연방의 대통령직에서 물러났다. 2000년 코시치는 공개적으로 반밀로셰비치 조직을 지원했다. 그러나 2008년에는 보스니아 내전 때 스르프스카공화국 군대를 지휘한, 현재는 도피 중인 라트코 말라드치 장군을 지지한다고 밝혔다.

1993년 조란 리리치가 제2대 대통령이 되어 1997년까지 재직했고, 같은 해 밀로셰비치가 제3대 대통령이 되었다. 밀로셰비치는 1990년대 초 '위대한 세르비아주의'를 주창하면서 유고연방이 분리되는 과정에 개입해 다른 민족들을 학살했다가 2000년 실각했고, 2006년 국제사법재판소에서 재판을 받던 도중 감옥에서 사망했다.

그전까지는 민족도 종교도 언어도 다르지만 서로 잘 어울렸고 서로 결혼도 했던 사람들이 갑자기 서로 싸웠다. 이유는 민족주의라고 했다. 그런데 왜 갑자기 민족주의가 강조되고 또 갑자기 내전이 일어났을까? 그것은 누군가가 어떤 목적으로 부추겼다고 할 수밖에 없다.

티토에 의해 형성된 '유고슬라비아 사회주의 연방공화국'은 1960년 대 말부터 1970년대 초에 걸쳐 이미 여러 차례 민족 분규를 겪었다. 그 러나 티토는 내부적으로 공산주의 동맹을 강화해 통일을 유지할 수 있 었다. 또한 구소련과 일정한 거리를 둔 채 친서방 정책을 추진해서 1980년대부터 서구 자본을 끌어들였다.

1979년 석유파동과 세계적인 불황은 폴란드 등 자본주의를 도입한 다른 동구 유럽 국가들과 마찬가지로, 유고슬라비아 경제도 서구의 경 제 침체와 동반 추락하는 것은 피할 수 없었다. 유고슬라비아는 탈냉 전, 세계화의 흐름 속에서 1980년대 국제금융시장의 고금리와 악화된 교역조건 때문에 막대한 채무를 안게 되었다.

유고슬라비아는 IMF에 구제금융을 신청했다. IMF는 긴축 재정과 사 회 각 산업 분야에 대한 개방을 요구했다. IMF식 긴축재정은 유고 경제 를 한층 더 피폐하게 만들었고, 유고슬라비아가 거둬들인 세수입조차 서방채권단에 대한 의무이행에 우선적으로 투입되어 지방재정은 더욱 황폐화되었다. IMF와 IBRD의 요구대로 개혁했으나 수백 개 기업이 도 산했고 실업자가 엄청나게 늘어났다.

부유한 슬로베니아와 크로아티아는 서방국들에 대한 유고연방차원 의 공동채무이행에 동참할 수 없다며 독자적인 경제운영 방침을 표방 하고 분리운동에 나섰다. 유고슬라비아는 1980년대 말과 1990년대 초 소련보다 먼저 해체되기 시작했다.

독립전쟁, 내전과 인종청소
1980년 티토가 죽고 1990년 5월 프라뇨 투드만이 크로아티아의 대통령으로 선출되자, 이제 '민족통합'이라는 말 대신에 '우리 민족'과 '소수 민족'이 중요해졌다. 1991년 6월 25일 크로아티아와 슬로베니아가 같은 날 유고슬라비아 사회주의 연방에서 독립을 선언하자, 세르비아인이 주도권을 잡고 있는 유고인민군이 세르비아계 주민들을 지원하기 위해 크로아티아를 공격했다.

이어 보스니아-헤르체고비나가 독립을 추진했다. 보스니아 내전은 더욱 복잡했다. 보스니아-헤르체고비나는 무슬림 보스니안, 세르비아인, 크로아티아인 등 세 민족으로 구성된 나라다. 1992년 세르비아계 국회의원들이 보스니아-헤르체고비나 의회에서 탈퇴, 독자적인 의회를 구성하고는 세르비아계 인구가 많은 지역을 중심으로 스르프스카공화국(Republika Srpska)을 세웠다.

1992년 4월 EU가 보스니아-헤르체고비나의 분리 독립을 승인하자 보스니아는 본격적인 내전상태에 돌입했다. 신유고연방의 지원을 받는 세르비아계와 스르프스카공화국은 내전 초기 보스니아 영토의 약 70퍼센트를 장악했다. 세르비아의 대통령 밀로셰비치와 크로아티아의 대통령 프라뇨 투드만은 각각 보스니아-헤르체고비나 영토 중에서 자국의 인구가 많은 지역으로 병력을 투입했다.

몬테네그로는 아드리아 해, 세르비아, 코소보, 알바니아, 그리고 보스니아-헤르체고비나에 둘러싸여 있는 소국인데, 2003년 이후 세르비아-몬테네그로 국가연합(State Union of Serbia and Montenegro)을 이루고 있었다. 인구는 68만 명으로 몬테네그로인이 43퍼센트, 세르비아인이 32퍼센트이고, 종교는 세르비아정교회가 74퍼센트, 이슬람이 18퍼센트다.

2006년 5월 21일 몬테네그로는 독립여부를 묻는 국민투표 결과 유권자 중 86.3퍼센트인 41만 9,240명이 참여해 55.5퍼센트인 23만 661명이 독립을 지지해 같은 해 6월 3일 몬테네그로 의회는 독립을 선언했다. EU가 정한 독립 조건이 55퍼센트의 지지였는데, 실제 투표결과 찬성이 겨우 55.5퍼센트인 것은 그만큼 세르비아의 영향이 컸다는 증거다.

6월 3일 몬테네그로 의회는 독립을 정식으로 선포했고, 이어서 세르비아-몬테네그로 국가연합에 홀로 남은 세르비아공화국도 6월 5일 독립을 선언해 세르비아-몬테네그로 국가연합은 자동으로 해체되었고, 티토가 창설한 유고슬라비아 사회주의 연방의 최후 잔재는 사라졌다.

코소보 사태

1398년 오스만제국은 세르비아를 정복한 후 코소보 지역의 세르비아정교회 신자를 추방하고 알바니아계 무슬림을 대거 이주시켰다. 현재 코소보에는 알바니아계가 180만 명으로 인구의 90퍼센트를 차지하고 있다.

20세기 초 오스만제국의 지배가 끝나자 코소보는 세르비아 영토로 통합되었고, 제2차 세계대전 후 코소보는 유고연방에 자치구로 편입되었다. 코소보 지역은 원래 세르비아 왕국의 근거지였다. 1989년 집권한 민족주의자 밀로셰비치는 '코소보는 세르비아 민족의 성지'라며 코소보의 자치권을 박탈했다. 코소보 내 알바니아계는 분리 독립을 주장했고, 1996년 코소보해방군(KLA)을 결성해 내전을 벌였다.

1998년 3월 초 KLA이 세르비아 경찰을 공격하면서 시작된 코소보 내전은 공격당한 세르비아 경찰이 즉각 반격에 나서고, 반군 거점 지역에서 약탈, 강간, 민간인 학살 등이 발생하면서 확대되었다. 5월부터 세르비아가 대규모 소탕작전을 전개하자 코소보의 알바니아계 주민들은 세르비아군을 피해 산악 지역으로 숨어들었다. 6월 미국과 EU는 코소보 사태에 대한 개입을 선언하고 세르비아군의 병력철수 및 잔혹한 인종청소 중단을 촉구했다. 알바니아계 인종청소로 100만 명의 난민이 발생했다.

1999년 3월 24일 미국은 나토를 동원해 78일간 세르비아에 3만 6,000회의 강력한 공습을 단행했다. 코소보 사태는 20세기 말 국제사회가 처한 새로운 질서가 무엇인지 잘 보여주는 사건이었다. 6월 3일 세르비아 의회가 UN의 평화계획을 승인했다. 6월 5일부터 나토와 신유고연방 사이에 군사회담이 열렸고, 9일 군사협정이 체결되어 나토의 유고공습이 시작된 이래 11주간 계속된 코소보 사태는 종결되었다.

2008년 2월 17일 UN 치하에서 인구 210만 명의 코소보는 의회에서 하심 타치 총리가 독립 선언문을 낭독했다.

"코소보는 모든 민족들의 권리를 존중하는 민주국가가 될 것이다."

그러나 세르비아는 코소보의 독립을 인정하지 않고 있다. 이사야 벌린은 이렇게 말했다.

"최악을 안다고 해서 반드시 그 결과로부터 자유로울 수는 없지만, 무지한 것보다는 그래도 아는 게 낫다."

코소보 사태는 테러리즘이다. 테러리즘이 퍼뜨리는 악령은 의심이다. 걸음을 멈추고 담뱃불을 청하는 늙은이, 바퀴의 축이 부러져서 도와달라고 호소하는 젊은이, 해가 진 후 마을로 되돌아가는 농부……그런 사람들 사이에 이뤄지는 묵시적 인간관계의 기반이 되는 신뢰의 사슬이 끊어지게 된다. 테러리스트는 이것을 알고 있으며 바로 이 틈을 타서 자기 발톱의 날을 세운다.

발칸, 시간이 멈춘 곳

『드리나 강의 다리』이야기는 무척 길다. 1516년 이스탄불로 끌려가면서 이곳에 다리가 있었으면 좋겠다고 생각하는 메메트 파샤, 오스만 제국의 대고관이 되어 고향 형제들을 위해 다리를 놓으라고 지시하는 장면, 드리나 강과 그 위에 놓인 다리를 중심으로 역사도, 말도, 문화도, 성격도 서로 다른 무슬림 주민들과 세르비아정교회 주민들과 유대인 사이에 일어나는 이야기, 합스부르크제국의 통치 시대와 제1차 세계대전까지 이어져 약 400년간 일어난 200여 개의 다양한 에피소드를 연대기적으로 다루고 있다.

이보 안드리치는 긴 세월 동안 되풀이되는 인간의 희로애락과, '인간에 대해 실망해서는 안 된다는 메시지'를 담담한 필체로 편안하게 묘사하고 있다. 그 메시지는 작가의 의도가 아니었는지도 모르고 또 그의 의도가 무엇이었는지도 모르지만 내가 그렇게 느낀 것은 그 긴 이야기를 역사적 실제 사건과 더불어 재미있고도 훈훈하게 묘사했기 때문이다. 안드리치는 이렇게 푸념한다.

"만약에 하느님이 드리나 강가의 이 불행한 고장을 버리신다면 아마도 하늘 아래 모든 세계를 버리는 것이 아닐까?"

드리나 강이든, 네레트바 강이든 한강이든 다리 아래로 흐르는 강물은 곧 시간의 흐름이다. 강물은 그렇게 흐르지만 다음날 새벽이 온다. 새들이 지저귀고 장밋빛 구름이 뜨고 이슬이 함빡 내린 아름다운 여름날이면 낮의 훈기가 돌 테라스에서 솟아오르고, 황혼과 더불어 강물에서 시원하고 산뜻한 공기가 스며오른다. 철이 바뀌고 해가 가도 건너편 마을과 이쪽 마을 둘 다 그대로 있다. 밤에는 잠든 마을에 칠흑 같은 어둠이 있을 뿐이다.

세월은 흐른다. 어느 모로 보나 아무런 변화가 없는 인생도 흘러간다. 요컨대 빨리 흐르는 게 문제가 아니고 어디를 가는가, 무슨 목적으로 가는가, 이것이 중요하다. 발칸 사람들은 속력이 반드시 이로운 것이 아니라는 것을 증명하려고 애쓴다. 이런 말을 들려주려는 듯 말이다.

"자네가 지옥으로 가는 길이거든 천천히 가는 편이 나아."

종교도 다르고 민족도 다른 여러 국가들이 통합했다가 다시 헤어지고…… 통합하자고 총을 겨누고 헤어지자고 대포를 쏘았지만…… 모스타르 다리가 부서지고 두브로브니크 성이 무너지고, 사라예보 모스크에는 총알자국이 곰보처럼 남아 있지만…….

내가 본 발칸은 내가 읽은 『드리나 강의 다리』처럼 변화가 없었다.

해서 필자는 나의 '발칸 여행 이야기' 제목을 '발칸, 시간이 멈춘 곳'으로 정했다.

루프트한자의 좌석 간 공간은 우리나라 비행기의 그것보다도 좁은지 아니면 내가 그렇게 느낀 탓인지 몰라도 매우 갑갑했다. 그러나 식사가 비빔밥이 나왔고 또 김치도 한 봉지 따라나왔기 때문에 그 불편함은 다소 보상받았다. 재미있게도, 메뉴판에 비빔밥의 쌀은 'Korean Rice'로, 그리고 닭고기 요리의 쌀은 'Asian Rice'로 표기되어 있었다. 일부러 그랬을까 하는 생각도 하면서 잠을 청했다.

ㄹ

라도반 카라지치(Radovan Karadzite, 1945~)

라디슬라스 1세(Ladislas 1, 1040~1095)

라스즐로(Laszlo)

라요슈 2세(Lajos II, 1506~1526, 재위 1516~1526)

라이너 마리아 릴케(Rainer Maria Rilke, 1875~1926)

라트코 말라드치(Ratko Mladic, 1942~)

레오 3세(Leo III, 685~741, 재위 717~741)

레오 9세(Leo IX, 재위 1049~1054)

레오폴트 1세(Leopold I, 1640~1705)

로렌초 기베르티(Lorenzo Ghiberti, 1378~1455)

로렌초 발라(Lorenzo Valla, 1407~1457)

로물루스 아우구스툴루스(Romulus Augustulus, 461~476, 재위 475~476)

로물루스와 레무스 형제(Romulus and Remus)

록셀라나(Roxelana, 1510~1558)

루 안드레아스 살로메(Lou Andreas-Salome, 1861~1937)

루도비카(Marie Ludovika, 1808~1892)

루이지 루케니(Luigi Lucheni, 1873~1910)

루트비히 비트겐슈타인(Ludwig Wittgenstein, 1889~1951)

ㅁ

마누엘 2세 팔라이올로고스(Manuel II Palaeologus, 1350~1425)

마르셀 프루스트(Marcel Proust, 1871~1922)

마르실리오 피치노(Marsilio Ficino, 1433~1499)

마리아 테레사(Maria Theresa of Naples and Sicily, 1772~1807)

마리아 테레지아 여제(Maria Theresa, 1717~1780)

마리아(Mary of Habsburg, 1505~1558)

마크 트웨인(Mark Twain, 1835~1910)

마티아스 코르비누스(Matthias I, Matthias Corvinus, 1443~1490)

마티아스 황제(Matthias, 1557~1619, 재위 1612~1619)

마틴 반 크레벨드(Martin van Creveld, 1946~)

마흐무트 2세(Mahmut II, 1785~1839, 재위 1808~1839)

막시밀리안 1세(Maximilian I, 1459~1519)

막시밀리안 2세(Maximilian II, 1527~1576, 재위 1564~1576)

막시밀리안 안톤(Maximilian Anton, 1831~1867)

막시밀리언 요제프(Duke Maximilian Joseph Bayern, 1808~1888)

메메드 파샤 소콜로비치(Mehmed Pasa Sokolovic, 1506~1579, 재위 1565~1579)

메메트 1세(Mehmet I, 1389~1421, 재위 1413~1421)

메메트 2세(II. Mehmet, 1432~1481, 재위 1444~1446, 1451~1481)

메메트 3세(III. Mehmet, 1566~1603, 재위 1595~1603)

메메트 4세(Mehmet IV, 1642~1693, 재위 1648~1687)

메메트 5세(Mehmed V Reshad, 1844~1918, 재위 1909~1918)

메메트 6세(Mehmed VI Wahid ed-din, 1861~1926, 재위 1918~1922)

모사 피예데(Mosa Pijade, 1890~1957)

무라트 1세(Murat I, 1326~1389, 재위 1359~1389)

무라트 2세(Murat II, 1404~1451, 재위 1421~1444, 1446~1451)

무라트 3세(Murat III, 1546~1595, 재위 1574~1595)

무라트 5세(Mehmed Murat V, 1840~1904, 재위 1876)

무스타파 1세(Mustafa I Deli, 1591~1639, 재위 1617~1618)

무스타파 2세(Mustafa II Ghazi, 1664~1703, 1695~1703)

무스타파 3세(Mustafa III, 1717~1774, 재위 1757~1774)

무스타파 4세(Mustafa IV, 1779~1808, 재위 1807~1808)

무스타파 케말 아타튀르크(Mustafa Kemal Ataturk, 1881~1938)

무아위아 1세(Muawiyah I, 602~680)

무티치(Edo Muttic)

무함마드(Abu l Qasim Muhammad, 570~632)

미마르 시난(Mimar Sinan, 1489~1588)

미마르 하이레틴(Mimar Hayrettin)

미스 반 데어 로에(Ludwig Mies van der Rohe, 1886~1969)

미켈란젤로(Michelangelo, 1475~1564)

미할리 스질라지(Mihly Szilgyi)

밀란 밀루티노비치(Milan Milutinovic, 1942~)

밀란 바비츠(Milan Babic, 1956~2006, 재임 1991~1995)

밀로슬라브 슈테(Miloslav Sutej)

ㅂ

바실 1세(Basil I, the Macedonian, 재위 867~886)

바실리 3세(Vasili III Ivanovich, 1479~1533, 재위 1505~1533)

바예지드 1세(Beyaz i t I, Bayezid I, 1360~1403, 재위, 1389~1402)

바울로 2세(Paul II, 재위 1464~1471)

베노초 고촐리(Benozzo Gozzoli, 1420~97)

베르톨도 디 조반니(Bertoldo di Giovanni, 1420~1491)

베사리온(Basil Bessarion, 1403~1472)

벨예코 카디예비치(Veljko Kadijevic, 1925~)

블라고예 아드지츠(Blagoje Adzic, 1932~)

블라드코 마체크(Vladko Macko, 1879~1964)

블라디미르 데디예르(Vladimir Dedijer, 1914~1990)

빌헬름 2세(Wilhelm II, 1859~1941)

ㅅ

사보이 대공(Prince Eugene of Savoy, Eugen Franz, 1663~1736)

사자왕 리처드(Richard I, 1157~1199)

살라딘(Selahaddin, 1138~1193)

성 메토디우스(St. Methodius, 826~885)

성 사바(St. Sava, 1175~1235)

성 키릴(St. Cyril, Cyrillus, 827~869)

셀림 2세(Selim II Sarkhosh, 1524~1574, 재위 1566~1574)

셀림 3세(Selim III, 1761~1808, 재위 1789~1807)

소피아 바포(Sofia Baffo, Safiye Sultan)

술탄 메메트 2세(Mehmet II, Mahomet II, 1432~1481, 재위 1444~1446, 1451~1481)

슈테판 츠바이크(Stefan Zweig, 1881~1942)

술레이만 1세(Suleiman I, Suleiman the Magnificent, 1494~1566, 재위 1520~1566)

술레이만 2세(1642~1691, 재위 1687~1691)

스메타나(Bedrich Smetana, 1824~1884)

스테파누스 2세(Stephanus II, 752~757)

스테판 네마냐(Stefan Nemanja, 1109~1199)

스테판 두샨(Stefan Dusan, 1308~1355, 재위 1331~1355)

스테판 라자레비치(Stefan Lazarevic, 1374~1427)

스테판 라자르 흐레벨리야노비츠(Stefan Lazar Hrebeljanovic, 1329~1389)

슬로보단 밀로셰비치(Slobodan Milosevic, 1941~2006)

슬로보단 프랄략(Slobodan Praljak, 1945~)

식스투스 4세(Sixtus IV, 1414~1484, 재위 1471~1484)

실베스테르 1세(St. Sylvester, ?~335)

ㅇ

아나스타시우스 1세(Anastasius I, 재위, 491~518)

아돌프 히틀러(Adolf Hitler, 1889~1945)

아르롤드 리클리(Arnold Rikli)

아르카디우스(Arcadius, 377~408)

아메트 1세(Ahmet I, 1590~1617, 재위 1603~1617)

아부 바크르(Abu Bakr, 573~634, 632~634)

아우렐리우스(Lucius Domitius Aurelianus, 재위 270~275)

안나(Anna Jagellonica, 1503~1547)

안드레아 부팔리니(Andrea Buffalini)

안드리야 알레시(Andrija Alesi, 1425~1505)

안테 마르코비치(Ante Markovic, 1924~ , 재임 1989~1991)

안테 토피치 미마르(Ante Topic Mimar, 1898~1987)

안테 파벨리치(Ante Pavelic, 1889~1959)

안토니오 달레 마세네(Antonio Dalle Masegne)

안툰 아우구스틴치츠(Antun Augustincic, 1900~1979)

알렉산다 1세(Aleksandar I Karadordevic, Alexander I, 1888~1934)

알렉산더 이즈볼스키(Aleksandr Petrovich Graf Izvolsky, 1856~1919)

알로이시우스 스테피나츠(Aloysius Viktor Stepinac, 1898~1960)

알리(Ali ibn Abi Talib, 598~661, 656~661)

알리야 이즈트베고비치(Alija Izetbegovic, 1925~2003)

압둘메시드 1세(Abdulmecid I, 1823~1861, 재위 1839~1861)

압둘메시드 2세(Abdulmecid II, 1868~1944, 재위 1922~1944)

압둘아지즈 1세(Abdulaziz I, 1830~1876, 재위 1861~1876)

압둘하미드 2세(Abdulhamid II, 1842~1918, 재위 1876~1909)

애거사 크리스티(Dame Agatha Mary Christie Mallowan, 1890~1976)

야노슈 자폴리아(Janos Zapolya, 1487~1540)

야노스 리베네이(Janos Libenyi)

얀 소비에스키(Jan Sobieski, 1629~1696)

어거스틴 성인(Augustine of Hippo, 354~430)

에곤 실레(Egon Schiele, 1890~1918)

에도 반 요시프 옐라치치 장군(Ban Josip Jelacic, 1801~1859)

에드워드 기번(Edward Gibbon, 1737~1794)

에리히 레마르크(Erich Remarque, 1898~1970)

에밀 앙투안 부르델(Emile Antoine Bourdelle, 1861~1929)

에우제니오 4세(Eugene IV, 재위 1431~1447)

엔리코 카루소(Enrico Caruso)

예카테리나 2세(Yekaterina II, Ekaterina II, 1729~1796, 재위 1762~1796)

옐리자베타 여제(Yelizaveta Petrovna, 1709~1762)

오귀스트 드 마몬트(Auguste de Marmont, 1774~1852)

오귀스트 로댕(Auguste Rodin, 1840~1917)

오노레-빅토랑 도미에(Honore-Victorin Daumier, 1808~1879)

오도아케르(Odoacer, c.433~493)

오르한 1세(Orhan I, 1281~1359, 재위, 1326~1359)

오스만 2세(Osman II, Othman II, 1604~1622)

오스만(Osman Gazi, Ottoman I, 1258~1326)

오스카 코코슈카(Oskar Kokoschka, 1886~1980)

오스카 포티오레크(Oskar Potiorek)

오토 바그너(Otto Wagner, 1841~1918)

오토 비스마르크(Otto von Bismarck, 1815~1898)

요반카 부디사블례비치(Jovanka Budisavljevic Broz, 1924~)

요셉 2세(Patriarch Joseph II, 1360~1439, 재위 1416~1439)

요시프 브로즈(Josip Broz, 1892~1980)

요제 플레취니크(Joze Plecnik, 1872~1957)

요제프 1세(Joseph I, 1678~1711)

요제프 2세(Joseph II, 1741~1790, 재위 1765~1790)

요제프 에텐라이히(Joseph Ettenreich)

요한 슈트라우스(Johann Strauss 2세, 1825~1899)

요한네스 8세 팔레이올로구스(Johannes VIII Palaeologus, 1390~1448)

요한네스 네포묵(Johannes Nepomuk, John of Nepomuk, 1345~1393)

우로스 프레디치(Uros Predic, 1857~1953)

우르바누스 2세(Urbanus II, 1035~1099)

우마르(Umar, 586~644, 634~644)

우트만 이븐 아판(Uthman ibn Affan, 재위 644~656)

유스티니아누스 1세(Petrus Sabbatius Iustinianus, 482~565, 재위 527~565)

유진 쿠미치치(Eugen Kumicic, 1850~1904)

이반 3세(Ivan III, 1440~1505)

이반 4세 바실리예비치(Ivan IV Vasilyevich, 1530~1584)

이반 메슈트로비치(Ivan Mestrovic, 1883~1962)

이븐 알리(Hasan ibn Ali, 626~670)

이사벨라 1세(Isabella I, 1451~1504)

이사야 벌린(Isaiah Berlin, 1909~1997)

이필립 1세(Louis-Philippe I, 1773~1850)

ㅈ

잔 가스토네(Gian Gastone de' Medici, 1671~1737)

장 도르메송(Jean D'ormesson, 1925~)

제임스 맥스웰(James Clerk Maxwell, 1831~1879)

젠틸레 벨리니(Gentile Bellini, 1429~1507)

조란 리리치(Zoran Lilic, 1953~)

조르주 클레망소(George Clemenceau, 1841~1929)

조르지오 다 세베니코(Giorgio da Sebenico, 1410~1475)

조르지오네(Giorgione, 1477~1510)

조반니 다 카피스트라노(Giovanni da Capistrano)

조반니 피코(Giovanni Picco)

조에 팔레이올로지나(Zoe Palaiologina, 1455~1503)

조지 고든 바이런(George Gordon Byron, 1788~1824)

조지 버나드 쇼(George Bernard Shaw, 1856~1950)

조피(Sophie Friederike, 1805~1872)

존 후니야디(John Hunyadi, 1400~1456)

줄리야 프리미치(Julija Primic)

지안 프란체스코 모로시니(Gian Fracesco Morosini, 1537~1596)

지크프리트 빙(Siegfried Bing, 1838~1905)

ㅋ

카나레토(Canaletto, 1697~1768)

카라 무스타파(Kara Mustafa Pasha, 1634~1683)

카라바조(Caravaggio, 1571~1610)

카를 2세(Karl II Franz, 1540~1590)

카를 5세(Karl V, Carlos V, 1500~1558, 재위 1519~1558)

카를 6세(Karl VI, 1685~1740)

카를 7세(Charles VII Albert, 1697~1745, 재위 1742~1745)

카를 대공(Karl 1, 1887~1922)

카미유 클로델(Camille Claudel, 1864~1943)

칼 루트비히 대공(Karl Ludwig, 1833~1896)

칼릭스투스 3세(Calixtus III, 재위 1455~1458)

코시모(Cosimo il Vecchio, Pater Patriae, 1389~1464)

콘스탄티누스 1세(Constantine I, 272~337, 재위 280~337)

콘스탄티누스 11세(Constantine XI Palaiologos, 1405~1453, 재위 1449~1453)

콘스탄틴 11세 팔레이올로고스(Constantine XI Palaiologos, Palaeologus, 1405~1453)

쿠노 바이드만(Kuno Waidmann)

클라라 베스토프(Clara Westhoff, 1878~1954)

클로디우스 2세(Claudius II, Marcus Aurelius Claudius, 재위 268~270)

ㅌ

테레사의 딸 마리(Marie, 1855~1934)

테오도시우스 1세(Theodosius I, 346~395)

토마스 마사리크(Tomas Masaryk, 1850~1937)

토마스 아퀴나스 성인(Saint Thomas Aquinas, 1225~1274)

토마스 팔레이올로고스(Thomas Palaiologos, 혹은 Palaeologus, 1409~1465)

토머스 에디슨(Thomas Alva Edison, 1847~1931)

토머스 크롬웰(Thomas Cromwell, 1485~1540)

토미슬라브 1세(Tomislav of Croatia, ?~928)

투른 운트 탁시스 체코 지파의 알렉산더(Alexander Eligius von Thurn und Taxis, 1851~1939)

티무르(Timur, Tamerlane, 1336~1405)

티치아노(Tiziano Vecelli, Titian, 1490~1576)

티투스 브레조바츠키(Titus Brezovacki, 1757~1805)

ㅍ

파올로 안드레오티(Paolo Andreotti)

파올로 베로네제(Paolo Veronese, 1528~1588)

페르난도 2세(Fernando II, 1452~1516)

페르낭 브로델(Fernand Braudel, 1902~1985)

페르디난도 쿨메르(Ferdinando Kulmer)

페르디난트 1세(Ferdinand 1, 1793~1875, 재위 1835~1848)

페르디난트 2세(Ferdinand II, 1529~1595)

페타르 카라도르레비치(Peter Karadordevic, 1844~1921, 재위 1903~1918)

펠라기야 베루소바(Pelagija Belousova, 1919~1939)

펠리페 2세(Felipe II , 1527~1598, 재위 1556~1598)

퐁파두르(Pompadour Poisson, 1721~1764)

표트르 1세(Peter I the Great, 1672~1725, 재위 1682~1725)

프라 안젤리코(Fra Angelico, 1387~1455)

프라뇨 투드만(Franjo Tudman, 1922~1999)

프란체 프레세렌(France Preseren, 1800~1849)

프란츠 1세(Francis I , Francis Stephen, 1708~1765)

프란츠 2세(Franz II, 1768~1835)

프란츠 리스트(Franz Liszt, 1811~1886)

프란츠 요제프(Franz Joseph, 1830~1916)

프란츠 칼(Archduke Franz Karl, 1802~1878)

프란츠 페르디난트(Franz Ferdinand Karl Ludwig, 1863~1914)

프란츠 폰 주페(Franz von Suppe, Francesco Suppe Demelli, 1819~1895)

프란치스코 타소(Francisco Tasso, 1459~1517)

프리드리히 1세(Friedrich Barbarossa, 재위 1152~1190)

프리드리히 3세(Friedrich 3, 1415~1493)

프리드리히 대공(Friedrich, 1856~1936)

플로리아니 프란체스코니(Floriano Francesconi)

피에트로 로렌제티(Pietro Lorenzetti, 1280~1348)

피에트로 마스카니(Pietro Mascagni)

피츠로이 맥린(Fitzroy MacLean, 1911~1996)

피터 2세 카라도르데비츠(Peter II Karadordevic, 1923~1970)

피핀 3세(Pippin III, Pippin der Kurze, 재위, 714~768)

필립 1세(Philip I, 1478~1506)

필립 오를레앙(Philippe, Duke of Orleans, 1869~1926)

ㅎ

하드리아누스 2세(Hadrianus II, 867~872)

하드리아누스 4세(Hadrianus IV, 재위 1154~1159)

하드리아누스 황제(Publius Aelius Hadrianus, Hadrianus Augustus, 76~138, 재위 117~138)

하심 타치(Hashim Thaci, 1968~)

하인리히 2세(Heinrich II. der Heilige, 973~1024)

헤라클리우스(Flavius Heraclius, 575~641, 재위 610~641)

헤르체그 슈테판 부크취치(Herceg Stjepan Vukcic, 1404~1466)

헨리 무어(Henry Moore, 1898~1896)

헬레네(Helene Caroline Therese, Duchess in Bavaria, 1834~1890)

호노리우스(Honorius, 384~423)

후안나(Joanna, 1479~1555)

흐루시초프(Nikita Khrushchov, 1894~1971)

KI신서 2334

발칸, 시간이 멈춘 곳

1판 1쇄 인쇄 2010년 3월 25일
1판 1쇄 발행 2010년 3월 30일

지은이 이재규 **펴낸이** 김영곤 **펴낸곳** (주)북이십일 21세기북스
디자인 에이틴 **영업** 서재필 최창규
출판등록 2000년 5월 6일 제10-1965호
주소 (우413-756) 경기도 파주시 교하읍 문발리 파주출판단지 518-3
대표전화 031-955-2100 **팩스** 031-955-2151 **이메일** book21@book21.co.kr
홈페이지 www.book21.co.kr **커뮤니티** cafe.naver.com/21cbook

책 값은 뒤표지에 있습니다.
ISBN 978-89-509-2284-9 03320